ERP 原理与应用

（第 2 版）

常 丹 主 编

国家开放大学出版社·北京

图书在版编目（CIP）数据

ERP 原理与应用/常丹主编. --2 版. --北京：中央广播电视大学出版社，2016.1（2019.4 重印）

ISBN 978－7－304－07642－9

Ⅰ. ①E… Ⅱ. ①常… Ⅲ. ①企业管理－计算机管理系统－开放大学－教材 Ⅳ. ①F270.7

中国版本图书馆 CIP 数据核字（2015）第 314799 号

ERP 原理与应用（第 2 版）

ERP YUANLI YU YINGYONG

常丹　主编

出版·发行：国家开放大学出版社（原中央广播电视大学出版社）

电话：营销中心 010－68180820　　　总编室 010－68182524

网址：http://www.crtvup.com.cn

地址：北京市海淀区西四环中路 45 号　　**邮编**：100039

经销：新华书店北京发行所

策划编辑：邹伯夏　　　　　　　　　**版式设计**：赵　洋
责任编辑：王　普　　　　　　　　　**责任校对**：宋亦芳
责任印制：赵连生

印刷：廊坊十环印刷有限公司　　　　**印数**：21001~26000
版本：2016 年 1 月第 2 版　　　　　　2019 年 4 月第 8 次印刷
开本：787mm×1092mm　1/16　　　　**印张**：15.5　　**字数**：364 千字

书号：ISBN 978－7－304－07642－9
　　　　ISBN 978－7－900724－68－7（光盘）
定价：33.00 元（含 CD-ROM 一张）

（如有缺页或倒装，本社负责退换）

　　本教材是为国家开放大学信息管理专业的统设必修课"ERP原理与应用"编写的，也可以作为信息管理、工商管理、企业管理等专业的高职高专学生的学习用书，以及社会培训机构的培训教材和参考用书。

　　目前，政府和企业的信息化已经从信息资源建设阶段进入信息资源管理和开发利用阶段，提升企业的信息化管理能力成为至关重要的环节。考虑到信息化建设中对于ERP应用人才的需求，以及企业管理者对于ERP的兴趣，ERP教学已经成为计算机信息管理类专业各层次教学的重要内容。那么，如何帮助学习者快速理解ERP的原理和思想，明确ERP要解决的企业主要问题，成为ERP教学研究中所要解决的主要问题，也是本次教材修订面临的问题。

　　ERP是一个复杂的管理信息系统，企业应用ERP并从中获得收益，更是一个复杂的信息技术应用与企业自我变革的过程。其不仅丰富了管理的内容和方法，更加融入了业务流程及其再造、信息共享与系统集成等现代管理和信息技术应用成果。本教材以此为核心内容，一方面重点解决"ERP到底能做什么，怎么做"这些基本问题，另一方面重点解决如何通过简单的原理讲述和ERP软件系统的配套实验，使ERP初学者快速地掌握ERP的基本原理、主要特征和操作方法。在编写架构的设计和内容的安排上，将阐述的焦点放在企业管理与信息技术的结合以及系统的有效实施上，根据初学者的特征，在总体架构上做如下考虑：

　　1. 理论与实践相结合。作为现代化信息管理系统，其应用在于解决企业的实际问题。但在实际教学中发现，许多学习者并不清楚企业的运作方式，很难全面地分析企业的实际问题。鉴于此，本教材突出以下思路：首先，分析传统的或没有集成信息系统支持下的企业运行方式及存在的问题；其次，引出并深入ERP的解决方法；最后，通过具体案例在商业ERP软件中的实现及实例演练，进一步使学习者理解管理信息系统完整的运作模式、管理方法和系统的解决方案。

　　2. 职能与流程相结合。目前，多数企业的组织原则仍然按职能（如销售、生产等）确定企业内部分工。而ERP系统的应用，在组织运行机制中强化和丰富了组织内的协调、业务流程及其再造等管理新理论。本教材中，首先以业务职能为基础，讲述该部门与其他部门之间的业务、数据关系，从全局的角度理解各部门的角色和作用；然后在实践环节，通过主业务反映基于流程的管理思想以及管理信息系统所提供的信息共享和流程控制的作用；最后在系统的综合实验中，强调业务分工与相互合作的关系。

　　3. 业务与算法相结合。企业生产计划管理的控制技法、原理性推演、处理流程和算法流程，是 MRP II 和 ERP 的核心内容，业务场景、业务过程是理解和应用现代 ERP 系统的重点所在。作为初学者的读本，本教材充分注重两者的结合以及内容深度的把握，在各章节中以主要的业务场景和业务过程为主线，配有相关算法的讲解，算法深度以完成实验中的推演为主要依据。

4. 系统和业务相结合。通过系统和业务的模块对应表，让学习者了解其对应关系，同时通过资料设定和业务单据介绍，让学习者熟悉企业的业务和系统的操作，更加深入地了解 ERP 的精妙之处。本教材采用"流程图驱动"的形式，通过业务流程认识企业的经营运作过程，通过系统流程了解企业信息化的解决方案。这样更加系统地解决了学习者对企业理解困难的问题。

5. ERP 实施与案例相结合。ERP 是一个复杂的管理信息系统，在企业中能否有效地实施 ERP 系统，关系到此信息化建设能否给企业带来效益。按照管理信息系统的研究方法，本教材在讲述 ERP 基本原理之后，介绍 ERP 实施方法论以及实施案例。

基于上述考虑，本教材分为 4 个部分。第 1 章和第 2 章通过对 ERP 的理论发展及其软件系统的总体框架结构和流程的介绍，向学习者展现了 ERP 的管理思想及发展现状，并回答了"ERP 是什么""ERP 能为企业做什么"的问题。第 3 章、第 4 章和第 5 章通过对企业经营过程中主要内容的详尽分析，深入浅出地阐述了管理该过程的 ERP 基本原理及其在实际中的应用。每章都有一个成功公司案例，帮助学习者熟悉企业的业务流程，也回答了"ERP 是怎么做的"这个问题。第 6 章通过对 ERP 系统实施的讨论，系统地介绍了 ERP 的实施方法论，进一步回答了"怎么做好 ERP"的问题。第 7 章以实验的形式模拟了一个完整的企业主业务流程，引导学习者进入 ERP 的世界，体会 ERP 的管理思想、认知 ERP 的集成理念、理解 ERP 的业务流程、掌握 ERP 的操作方法和触摸 ERP 的解决方案。

学习本教材时，建议重点复习企业管理中的经典管理思想，"信息管理系统""信息化管理与运作"等课程的相关知识，以及企业管理中关于采购、销售、库存、生产管理和财务管理等的知识；同时，建议通过完成企业经营沙盘模拟的实际操作，完整了解企业经营过程及运作流程，为深入理解并掌握本教材内容打下基础。

本教材将应用与实践相结合，通过对鼎捷软件股份有限公司的易飞 ERP 系统进行单据介绍和资料设定，让学习者对企业真实业务与 ERP 系统的对应关系有一个良好的认识，更好地了解 ERP 系统，也更好地了解企业业务。另外，实验部分主要针对易飞 ERP 系统，并充分考虑学习者的认知过程以及教学安排的灵活性，共安排了 3 个层次的实验内容。第一层次：第 3 章、第 4 章、第 5 章均安排了实例练习，可分角色完成其功能模块的实际操作，使学习者在掌握功能模块操作方法的基础上，了解系统的解决方案；第二层次：以系统管理员的身份完成第 7 章的综合实验，使学习者通过对主业务流程的演练，体会系统的集成性和应用性；第三层次：分角色完成第 7 章的综合实验，使学习者理解系统的组织结构和数据关系。教学中可以灵活选用上述实验。

本教材由北京交通大学常丹副教授、国家开放大学王春凤副教授总体设计，常丹副教授主编并执笔，北京交通大学经济管理学院硕士研究生宋佳伟同学参与了资料整理、实验测试等工作。本教材的实验环境以及软件系统的相关素材得到了鼎捷软件股份有限公司的大力支持，在此表示感谢。

清华大学侯炳辉教授、北京交通大学刘世峰教授、北京联合大学陈建斌教授、北京联合大学郭彦丽副教授对全部书稿进行了认真审定，提出了宝贵的修改意见，在此表示感谢。此外，本教材中参考、引用了许多文献，在此一并致谢。

限于作者的经验和水平有限，不妥之处在所难免，敬请读者批评指正。

另外，书中用到一些符号，其表述含义如下：

☞：注释

❓：问题

编　者

2015 年 10 月

CONTENTS 目 录

第1章 ERP 系统概念导入

学习内容

　　本章将学习 ERP (Enterprise Resource Planning, 企业资源计划) 的理论发展。ERP 是基于信息技术的企业管理方式的变革, 是对企业内外部资源的合理配置过程。它根据现代先进的企业管理思想, 通过统一的数据平台, 把企业的物流、信息流、资金流进行高度集成, 从而方便企业内外部流程的构建、跟踪、重组和更新, 使企业管理者能够准确了解企业每一事件的来龙去脉, 并基于数据和分析工具进行及时、准确的决策。本章将围绕这一概念介绍其理论发展过程及其蕴含的管理思想, 并梳理企业运营的业务流程。

学习目标

　　了解: ERP 的发展历史及其各阶段特征; 企业运营主流程; 从管理变革的角度了解 ERP 内容的演变。

　　理解: ERP 的基本内涵和特点; ERP 的管理思想。

1.1 ERP 信息系统的含义及其发展历程

1.1.1 ERP 的概念

　　ERP 是一个信息系统。但是, 其具体是一个什么样的信息系统, 却需要因时、因人而论。时代不同、观察的角度不同、关心和理解的程度不同, 它的内涵也就不同。

1. ERP 的来源

　　ERP 是由美国著名的高德纳咨询公司 (Gartner Group) 在 20 世纪 90 年代初总结 MRP Ⅱ 的发展趋势时提出的。

　　高德纳咨询公司最初对 ERP 的定义简明地表达如下: 打破企业的四壁, 把信息集成的范围扩大到企业的上下游; 管理整个供应链, 实现面向供应链的制造。换句话说: ERP 是一种企业内部所有业务部门之间、企业同外部合作伙伴之间交换和分享信息的系统, 是集成供应链管理的工具、技术和流程，是管理决策和供应链流程优化不可缺少的手段，它有助于实现现代企业的竞争优势。

从高德纳咨询公司的定义来看，ERP 仍然是以 MRP Ⅱ 为核心的，但在功能和技术上却超越了传统的 MRP Ⅱ，它是顾客驱动的、面向整个供应链的企业资源计划系统。

2. ERP 概念层次

ERP 是一个复杂的管理信息系统，尤其是对管理者而言。如图 1−1 所示为 ERP 概念层次图。从不同的角度遵循信息系统的认知规律，为 ERP 的理解提供了新的定义。

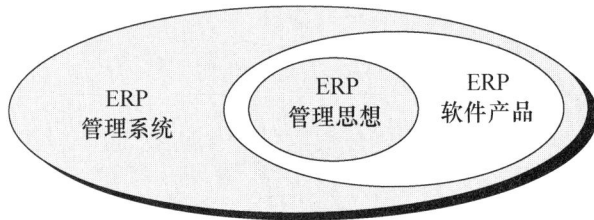

图 1−1　ERP 概念层次图

（1）ERP 是美国著名的高德纳咨询公司提出的一整套企业管理系统体系标准。其实质是在 MRP Ⅱ 的基础上进一步发展而成的，并遵循面向供应链的管理思想。

（2）ERP 是综合应用了客户机/服务器体系、关系数据库结构、面向对象技术、图形用户界面、第四代语言、网络通信等信息产业成果，以 ERP 管理思想为核心的软件产品。

（3）ERP 是建立在信息技术的基础上，整合了企业管理理念、业务流程、基础数据、人力物力、计算机硬件和软件等的企业资源管理系统，用于实现对企业物流、资金流、信息流的一体化管理。

上述定义和解释基本上反映了 ERP 最新的发展成果。但在实际研究和应用中，还需结合社会发展的实际需求、信息技术发展的最新成果、企业的自身特点量身而定。

3. ERP 概念解析

对 ERP 概念的理解随着信息技术和管理理论的发展而逐渐深入，不同的人给予了 ERP 不同的定义。常见的看法有以下几点：

- ERP 是软件包。
- ERP 是先进的管理理念。
- ERP 是信息管理系统。
- ERP 是决策和运营的管理平台。
- ERP 是提升企业竞争力的重要工具。
- ERP 是应用信息技术对企业资源的一体化管理。

上述不同的论点都从某一个侧面反映了 ERP 概念的内涵。事实上，ERP 从本质上讲就是对企业资源的计划和优化过程。因此，对 ERP 的理解，必须先跳出单纯的软件包的概念，而把它理解为一个企业的管理系统；而且，ERP 的应用目标应该是解决企业发展中面临的问题，因此 ERP 也应该是一个整合了各种管理思想的解决方案。本书主要从企业管理系统、解决方案和计划与控制这三个角度出发，解析 ERP 概念的内涵。

（1）ERP 是一个企业管理系统。ERP 以信息系统为基础，用于优化企业日常的生产经营和决策。因此，其可称为企业管理系统，或者说是一种广义上的管理信息系统。从管理信息系统的角度看待 ERP，可以看到如下两个特征：

① ERP 是一种集企业管理和信息管理技术为一体的企业信息系统，能够全面记录企业经营活动中各种业务流程，及时向管理层面提供有效的决策支持。

② ERP 是一种功能非常全面的软件包解决方案，通过共享的信息和数据流整合企业流程。它试图将企业内的所有部门和功能整合在一个单一的计算机系统中，并满足各部门的特定需求。

（2）ERP 是一个解决方案。从管理视角分析，作为信息系统的 ERP 是一个企业解决方案，许多 ERP 软件提供商也将其 ERP 产品称为 ERP 解决方案。通过对解决方案的透析，本书在 ERP 概念层次图（如图 1 – 1 所示）的基础上提出 ERP 解决方案层次图，如图 1 – 2 所示。

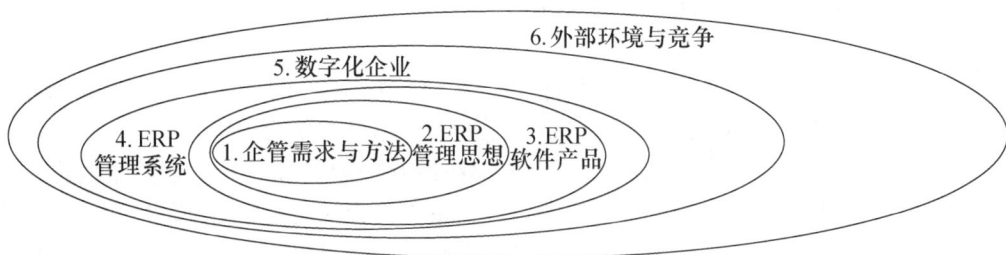

图 1 – 2　ERP 解决方案层次图

解析图 1 – 2 所示解决方案的过程：任何企业都与其外部环境共存，并依赖于其外部环境，且在其中与其他企业竞争。企业面对竞争，必须不断获得新的企业管理需求，以提升企业竞争力；在新的企业需求下，企业必须不断寻求和提出新的管理思想和方法，ERP 管理思想和方法就是在这一过程中发展起来的重要成果；借助 ERP 管理思想以及现代信息技术，开发出满足企业需求的 ERP 软件产品；企业在应用 ERP 软件的过程中，建立了自己的基于 ERP 的管理系统，并逐步构建以此为核心的数字化企业，进一步增强企业的竞争能力。因此，通过 ERP 系统，很多先进的管理思想变成现实中可实施的应用。所以说，ERP 是一种解决方案。

（3）ERP 的基本思想是计划与控制。计划与控制是企业管理的首要职能，统一指导企业的各项经营活动。如果将企业比作一个人，企业的经营战略相当于大脑，推陈出新的产品是生命血脉，生产设施和能力资源相当于肌肉、骨骼，而牵动人体各部活动的神经系统就是计划与控制。这个比喻说明计划与控制在企业经营生产活动中的地位和作用，也说明它同企业经营目标、产品和资源的关系。企业为了生存，必须研究市场，了解市场的需求，通过 MRP II 系统抓住计划与控制这条主线，像人的神经系统一样，为实现企业的经营战略目标而协调企业各项经营生产活动。

计划的实质是使企业通过制造和销售产品获取利润，其作用有三：一是使企业的产出（包括产品和服务）满足市场的需求；二是有效地利用企业的各种资源，生产出合理组成的产品；三是使投入能以最经济的方式转换为产出。控制的作用是使计划执行的结果不超出容许的偏差，这个偏差是指在数量和时间上客户或市场能够接受的偏差，以及企业所能接受的成本和利润的偏差。

ERP 系统中的计划体系主要包括主生产计划、物料需求计划、能力需求计划、采购计划、销售执行计划、利润计划、财务预算和人力资源计划等。而且，这些计划的功能与价值控制的功能已完全集成到整个供应链系统中。

1.1.2 ERP 发展历程

ERP 起源于制造业的信息计划与管理，其形成、发展大致经过了 5 个阶段：20 世纪 40 年代的库存控制订货点法，20 世纪 60 年代开始的 MRP，20 世纪 80 年代的 MRP Ⅱ，20 世纪 90 年代的 ERP 和 21 世纪初的 ERP Ⅱ。其核心思想在于集成的范围不断扩大，由此所解决的问题、运行的机理、所包含的管理思想也在不断丰富。

1. 订货点法

20 世纪 40 年代初期，西方经济学家通过研究库存物料随时间推移而被使用和消耗的规律，提出了订货点的方法和理论，并将其运用于企业的库存计划管理中。

（1）订货点法解决的问题。订货点法主要解决库存的缺货和积压货物两个问题。在当时的条件下，为了保证既不因为缺货而影响生产，也不因为积压货物而增加库存成本，物料需求量的确定就成为库存管理的主要问题。订货点法则是为避免这两种现象的发生而提出的一种控制库存的方法，即按过去的经验预测未来的物料需求的一种方法。

（2）订货点法的思想。

① 企业为了控制物料的需求，通常采用控制库存物品数量的方法，即为需求的每种物料设置"最大库存量"和"安全库存量"。"最大库存量"是指允许存储物料的最大量值，是为库存容量、库存占用资金的限制而设置的；"安全库存量"也叫最小库存量，是指允许存储物料的最小量值，即物料的消耗不能小于安全库存量。

② 为了避免因物料短缺而影响生产的情况出现，应该适时、适量地增加物料库存量，而不能等到物料的库存量消耗到安全库存量时才补充库存，且增加物料库存量的值必须介于"安全库存量"和"最大库存量"之间。另外，由于物料的供应需要一定的时间（即供应周期，如物料的采购周期、加工周期等），所以增加物料库存量必须有一定的提前时间，我们称之为"提前期"。

③ 在"安全库存量"的基础上增加的库存量作为物料订货期间的供应量，应满足一定条件：当物料的供应到货时，物料的消耗刚好达到安全库存量。为此需要确定：何时订货和单位时区订多少货。也就是说，这种控制必须确定两个参数：订货点和单位时区需求量。

所以，订货点法涉及如下 5 个量值：安全库存量、最大库存量、订货提前期、单位时区需求量和订货点，其量值均为经验值。

计算订货点的基本公式是：

$$订货点 = 单位时区需求量 \times 订货提前期 + 安全库存量$$

例如：如果某项物料的需求量为每周 100 件，提前期为 6 周，并保持两周的安全库存量，那么，该项物料的订货点计算如下：

$$100 \times 6 + 200 = 800 \text{（件）}$$

通过上述对物料需求的控制，可以避免缺货和货物积压的情况发生，从而实现"任何时间仓库里都有一定数量的货物"，如图 1－3 所示。

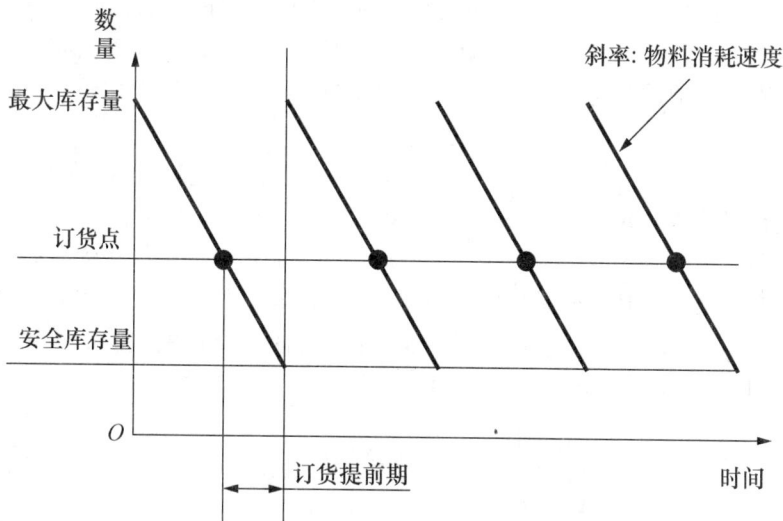

图 1－3　经济批量的订货点法

（3）订货点法的局限性。利用上述公式进行库存管理，在当时的生产环境下起到了一定的作用。但随着市场的变化和产品复杂性的增加，它的应用受到了一定的限制。下面是应用订货点法时应满足的条件：

① 物料的消耗相对稳定；

② 物料的供应比较稳定；

③ 物料的需求是独立的；

④ 物料的价格不是很高。

应该说，订货点法受到许多条件的制约，而且不能反映物料的实际需求，往往为了满足生产需求而不断提高订货点的数量，而造成库存数量和库存物料资金占用的数量增加。这样产品的成本升高，使企业缺乏市场竞争力。

为此，在 20 世纪 60 年代中期，美国的管理专家约瑟夫·奥里奇（Joseph A. Orlicky）博士提出了"物料独立需求和相关需求"的学说。在此基础上，人们形成了"在需要的时候提供需要的数量"的认识，发展并形成了物料需求计划（Material Requirement Planning，MRP）的理论。

2. MRP

在"物料独立需求和相关需求"的学说的基础上，物料需求计划（MRP）提出物料的订货量要根据需求来确定，这种需求应考虑产品的结构（即产品结构中物料的需求量是相关的），以实现"既要降低库存，又要不出现物料短缺"的目标。20 世纪 70 年代，闭环 MRP 在基本 MRP 的基础上，把需要与可能结合起来，通过能力与负荷的反复平衡，实现了一个完整的计划与控制系统。简单地说，闭环 MRP 的形成是在 MRP 的基础上增加了能力需求计划，形成了"计划—执行—反馈—计划"的闭环系统，使系统具有生产计划与生产能力的平衡。

（1）MRP 解决的主要问题。MRP 主要解决间歇生产的生产计划控制和物料需求供应两个问题。在间歇生产的情况下，如何保证生产计划高效运行，以及及时供应物料以满足生产需要，是生产管理中的重要问题。这个问题解决不好，就会造成库存积压，同时物料短缺的情况。

（2）MRP 的思想。① 任何制造业的生产经营活动都是围绕其产品开展的。MRP 就是从产品的结构或物料清单（Bill of Materials，BOM）出发，实现了物料信息的集成，克服了订货点法中彼此孤立地推测每一物料的需求量的局限性。制造业的生产经营活动表现为一个上小下宽的锥状产品结构：其顶层是出厂产品，属于企业市场销售部门的业务；底层是采购的原材料或配套件，属于企业物资供应部门的业务；介于两者之间的是制造部件，属于生产部门的业务。如图 1-4 所示为某产品的 BOM 示意图。

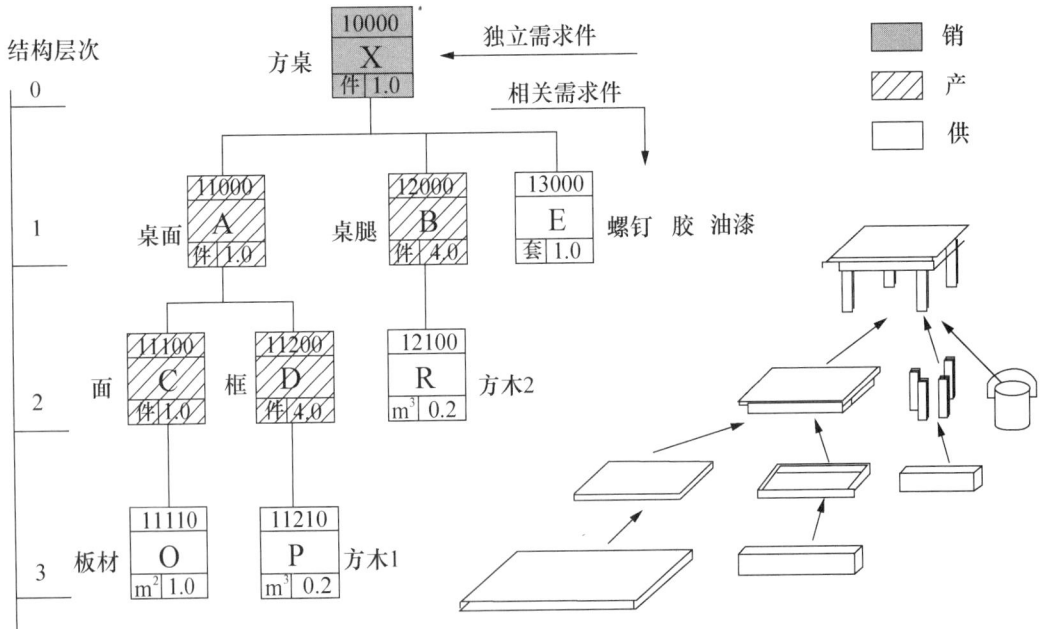

图 1-4　某产品的 BOM 示意图

由图 1-4 可知，由市场（企业外部）决定性能规格和需求量的物料（出厂产品）称为独立需求件，也就是说，其需求不是企业所能决定的；由出厂产品决定需求量的各种加工和采购物料称为相关需求件，也就是说，这些物料的需求受独立需求件的制约。此产品结构说明了各种物料在产品层次中相互之间的从属关系和数量关系。照此配套，可以明了生产出厂产品必须供应的物料及其相互关系。

② MRP 对产品结构增加了时段的概念。尽管图 1-4 中的产品结构解决了产品需求的物料及数量，但是还不能完全说明怎样才能满足"既要降低库存，又要不出现物料短缺"的要求，即没有说明"何时订货""何时生产"等问题。为此，需要进一步把产品结构从层次坐标换到时间坐标上去，如图 1-5 所示。

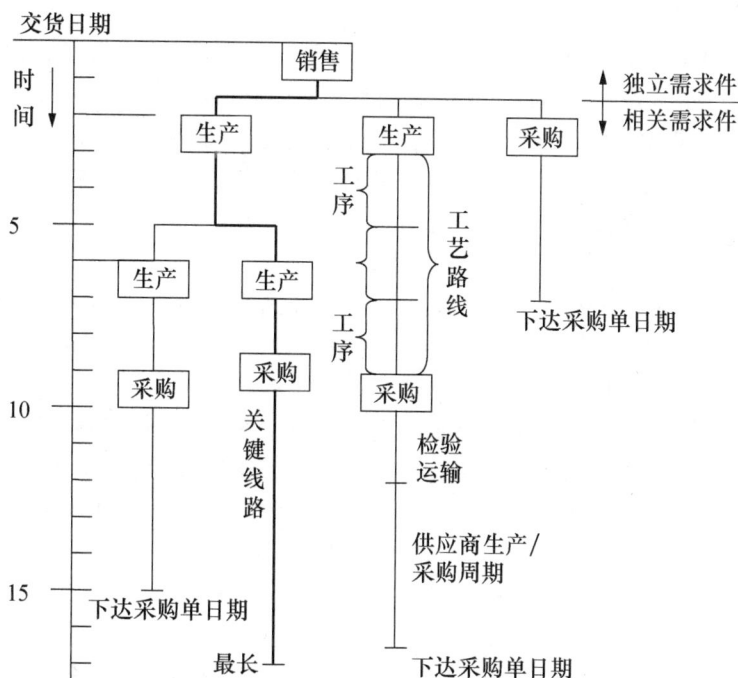

图 1-5 以时间为坐标的产品结构示意图

在图 1-5 中，时间坐标上的产品结构集成了企业中销售、生产、采购三大主要业务部门的需求与供应信息，包括了物料的数量和需用时间。由于产成品、采购件和加工件都被集成在一个结构中，只要顶层的"独立需求件"有了变化，相应的"相关需求件"立即发生相应的变化。

MRP 的理想境界是根据需用时间使物料供应做到"不多、不少，不早、不晚"，对企业各种制造资源和产、供、销各个环节进行有效的计划、组织和控制，使其协调发展。

MRP 的基本内容是编制物料的采购计划和加工件及产品的生产计划，用以确定各物料在不同时段的需求量和采购订单的下达时间，确定各加工件的开工时间。

（3）MRP 的局限性。MRP 是建立在下面两个假设条件的基础上的：一是假设生产计划是可行的，即假定有足够的设备、人力和资金来保证生产计划的实现；二是假设采购计划是可行的，即假定有足够的供货能力和运输能力来保证完成物料供应。但在实际生产中，能力资源和物料资源总是有限的，因而往往会出现生产计划无法完成的情况。因此，为了保证生产计划符合实际，必须使计划适应资源，以保证计划的可行性，这就是闭环 MRP 的思想。

3. MRP Ⅱ

制造资源计划（Manufacturing Resource Planning，MRP）是在 MRP 的基础上发展起来的反映企业生产计划和企业经济效益的信息集成系统。它是由美国著名的管理专家奥列夫·怀特（Oliver W. Wight）提出的一个新概念。由于它的英文缩写也是 MRP，为了便于区分，就称它为 MRP Ⅱ。

（1）MRP Ⅱ 的思想。

① MRP Ⅱ 与 MRP 的主要区别就是它运用了管理会计的概念，实现物料信息同资金信息的集成，用货币的形式说明了执行企业"物料计划"带来的经济效益。

② 企业经营效益主要体现在产品成本上。先要描述产品成本的实际发生过程，以 MRP 的产品结构（BOM）为基础，从底层采购件的材料费开始，逐层向上将每一件物料的材料费、人工费和制造费（间接成本）进行累计，得出每一层零部件直至最终产品的成本。再进一步结合市场营销，分析各类产品的盈利性。

综上可以得出，MRP Ⅱ 的基本思想就是把企业作为有机的整体，从整体最优的角度出发，通过运用科学的方法，并充分对企业各种制造资源和产、供、销、财各个环节进行有效的计划、组织和控制，使其协调发展，同时发挥作用。

（2）MRP Ⅱ 的局限性。MRP Ⅱ 仅仅改变企业内部资源的信息流。然而，随着全球经济一体化的加速，企业与其外部环境的关系越来越密切，MRP Ⅱ 已经不能满足需要。于是，一个新的，不仅能处理企业内部资源信息流，同时还能处理与企业外部环境有关的信息流，体现按市场需求制造及供应链管理（Supply Chain Management，SCM）思想的 ERP 系统应运而生。

4. ERP

ERP 打破了 MRP Ⅱ 只局限于传统制造业的旧的观念和格局，把触角伸向各个行业，特别是金融业、通信业、高科技产业、零售业等，大大扩展了应用范围。

（1）ERP 的思想。ERP 在 MRP Ⅱ 的基础上做了以下几方面的改进：

① 融合其他现代管理思想和技术来完善自身系统，以提高系统的适应性和优化生产过程。

② 建立在 Internet/Intranet 基础上的网络系统，将人、财、物及信息结合为一体，充分发挥整体系统的效率。

③ 通过把客户需求、企业内部制造活动和供应商资源整合在一起，形成供应链。

④ 通过对供应链所有环节进行有效的控制和管理，强调事前控制和系统集成，为企业提供质量、效益、客户满意、环境变化等战略问题的分析。

应该说，ERP 是在 MRP Ⅱ 的基础上发展起来的，建立在信息技术的基础上，利用现代企业的先进管理思想，全面集成了企业的所有资源信息，并为企业提供决策、计划、控制与经营业绩评估的，全方位和系统化的管理平台。

（2）ERP 的形成。MRP 是一种保证既不出现短缺、又不积压库存的计划方法，仅仅解决了企业物料供需信息的集成；MRPⅡ融入了财务会计信息，实现了物料信息与资金信息的集成；ERP 是包括 MRP 和 MRPⅡ所有信息集成功能的面向供应链管理的高度集成的信息系统。

简单地说，MRP 是 ERP 的核心功能，MRPⅡ是 ERP 的重要组成。从 MRP 到 MRPⅡ，再到 ERP，是制造业管理信息集成的不断扩展和深化。ERP 的形成过程如图 1 – 6 所示。

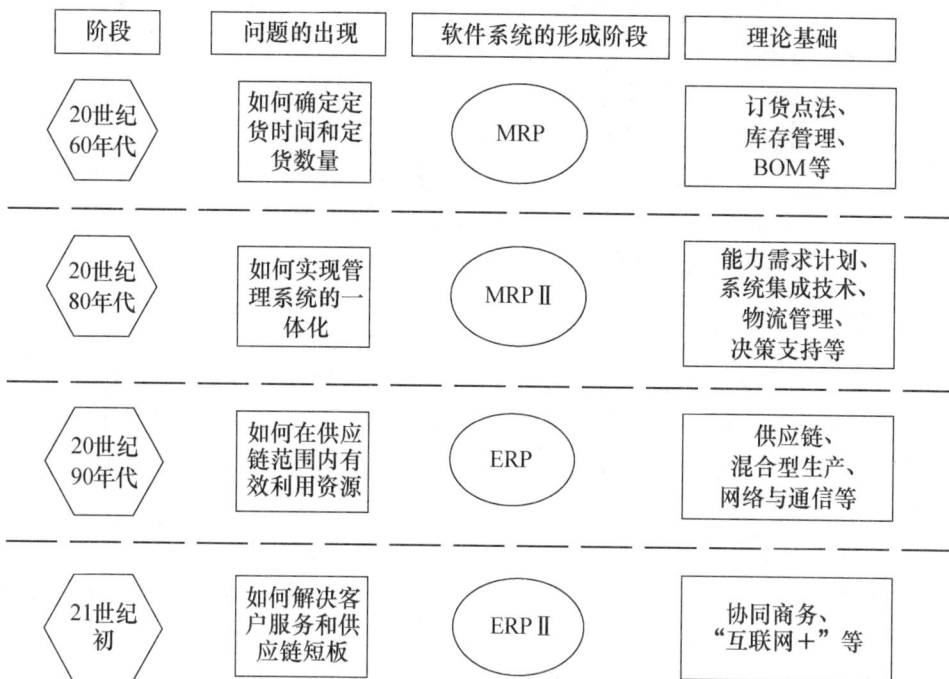

阶段	问题的出现	软件系统的形成阶段	理论基础
20世纪60年代	如何确定定货时间和定货数量	MRP	订货点法、库存管理、BOM 等
20世纪80年代	如何实现管理系统的一体化	MRPⅡ	能力需求计划、系统集成技术、物流管理、决策支持等
20世纪90年代	如何在供应链范围内有效利用资源	ERP	供应链、混合型生产、网络与通信等
21世纪初	如何解决客户服务和供应链短板	ERPⅡ	协同商务、"互联网＋"等

图 1 – 6　ERP 的形成过程示意图

5. ERPⅡ

企业信息化的发展遵循 PDCA 管理循环①的模式，不仅要看到自己内部的流程，也要关注整个商业环境中的合作伙伴。信息化不再是自己企业的事情，因为我们已经进入了电子商务时代。对很多企业来说，当运用 ERP 把内部进、销、存流程顺理以后，又发现客户服务、供应链方面的流程跟不上，成为企业高效运作中新的"短板"。这时，ERPⅡ应运而生。其是一种新的商业战略，逐步代替 ERP 成为企业内部和企业之间业务流程管理的首选。

（1）ERPⅡ的定义。ERPⅡ是 2000 年由高德纳咨询公司在原有 ERP 的基础上提出的新概念。高德纳咨询公司给出的定义是：ERPⅡ是通过支持和优化企业内部和企业之间的协

---

① 编辑注：PDCA 管理循环又称戴明环，是一种广泛用于持续改善产品质量的管理模型。其中，P 代表计划（plan），D 代表执行（do），C 代表检查（check），A 代表对检查的结果进行处理（action）。

同运作和财务过程，创造客户和股东价值的一种商务战略，是一套面向具体行业领域的应用系统。为了区别于 ERP 对企业内部管理的关注，高德纳咨询公司在描述 ERP Ⅱ 时引入了"协同商务"的概念。协同商务（Collaborative Commerce），是将具有共同商业利益的合作伙伴整合起来，主要通过对整个商业周期中的信息进行共享，实现和满足不断增长的客户的需求，同时也满足企业本身的活力能力。通过对各个合作伙伴的竞争优势的整合，共同创造和获取最大的商业价值，并提供获利能力。

通过互联网的广泛应用，互联网服务也在不断融入企业的 ERP 中，"互联网＋ERP"逐渐成为主流。企业在互联网中通过协同商务，整合整条供应链上的竞争，由传统的企业与企业之间的竞争转化为供应链与供应链之间的竞争。依托于"互联网＋"，ERP Ⅱ 正在将企业信息化推向极致，在优化企业资源配置中起到举足轻重的作用。

（2）ERP Ⅱ 的组成。ERP Ⅱ 是一种新的商业战略，由一组行业专业化的应用组成。通过它们，建立和优化企业内部和企业之间的流程、协作运营和财务运作的流程，从而将客户和股东价值优化。传统的 ERP 系统注重制造业企业的资源计划和库存准确率，同时也注意到了企业的业务可见度。后续扩展的 ERP 需求使一些非制造业企业也纷纷采用 ERP 系统作为其后台财务处理系统。由于企业客户对供应链管理（SCM）、客户关系管理（Customer Relationship Management，CRM）和电子商务功能等新功能的要求不断出现，一些 ERP 厂商为应对这方面的需求而推崇所谓的企业应用套件。但是，企业应用套件那种在企业内对全部的人提供全部的事的方式，并不适用于未来的企业对专注和外部联结性的强烈需求。

不同的分析员对 ERP Ⅱ 有不同的描述。从技术上来说，ERP Ⅱ 包括企业资源规划系统和其他围绕 ERP 系统出现的各种功能活动模块。这些功能活动普遍包括：管理、决策、培训、文件存盘、沟通、人事等。所有这些模块都要和平共存才能建立一个 ERPⅡ 方案。最后，通过 ERPⅡ 系统中的接口把整个 ERPⅡ 方案凝固。

（3）ERP Ⅱ 的优势。

① 作用：从传统 ERP 的资源优化和业务处理扩展到利用企业间协作运营的资源信息，并且不仅仅用于电子商务模式的销售和采购。

② 领域：ERPⅡ 的领域已经扩展到非制造业。

③ 功能性：超越传统通用的制造、分销和财务部分，扩展到那些针对特定行业或行业段的业务。

④ 业务处理：从注重企业内部流程管理发展到外部联结。

⑤ 系统结构：与单调的 ERP 系统结构不同，ERPⅡ 的系统结构是面向 Web 和面向集成设计的，同时是开放的、组件化的。

⑥ 数据处理方式：与 ERP 系统将所有数据存储在企业内部不同，ERPⅡ 面向分布在整个商业社区的业务数据。

ERP Ⅱ 能够增强公司改善内部效率及数据自动化的能力，提升公司对后勤功能的控制力，帮助分享客户、产品、竞争对手及市场等信息。这种新的模式利用开放的架构以及将数据分配设计扩展，以支持公司对内及对外的协同流程。协同商务方案为商业价值链上的每一位参与者提供功能及重要信息，这是一个最重要的、支持商业运作需求的概念。这个模式意味着整个商业流程中的每个参与者都可随时取得所需的功能及信息。这当中需要一个能将各种方案整合在 ERP Ⅱ 的组合内，并能支持与广泛运营商有关事项的架构。有些公司能透过 ERP Ⅱ 的各项功能达到以上目的。有些公司则需要向不同的供货商提出要求，组织各种功能的方案以配合独特的需要，如财务管理系统。

1.1.3　ERP 的发展

1. ERP 的发展总结

从 ERP 的发展历程可以看出，企业的信息集成在不断地扩展，特别是在快速变化的市场竞争中，仅仅做企业内部的信息集成还不够，必须要把信息集成延展到供应链的上下游，即要求企业与所有的供应商和客户进行信息集成，形成面向供应链的信息管理。这样才能解决企业常碰到的不能准确实时掌握客户需求、不能实时地掌握供应变化等问题。"管理整个供应链"就是现今 ERP 要解决的问题。

现代 ERP 的理念之所以能够实现和发展，完全依托于信息技术和网络通信技术的迅猛发展，以及因之而生的一系列新的管理理念和方法。从 MRP 到 ERP Ⅱ 的发展过程，就像水的波纹一样，由中心逐渐向外扩张。可以说，MRP 是制造业 ERP 的核心，因为它就是处在水波的中心的，而且波纹首先就是由它引发的（如图 1 – 7 所示）。

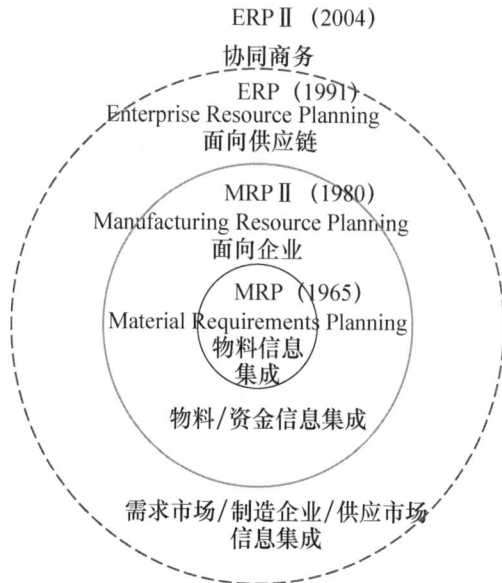

ERP Ⅱ　（2004）
协同商务
ERP　（1991）
Enterprise Resource Planning
面向供应链
MRP Ⅱ　（1980）
Manufacturing Resource Planning
面向企业
MRP　（1965）
Material Requirements Planning
物料信息
集成
物料/资金信息集成
需求市场/制造企业/供应市场
信息集成

图 1 – 7　信息集成范围的扩展：从 MRP 到 ERP Ⅱ

在 MRP Ⅱ 的概念产生后的 10 年间，企业计划与控制的原理、方法和软件都逐渐成熟和完善起来。各个 MRP Ⅱ 软件厂商不断地在自己的产品中加入新的内容，逐渐演变并形成了功能更完善、技术更先进的制造业企业的计划与控制系统。ERP 在管理思想和信息技术不断发展的基础上，管理模式和管理功能有了显著的变化。图 1-8 反映了其发展变化的趋势。

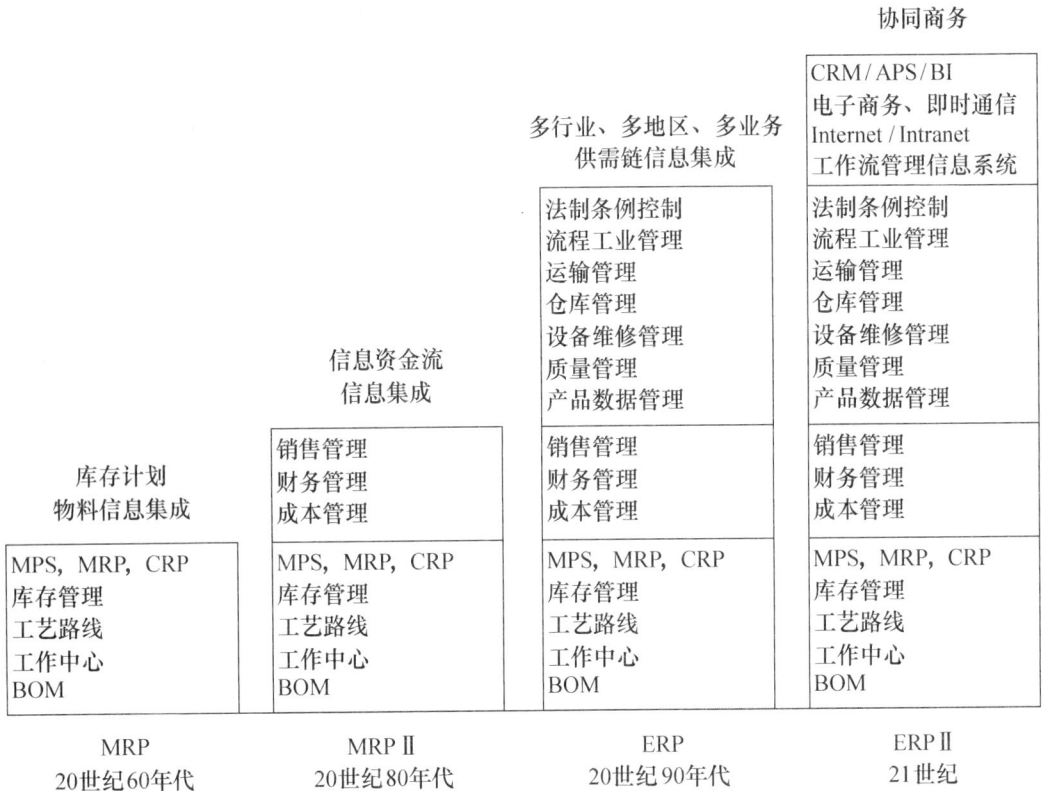

			协同商务
			CRM / APS / BI 电子商务、即时通信 Internet / Intranet 工作流管理信息系统
		多行业、多地区、多业务 供需链信息集成	
		法制条例控制 流程工业管理 运输管理 仓库管理 设备维修管理 质量管理 产品数据管理	法制条例控制 流程工业管理 运输管理 仓库管理 设备维修管理 质量管理 产品数据管理
	信息资金流 信息集成		
	销售管理 财务管理 成本管理	销售管理 财务管理 成本管理	销售管理 财务管理 成本管理
库存计划 物料信息集成			
MPS, MRP, CRP 库存管理 工艺路线 工作中心 BOM	MPS, MRP, CRP 库存管理 工艺路线 工作中心 BOM	MPS, MRP, CRP 库存管理 工艺路线 工作中心 BOM	MPS, MRP, CRP 库存管理 工艺路线 工作中心 BOM
MRP 20世纪60年代	MRP II 20世纪80年代	ERP 20世纪90年代	ERP II 21世纪

图 1-8　ERP 发展趋势图

具体地讲，ERP 的发展趋势具有以下几个特点：

（1）注重对整个供应链的管理支持。通过链上信息的共享，加强对合作伙伴与客户信息的管理。在已有的市场管理、销售管理、售后服务管理的基础上，已经产生了具有很大影响的客户关系管理（CRM）系统。

（2）注重人力资源开发和知识管理。现代企业更加注重对信息的深度利用，强调企业知识的收集、创新、传递与利用。知识管理已成为许多企业增强竞争能力、提高其市场价值的战略措施。

（3）决策支持功能不断得到加强。采用数据仓库、数据挖掘技术等，直接针对企业经营管理者面对的问题提供分析工具。

（4）更加开放的集成系统。新的 ERP 系统应用 Internet 技术、移动通信技术等，与电子商务等平台相互集成。

2. ERP 的发展趋势

纵观 ERP 的发展历程，从最初的订货点法，到现在的 ERP II，都是随着技术的创新与应用而产生的巨大发展与变化。因此，可以预见，在高新技术的帮助下，ERP 将会有更加迅猛的发展。

（1）ERP 将与 RFID、物联网等先进技术相结合。ERP 往往需要进行大量基础数据的分析和采集，而无线射频识别技术（Radio Frequence Identification，RFID）的应用彻底解决了传统的手工录入方式工作量大、易出错的问题。通过自动识别系统对各种标签数据进行采集和处理，在提高操作速度的同时，大大降低了由重复录入及误操作造成的数据错误，为 ERP 的决策系统提供了准确的信息保障。对于企业来说，进行即时消息、视频通信、即时文件传输也非常重要。即时通信工具是基于互联网网络通信协议产生的点对点、点对面的通信软件，可以提供即时文件、语音、图像、文字等多种格式的媒体数据，便于人们进行信息沟通，并能与企业办公应用程序结合使用。基于此，ERP 与即时通信工具结合已成为企业现代办公的一大需求。

（2）ERP 将逐步向应用网络化和云计算发展。协同商务要求企业在 Internet 的基础上建立自己的管理信息系统，而使用 Web 客户机具有费用低廉、安装和维护方便、跨平台运行、统一、友好的用户界面等优点。基于 SAP 架构的 B/S-ERP 比传统 C/S-ERP 有更好的维护性和管理性，同时能将数据更为集中地管理，保障整体数据的一致性，避免了"系统孤岛"。对于中小企业而言，信息化模式需满足几点要求：技术上不能过时，具备与大企业一致的信息化系统技术水平；成本上不能太高，维护不能太困难，与自己企业的支付水平相符；产品功能要集成、安全，并支持个性化设置，杜绝"信息孤岛"隐患；应用交付、使用和维护要快速便捷，最好完全通过互联网完成。因此，中小企业云计算 ERP 是未来信息化应用的一个趋势。云计算 ERP 让用户可以随时使用、随时扩展，动态地增加或减少某些模块，用户不需要支付软件许可费用，只需支付服务器、网络等租用费用，并且能通过手机、PDA 等无线设备实现不受地域限制的远程办公。

（3）大数据将在 ERP 中扮演重要角色。随着互联网时代的不断推进，数据不断增加，数据规模越来越大，处理的难度也越来越高，但数据挖掘得到的价值可能更大。大数据技术可以帮助企业在应用 ERP 的过程中更有效地实现自身目标。一些企业利用大数据分析实现对采购和合理库存量的管理，通过分析网上数据了解客户需求、掌握市场动向。有资料显示，全球零售商因盲目进货导致的销售损失每年达 1 000 亿美元，这方面的数据分析大有作为。与此同时，结合大数据的 ERP，在客户方向处理方面，能够通过对数据的分析获得很多信息，并可将其作为管理和营销的依据。但是，针对大数据的数据收集、数据存储、数据处理等都是不小的挑战，企业想通过大数据提升 ERP 的价值成为一个重要而艰巨的任务。

（4）社交化 ERP 兴起。在企业数据开始多元化的今天，ERP 数据和信息系统数据，每一条都有具体的含义和价值。社交媒体数据，也可以称为模糊数据，正扮演着越来越重要的角色。现在学术界的研究认为，社交化 ERP 对企业管理起到正向推进作用。这是因为社交化 ERP 把非正式交流渠道纳入企业管理的视线当中。非正式交流渠道是一直在企业内部存在的，而且对企业文化营造和工作管理起到了很大的作用。以人为中心的交流补充了传统 ERP 以商务过程为中心的管理。ERP 是程序，在其应用过程中领导可能是最后知道真相的人。而企业内部社交化媒体的出现，会极大地改善这种情况。很多事情，领导只需要知道，并不需要在这个事情上做出决策。因此，社交化 ERP 最重要的作用是把非结构化数据引入 ERP 系统，顺应大数据时代的趋势和要求。

（5）ERP 智能化发展。伴随着人工智能技术的发展，新型的智能会计专家决策系统应运而生。财务软件应不断吸收发展的计算机技术，让计算机模仿人脑去进行推理、规划、设计、思考、学习等思维活动，让计算机对经济活动进行分析、判断，从而得出会计专门问题的解答。所以，应开发人工智能，建立专家系统和决策支持系统，为决策者提供信息和服务。目前财务软件开发的功能有：软件操作过程智能化功能、软件业务分析智能化功能、软件决策支持智能化功能等。

1.2 企业运营主流程介绍

1.2.1 企业价值链

价值链（Value Chain）一词最初是由美国哈佛大学商学院教授迈克尔·波特（Michael E. Porter）于 1985 年在其所著《竞争优势》中提出的。从企业经济活动的角度分析，可以这样来定义价值链：企业为客户、股东、企业职员等利益集团创造价值所进行的一系列经济活动的总称。

图 1-9 所示为波特价值链模型，从中可以看出，企业创造价值的过程一般可以分解为产品开发、设计、生产、营销以及对产品起辅助作用的一系列互不相同但又互相关联的经济活动（如产品的售后服务等）。这一系列活动也可称为"增值作业"，其总和即构成企业的价值链。企业从事价值链活动，一方面创造顾客认为有价值的产品或劳务，另一方面也需要负担各项价值链活动所产生的成本。企业经营的主要目标在于尽量增加顾客愿意对产品或劳务支付的价格。

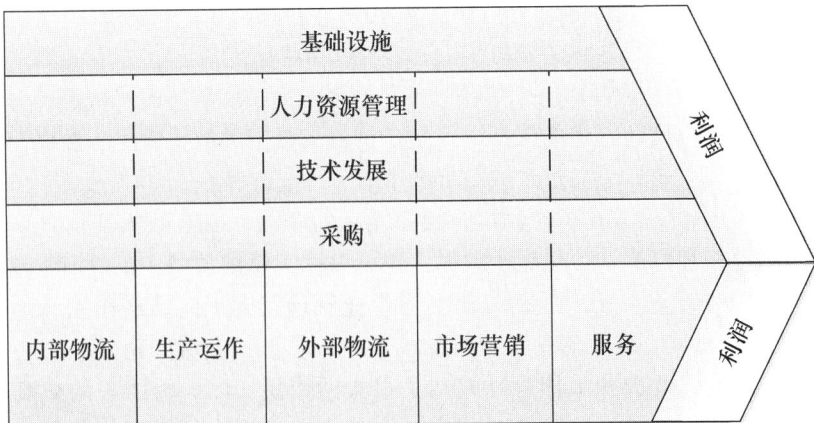

图 1-9　波特价值链模型

1. 价值链的基础活动

价值链的基础活动包括内部物流、生产运作、外部物流、市场营销和服务等。

（1）内部物流是为企业提供保障的，其活动内容为：自供应商处接收生产所需的原材料及有关信息，存储和分配相关物品。

（2）生产运作是指将内部物流所提供的投入转化为最终产品的各种活动，如生产计划、调度、加工、组装、设备管理、质量检查、包装等。

（3）外部物流是指集中、存储并将产成品发送给买方的各种活动，如成品库存管理、订单处理、送货调度、接收顾客订货等。

（4）市场营销是促进买方购买产品并引导他们进行购买的各种活动，如广告策略、广告投放决策、销售渠道选择、市场调查与定位、与客户谈判、出售等一系列活动。

（5）服务是关于提供服务以增加或保持产品价值的各种活动，如安装、维修、培训、零部件供应和产品调换等。顾客用相同的价格购买了具有附加值的产品或服务，所以服务对其意味着产品价值的增加。对企业而言，服务虽表现为成本的投入，但通过优质服务开拓市场，可占领市场并获得竞争优势，从而为规模生产提供可靠的保证。如此，企业就能降低成本，实现较大规模的价值增加。

2. 价值链的辅助活动

价值链的辅助活动包括基础设施、人力资源管理、技术开发和采购等。

（1）基础设施是企业运营中各种保证措施的总称，包括战略规划、组织机制建设、财务、会计、法律、政府事务、质量管理、综合管理、企业文化建设以及企业形象设计等。

（2）人力资源管理是指对所有类型的人员的招聘、培训、开发和付酬等活动。人力资源管理不仅对单项基本活动和辅助活动起到辅助作用，而且支撑整个价值链。

（3）技术开发是指改善产品和工艺的各种努力，既包括工艺、设备、管理、制造的技术，也包括技术开发过程中所采用的技术。每项价值活动中都包含技术的成分。

（4）采购是指用于企业价值链的各种投入活动，而不是外购活动本身。采购对象既包括备件、低值易耗品、办公用品，还包括固定资产，如土地、建筑物、机器、试验设备等。

从企业的整体角度来看，价值链并不是一些独立活动的简单集合，而是由各种纽带联结起来的相互依存的一系列活动所构成的系统。当某一种价值活动进行的方式和成本影响另一种活动的成本和效率时，这两种活动之间就存在联系。企业要想获得竞争优势，就必须对联系进行优化和协调。一个行业的价值链通常被包含在称为"价值系统"的更大的活动之中。

1.2.2　企业运营主流程

将上文中提到的波特价值链模型套用在企业中，不难发现，企业运营也遵循着这样的价值链模型。根据波特价值链模型，可以将一般制造业企业的日常流程表述为内部供应链的形式，如图 1 - 10 所示。从图中可以看到，一般企业运营的主业务流程主要包括采购、生产、库存管理、销售等环节。

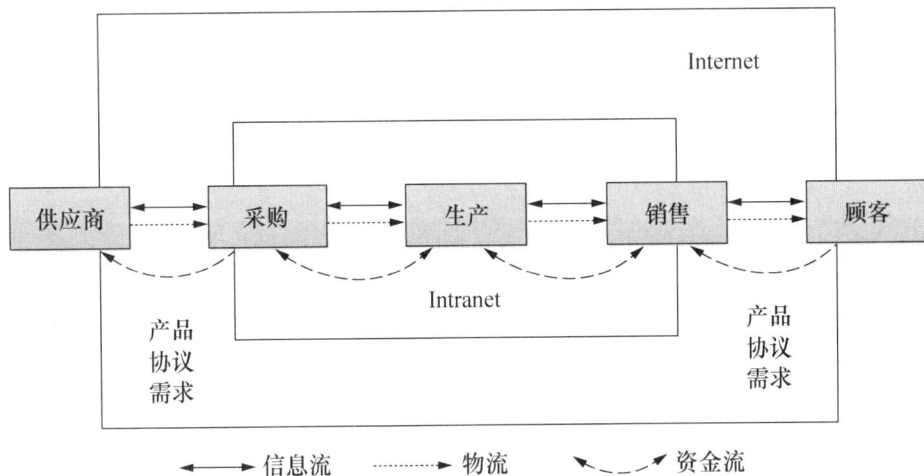

图 1 - 10 制造业企业内部供应链示意图

1. 采购

采购的基本作用，就是将资源从资源市场的供应者手中转移到用户手中。在这个过程中，一是要实现将资源的所有权从供应商手中转移到用户手中，二是要实现将资源的物质实体从供应商手中转移到用户手中。前者是一个商流过程，主要通过商品交易、等价交换来实现商品所有权的转移。后者是一个物流过程，主要通过运输、储存、包装、装卸、流通加工等手段来实现商品空间位置和时间位置的转移。这两方面需要完整结合，缺一不可，只有这两方面都完全实现了，采购过程才算完成。因此，采购过程实际上是商流过程与物流过程的统一。

在整个采购活动过程中，一方面，通过采购获取了资源，保证了企业正常生产的顺利进行，这是采购的效益；另一方面，在采购的过程中也会发生各种费用，这就是采购成本。我们要追求采购经济效益的最大化，就要不断降低采购成本，以最少的成本获取最大的效益。而要做到这一点，关键就是要努力追求科学采购。科学采购是实现企业经济利益最大化的基本利润源泉。

2. 生产

生产，是制造业企业经营活动的核心，即由生产工人利用机器设备对原材料进行加工和装配，生产出市场所需的各种产品。生产活动需要支付职工薪酬和其他生产费用，表现为资金支出。

从原材料的投入开始到产品产出为止的全过程，一般分为如下 5 个过程：

（1）工艺过程，即直接改变劳动对象的性质、形状、大小等的过程。它是生产过程的最基本的部分。

（2）检验过程，是产品形成的必要环节。检验不创造价值，却要花费成本，所以检验过程越少越好。

（3）运输过程，即劳动对象从上一道工序向下一道工序转移的过程。

（4）自然过程，是指在自然力的作用下完成自身性质的过程。

（5）加工等待过程，是指下一活动不能连续进行所发生的停留与等待。

3. 库存管理

库存管理，是指在物流过程中对商品的管理，是生产、计划和控制的基础。其目的是支持生产运作。通过对仓库、货位等账务管理及入/出库类型、入/出库单据的管理，及时反映各种物资的仓储、流向情况，为生产管理和成本核算提供依据。

库存管理不同于仓库管理。仓库管理是主要针对仓库或库房的布置、物料运输以及存储自动化等的管理；库存管理的对象是库存项目，即企业中的所有物料，包括原材料、零部件、在制品、半成品和产品以及辅助物料。库存管理的主要功能是在供需之间建立缓冲区，达到缓和用户需求与企业生产能力之间的矛盾、最终装配需求与零配件之间的矛盾、零件加工工序之间的矛盾、生产厂家需求与原材料供应商之间的矛盾的目的。

现阶段，主流的库存管理方法有如下三种：

（1）供应商管理库存（Vendor Managed Inventory，VMI）是集中管理库存和各个零售商的销售信息，生产商或分销商补货系统的库存管理办法。它建立在真实的销售市场变化的基础上，能够提高零售商预测销售的准确性，缩短生产商和分销商的生产和订货提前期，在链接供应和消费的基础上优化补货频率和批量。这种库存管理方式在商品分销系统中使用得越来越广泛，有学者认为其是未来发展的趋势。

（2）客户管理库存（Custom Managed Inventory，CMI）是和供应商管理库存相对的一种库存控制方式。很多人认为，按照和消费市场的接近程度，库存自然应归零售商管理。这是因为零售商在配送系统中最接近消费者，在了解消费者的消费习惯方面最有发言权，而且应该是核心的一环。持这种观点的人认为，配送系统中离消费市场越远的成员越不能准确地预测消费者需求的变化。

（3）联合库存管理（Jointly Managed Inventory，JMI）是介于供应商管理库存和客户管理库存之间的一种库存管理方式。顾名思义，这是一种由供应商与客户共同管理库存，并进行库存决策的管理方式。它结合了对产品的制造更为熟悉的生产或供应商，以及掌握消费市场信息能对消费者的消费习惯做出更快、更准反应的零售商两者各自的优点，因此能更准确地对供应和销售做出判断。在配送系统的上游，通过销售点提供的信息和零售商提供的库存状况，供应商能够更加灵敏地掌握消费市场变化，销售点汇总信息使整个系统都能灵活应对市场的变化趋势；在系统另一端，销售点通过整个系统的可视性可以更加准确地控制资金的投入和库存水平。

4. 销售

销售，是介绍商品提供的利益，以满足客户的特定需求，将自己企业生产的产品卖给购买方的活动。销售过程中，销售团队将通过各种渠道收集到的销售机会转变为订单，订单处理流程与销售流程紧密相连，包含合同管理、收款等过程。订单处理与企业的生产、物流运输流程相连，构成了企业内部管理与外部客户管理连接的重要一环。

企业的销售活动是一切活动的开始环节，可以确保公司的竞争优势。然而，企业的决策正确与否是销售活动成败的关键。因此，企业要谋得生存和发展，很重要的是做好销售决策。企业应通过市场销售活动分析外部环境的现状和发展趋势，并结合自身的资源条件，指导企业在产品定价、分销、促销和服务等方面做出相应的科学决策，为企业发展提供帮助。

1.3 ERP 的管理思想

ERP 是现代管理思想的产物，它将许多先进的管理思想，如企业业务流程重组、供应链管理、敏捷制造、精益生产、并行工程、及时生产、全面质量管理等，体现在 ERP 软件系统中，极大地扩展了管理信息系统的应用范围，成为崭新的现代企业的管理手段。本节重点介绍企业业务流程重组、供应链管理、及时生产和精益生产等管理思想。

1.3.1 企业业务流程重组

业务流程重组（Business Process Reengineering，BPR）最早是在 1990 年由美国麻省理工学院教授 Michael Hammer 在 *Reengineering Work：Don't Automate，But Obliterate* 一文中提出的。1993 年，Michael Hammer 与 CSC Index 公司的首席执行官 James Champy 合作发表了《企业再造：企业革命的宣言书》。此后，BPR 作为一种新的管理思想，像一股风潮席卷了整个美国和其他工业化国家，并大有风靡世界之势。

1. 业务流程重组的概念

根据 Hammer 与 Champy 的定义，"业务流程重组就是对企业的业务流程（process）进行根本性（fundamental）再思考和彻底性（radical）再设计，从而获得在成本、质量、服务和速度等方面业绩的戏剧性的（dramatic）改善"。

业务流程重组以作业流程为中心，打破传统的金字塔形组织结构向平板形发展，即所谓的扁平化结构管理。其强调以业务流程为改造对象，以关心客户满意度为目标，对企业业务流程进行根本的再思考和彻底的再设计，最终实现企业经营在成本、质重、服务和速度等方面 "戏剧性" 的改善。"根本性""彻底性""戏剧性" 和 "流程" 是业务流程重组的 4 个核心内容。

（1）"根本性" 是指企业进行业务流程重组时，根本不考虑企业现状，而对问题进行根本性的思考，这样就可能发现企业原来的流程运作机制是过时的，甚至是错误的。

（2）"彻底性" 表明企业对流程的变革不是进行简单的、肤浅的改变或修补，而是抛弃所有的陈规陋习、毫无效益或效益低下的作业方式，创造全新的工作方法。

（3）"戏剧性" 说明业务流程重组追求的是企业效益显著的增长或极大的飞跃，而不是略有改善、稍有好转或简单提升等，这是 BPR 的标志与特点。

（4）"流程"是指企业的业务流程；业务流程是指为客户带来满意度、为企业创造效益及相互关联的一组活动。业务流程重组的工作都是围绕企业的业务流程展开的，彻底改革了无效的、不创造价值的"流程"。

因此，上述 4 点核心内容也说明了业务流程重组的原则。

2. 业务流程重组的注意事项

业务流程重组并非是灵丹妙药，虽然有高收益的机会，但也伴随着巨大的风险。应该说，BPR 理论并没有完全成熟。尤其是在我国，有很多企业曾经长期受计划经济管理模式的影响，在重组中失败，究其原因，需要注意如下几点。

（1）时机选择。

① 企业到了非常重要的时刻（或说生死存亡关头），能够留下继续工作的员工，有与企业共存亡的意识，愿意为重组承担额外的工作负担与风险。

② 趁主要竞争对手进行流程重组之际，进行本企业的流程重组，以超越对手为目标，在企业内部催生一种强大的动力。

③ 积极捕捉新科技、新技术，并预见其可能对市场带来的巨大影响。此时，企业思索新的经营模式，进行流程重组，以领先于市场。

④ 必须有一定的信息共享平台作保障。流程重组面向的是流程，打破了传统管理面向职能的方式，跨越职能，实现流程短路。注意，这需要以共享的业务数据为依托，否则难以实现。

（2）流程选择。不能全面出击，要有选择地重组流程。重组流程时应该考虑以下几点：

① 该流程是否已经成为企业发展的"瓶颈"？

② 该流程重组后能否解决企业面临的危机？

③ 该流程重组成功的概率有多大？

④ 该流程重组失败的后果有多严重？

同时，要抓住流程控制点。同种业务类别可能属于不同的流程过程。例如，采购业务的生产材料采购与办公用品采购，可以分开流程考虑，因而流程的线路是不同的。办公用品的采购流程控制点可以放在行政部门，而生产部门的采购则应由采购部门控制。

（3）领导班子。负责业务重组的领导班子应该由具有领导权威、富有创新精神、管理经验丰富、业务熟悉和善于沟通的人员组成。

（4）组织模型。业务流程重组的结构应该以产出为中心，而不是以任务为中心。这条原则说明，应该由一个人或一个小组来完成流程中的所有步骤，围绕目标或产出设计，而不是由单个任务来设计人员的工作。流程的控制点是这个流程的最终负责点，因此，扁平化组织模型中控制点的责任人代替原来金字塔形组织模型（如图 1 - 11 所示）中业务部门的负责人，管理因此而扁平化（如图 1 - 12 所示）。

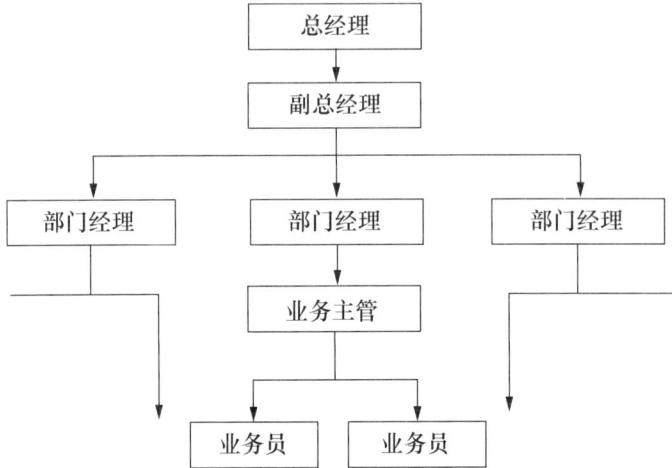

图 1-11　金字塔形组织模型

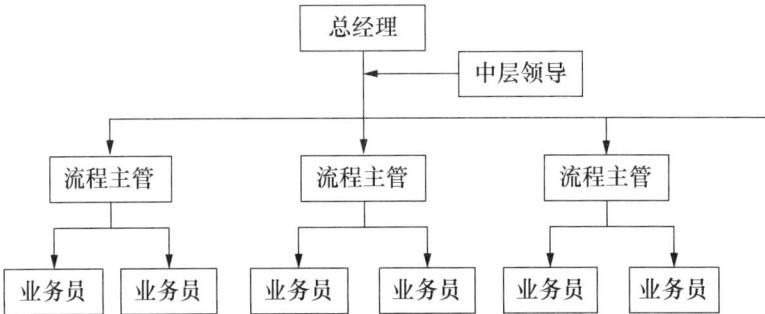

图 1-12　扁平化组织模型

在扁平化组织模型中，原来中层领导的职能和作用发生了变化，由业务负责人转化为监督、训导和行政管理等角色，并负责企业业务全局的平衡。而各个流程控制点的负责人实际上对企业的最终流程业务负责，也就是对企业最高领导负责。这样就能将决策点定位于业务流程执行的地方，在业务流程中建立控制程序，从而大大消除原有各部门之间的摩擦，降低管理费用和管理成本，减少无效劳动并提高对顾客的反应速度。当然，流程重组的组织变化并不一定按理想化的模型，是一个逐步推广和扩展的过程，即企业的管理结构在不断地扁平化，逐渐实现高效运作。所以，要充分理解这种组织模型的变化。

1.3.2　供应链管理

ERP 是在市场竞争的动力下发展起来的。企业为了在市场中求生存、求发展，不断地整合、优化与扩大自身资源。但随着市场竞争程度的不断激化、全球经济一体化的实现，企业对资源的争夺已经发展到企业之外的整个供应链。因而，ERP 的资源计划对象已从企业内部发展至企业外部，即整个供应链涉及的所有资源。

1. 供应链管理的概念

美国研究供应链的学者史迪文斯（Stevens）认为："通过增值过程和分销渠道控制从供应商的供应商到用户的用户的流就是供应链，它开始于供应的源点，结束于消费的终点。"而同样是研究供应链的学者伊文斯（Evens）认为："供应链管理是通过前馈的物料流及信息流，将供应商、制造商、分销商、零售商，直到最终用户连成一个整体的模式。"这两种定义虽然不尽相同，但它们的共同点很明确，就是强调从需求原点到供应原点的完整的链。

供应链管理是围绕核心企业，主要通过信息手段，对供应各个环节中的各种物料、资金、信息等资源进行计划、调度、调配、控制与利用，形成用户、零售商、分销商、制造商、采购供应商的全部供应过程的功能整体。

2. 供应链管理的内容

供应链管理是以客户需求为驱动，以同步化、集成化的生产计划为指导，以信息技术为依托，围绕供应、生产计划、物流和客户需求 4 个领域的活动来实现的。由此可见，供应链管理关心的并不仅仅是物料实体在供应链中的流动，除了企业内部与企业之间的实物流动和运输问题以外，其还包括以下主要内容：

（1）战略性供应商和用户合作关系管理；

（2）企业内部与企业之间物料供应与需求管理；

（3）基于供应链的用户服务和物流（运输、库存、包装等）管理；

（4）企业间资金流管理（汇率、成本等问题）；

（5）基于信息技术的供应链信息管理。

供应链管理注重总的物流成本（从原材料到最终产品的费用）与用户服务水平之间的关系。为此，要把供应链各个节点企业有机地结合在一起，从而最大限度地发挥供应链整体的力量，达到供应链企业群体获益的目的。

1.3.3　及时生产

1. JIT 的基本概念

按《APICS 字典》[①] 的解释，及时生产（Just In Time，JIT）是使制造业达到卓越的一种哲理，其基本点是有计划地消除所有的浪费，持续不断地提高生产率。这贯穿于成功地执行为生产最终产品所要求的所有活动之中。从广义来说，JIT 可应用于各种类型的制造业，如车间任务型、流程型以及大批量重复生产型的企业均可应用。

丰田公司关于 JIT 系统的定义是"只在必要的时间以必要的数量生产必要的物料"。丰田的这个生产系统通常被称作"看板管理"。

---

① APICS 是 American Production and Inventory Control Society 的缩写，即美国生产与库存管理协会。

2. JIT 工作的特点

（1）拉式作业方式。拉式作业与推式作业有不同的物料移动指令。推式作业方式是根据主生产计划（Master Production Schedule，MPS）和 MRP 下达生产加工订单，根据生产加工订单将物料配套发往各个工作中心。上工序完工后生产加工订单与加工完成的物品向下工序传递，物料是从上工序向下推动传递的；在上工序未完工以前，下工序只是等待物料、组件加工，如图 1 – 13 所示。

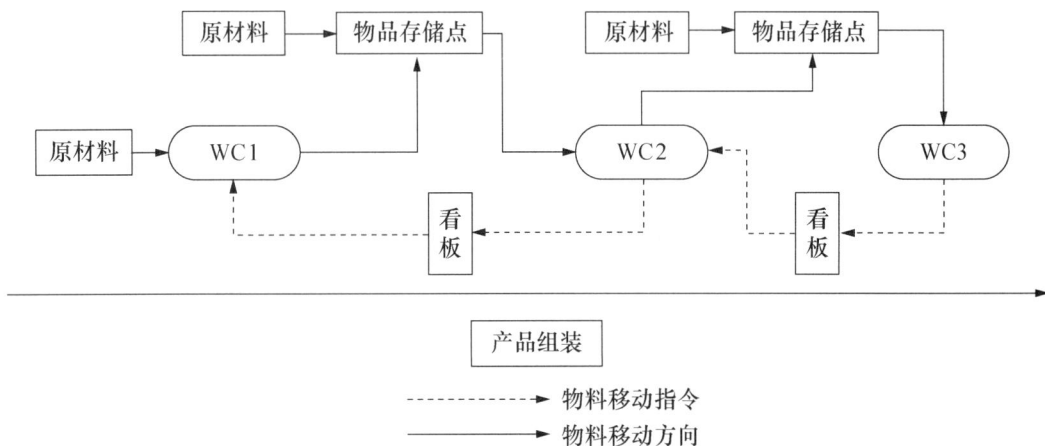

图 1 – 13　推式作业方式

拉式作业的物料移动是来自下道工序，JIT 作业安排即实行适时、适量、适地安排生产。当最终装配计划（Final Assemble Schedule，FAS）下达后，后工序向上工序领取本工序所要的组件进行组装。当上工序的加工组件数量不能满足下工序的组装要求时，产生需求信息。JIT 生产中常用"看板"来传递工序之间的需求信息与库存量，每个"看板"只在上、下工序之间传递，每道工序之间都有"看板"。这种加工与物料需求指令的方向是从后工序指向前工序的，因而称为"拉式作业"。"看板"的目的是控制在制品库存，即需要时才进行生产，物料才被拉动。

（2）反冲法核销成本。反冲法是事后扣减物料库存的方法，可以简化物料的发放与接受事务，提高生产效率。反冲法利用物料完成的成品与报废产品数量，同时根据产品的物料清单计算核销物料库存与加工工时。一般来说，反冲法多适用于生产节拍较短的重复制造作业（如总装配线），并要求物料清单准确率达 100%，生产的统计（完工产品数、废品数）也必须准确无误。应用 JIT 时，设立采用反冲法计算的工序起点与反冲法计算的工序结束点。

（3）按生产率安排生产计划。传统的离散型车间作业按生产工单下达生产任务，而且 JIT 作业管理按生产率（时产、日产）来安排生产计划，无须下达生产工单，作业计划一般是最终装配计划。JIT 作业管理的生产安排既要平衡能力，又要平衡物流。

1.3.4 精益生产

精益生产（Lean Production，LP）思想源于日本丰田汽车公司。它是美国麻省理工学院研究小组通过对以 JIT 生产方式为代表的日本汽车生产管理方式，特别是对丰田汽车公司的生产管理方式的研究而提出的生产经营管理思想。

1. 精益生产的概念

20 世纪 50 年代初，日本汽车远落后于美国，日本的丰田英二在考察了美国底特律的福特公司的轿车厂后意识到，日本的制造业肯定在某些方面存在大量的浪费，同时提出改造美国汽车生产方式的思想。因而，他发动了一场向浪费挑战的生产变革运动。丰田汽车公司经过 20 多年的努力，形成了一种全新的管理模式，称为丰田生产模式（Toyota Production System，TPS）。其管理的目标是低成本、高效率和高质量地进行生产，最大限度地实现准时化（JIT）与人员自觉化。

后来，美国麻省理工学院研究小组的专家组总结提出了"精益生产"的生产管理模式。该模式综合了单件小批量与大批量的生产优点，汇集了及时生产和供应链管理的思想，保证了制造的各种流（销售、供应、加工）的畅通，杜绝浪费、合理利用企业资源，最大限度地消除了一切无增值的劳动，追求尽善尽美。

2. 精益生产的特点

精益生产是从 JIT 发展起来的，因此，必然包含了 JIT 的众多特点。如果同供应链管理的原理比较，两者有许多相似之处。综上，精益生产的特点主要体现在以下几方面。

（1）体现增值链的概念，消除一切不增值的作业和活动。例如，秉持先合理化、再自动化的原则；开展产品开发同产品试制的同步工程。

（2）提高快速响应能力。例如，发挥员工的创造性，授予员工必要的权限，使之能负责对问题做出快速反应和处理，为产品创造价值；通过简单而综合的信息显示，在车间建立协同工作的动态工作小组，等等。

（3）强调合作伙伴关系，发挥各自的核心竞争优势（包括产品开发、零部件供应等），然后进行整合。

（4）以满足客户需求为前提，按照客户需求实行拉动式的个性化产品生产，用大量客户化定制改变传统的大批量生产方式。

1.3.5 ERP 的核心管理思想

ERP 的核心管理思想就是实现对整个供应链的有效管理，主要体现在以下几方面。

1. 体现对整个供应链管理的支持

ERP 可以使企业内部的信息通行无阻，再加上供应链管理，通过网络与系统的有效结合，可以使客户与厂商之间实现水平或垂直整合，真正达到全球运筹管理的模式。ERP 可以与 SCM 系统整合，利用信息科学的最新成果，根据市场的需求对企业内部和其供应链上各环节的资源进行全面规划、统筹安排和严格控制，以保证人、财、物、信息等各类资源得到充分、合理的应用，从而达到提高生产效率、降低成本、满足顾客需求、增强企业竞争力的目的。

2. 体现精益生产、敏捷制造和并行工程的思想

ERP 支持对混合型生产方式的管理，其管理思想表现在两方面：一是"精益生产"，二是"敏捷制造"（Agile Manufacturing，AM）。当企业遇到特定的市场和产品需求时，企业的基本合作伙伴不一定能满足新产品开发、生产的要求。这时，企业会组织一个由特定的供应商和销售渠道组成的短期或一次性供应链，形成"虚拟工厂"，把供应和协作单位看作企业的一个组成部分，运用"并行工程"组织生产，用最短的时间将新产品打入市场，时刻保持产品的高质量、多样化和灵活性。

3. 采用计算机和网络通信技术的最新成就

ERP 除了已经普遍采用的诸如图形用户界面技术、SQL 结构化查询语言、关系数据库管理系统（Relational Database Management System，RDBMS）、面向对象技术、第四代语言/计算机辅助软件工程、客户机/服务器和分布式数据处理系统等技术之外，还要实现更为开放的不同平台互操作，并采用适用于网络技术的编程软件，加强用户自定义的灵活性和可配置性功能，以适应不同行业用户的需要。网络通信技术的应用，使 ERP 易于扩展为供应链管理的信息集成。

4. 同企业业务流程重组密切相关

为了使企业的业务流程能够预见并响应环境的变化，企业的内、外业务流程必须保持信息的敏捷通畅。为了提高企业供应链管理的竞争优势，必然会带来企业业务流程、信息流程和组织机构的改革。这个改革，不仅包括企业内部，还把供应链上的供需双方合作伙伴包罗进来，系统地考虑了整个供应链的业务流程。BPR 的应用已经从企业内部扩展到企业、需求市场和供应市场，即整个供应链的业务流程和组织机构都在重组的范围内。

5. 以物流和信息流为核心

供应链上，除了有人们已经熟悉的"物流""资金流""信息流"以外，还有容易为人们所忽略的"增值流"和"工作流"。也就是说，供应链上有 5 种基本"流"在流动。ERP 的核心由物流和信息流构成，两者将企业本身、客户、供货商三者串联在一起。工作流决定了各种流的流速和流量，是企业业务流程重组研究的对象。

总之，ERP 不仅面向供应链管理，体现业务流程重组、精益生产、敏捷制造、同步工程的精神，而且必然要结合全面质量管理（Total Quality Management，TQM）以保证质量和客户满意度，结合及时生产（JIT）以消除无效劳动与浪费、降低库存和缩短交货期；另外，它还要结合约束理论（Theory of Constraint，TOC）来定义供应链上的瓶颈环节、消除制约因素，从而扩大企业供应链的有效产出。

ERP 不仅仅是信息系统，更是一种管理理论和思想，它充分利用企业的所有资源，包括内部资源和外部市场资源，为企业制造产品和提供服务创造最优的解决方案，最终达到企业的经营目标。由于这种管理思想只有依赖计算机软件系统才能实现，所以实现该管理思想的 ERP 常常被当作一种计算机软件系统或软件包，这实际上是一种表面的认识。只有深刻地了解 ERP 的管理思想和理念，才能真正地理解、掌握、应用和研制 ERP 软件系统。

本章小结

ERP 是一个发展中的概念，它是在 MRP Ⅱ 的基础上综合了其他类型的企业管理信息系统发展起来的，是企业信息化的一个新里程碑，或者说是企业信息化发展的新阶段。ERP 是一个集成的概念，在功能上实现了一个企业各类资源的综合管理，在技术上集成了现有以及不断增加的各类企业信息系统，在应用中将现代管理方法与现代信息技术有机地整合在企业的经营管理之中。

ERP 是管理和技术不断结合与互动的典范。要理解 ERP 的内涵，其一要理解管理及其信息需求，其二要理解信息技术及其应用的优势。管理上，ERP 系统从最初的资源计划，扩展到对整个供应链和价值链的管理，并涉及各种现代管理思想的融合与展现；技术上，ERP 系统从最初提供的信息共享和信息集成，到如今能够以业务工程等方式支持管理难题——业务流程再造。

ERP 的核心管理思想在于，充分利用企业的所有资源，包括内部资源和外部市场资源，使企业经营过程中的内部信息能够有效传递和集成，并通过信息集成来整合企业内的各种资源优势，为企业制造产品和提供服务创造最优的解决方案，最终达到企业的经营目标。

思考与练习

1. 什么是 ERP？请结合教材及相关网站的评论，阐述你对 ERP 的理解。
2. ERP 的发展经历了哪些阶段？每个阶段有什么特点？
3. ERP 与 MRP、MRP Ⅱ 有什么不同？
4. 如何理解 ERP 三个层次之间的关系？怎样解析 ERP？
5. 简述 ERP 的发展趋势。
6. 如何理解供需网络上的资源？
7. 简述供应链管理的内容及特点。
8. 解释 BPR、JIT 和 LP 的含义。
9. ERP 软件系统体现了哪些管理思想？简述其核心管理思想的体现。
10. 查阅文献，了解业务流程再造以及其与 ERP 应用的关系。
11. 上网调查和搜集 ERP 软件市场及其发展的相关资料，以小组为单位就某一个软件从其产品特征、应用特征、实施案例等方面进行讨论。
12. 调查了解 ERP 软件市场的现状和发展。
13. 参看第 7 章实验，完成 ERP 主业务流程实验，了解 ERP 软件的基本特征，从企业应用的角度讨论 ERP 的功能、系统特点、对管理的支持、与现代管理思想的融合等特征。

第2章　ERP 的系统架构及基础操作

学习内容

　　ERP 是技术与管理的集成体。作为一个大型的管理信息系统，ERP 集合了最新的信息技术成果，并能够将其他具有独立功能的系统和管理思想很好地融合在一起，具有极大的包容性和扩展性。同时，ERP 已经形成了自己的体系，不是机械地适应企业现有流程，而是对企业流程中不合理的部分进行改进和优化，成为辅助企业全面管理的重要工具。本章围绕这一思想，对 ERP 的总体框架和业务流程进行介绍，使学习者在了解 ERP 软件系统的同时，进一步理解 ERP 的管理思想。

学习目标

　　了解：ERP 的环境架构与运作原理。
　　掌握：易飞 ERP 系统的基础操作；易飞 ERP 系统的基础设置。

引　例

　　1972 年，当 5 名 IBM 的经理人决定成立自己的公司并探索能够让商业更有效的途径时，人们很难预料到他们的软件最终会成为世界商业领域的金牌解决方案。30 年后，SAP 的软件已经被 120 多个国家的 18 800 多家企业使用，其中包括财富 500 强中 80% 以上的公司，以及 21 个行业领域中的主导企业。仅用了一代人的时间，这家"创业"企业就已经发展成为全球软件行业的第三大公司。

　　迪特马·荷普、克劳斯·魏伦路特、哈索·普拉特纳、克劳斯·奇拉和汉斯魏纳·海克特曾经是 IBM 公司的系统咨询人员，他们当时发现自己的客户正在开发相同或是类似的电脑程序。他们由此意识到有必要提供标准化的软件，并通过它来集成业务流程和实现实时环境下的数据维护。他们还认识到，电脑显示器总有一天会成为数据处理的关键点。在他们离开 IBM 并着手创建"SAP"的时候，这些远见最终都变成了现实。

　　SAP 创建于德国的曼海姆。当时的所谓"尖端技术"不过就是一些计算器和内存仅有 500 KB 的计算机而已。苹果电脑公司于同年创建，而且第一个电子邮件管理系统也出现了。没过多长时间，SAP 就推出了 RF 系统，后来被命名为 R/1 系统，这是一种自动化财务会计以及交易处理程序，具有标准软件和实时计算功能。它的第一批客户是 Rothhandle 和 Knoll

公司，其将 SAP 的解决方案应用于财务会计工作。

1976 年，SAP 通过组建一家有限责任公司（从事数据处理系统、应用和产品）的方式巩固了基础，并在 1997 年将总部迁往德国沃尔多夫。从此之后，SAP 以迅猛的速度发展壮大。1979 年，SAP 推出用于大型机的 R/2 系统。1988 年，SAP 公司的股票在法兰克福以及斯图加特股票市场上市交易。

1992 年，SAP 推出了 R/3 客户机/服务器系统，由此展开了 SAP 发展进程中最为辉煌的一幕。它所带动的史无前例的发展势头是任何最乐观的分析家都不曾预料的。甚至连 SAP 的竞争对手也开始寻求 SAP 解决方案的帮助，以此来维护自身业务的运营。像 IBM 和微软这样的技术巨头也突然之间联合 SAP，成为其软件合作伙伴。

1993 年，随着在美国加利福尼亚州福斯特市建立一家研发实验室，SAP 开始了迈向硅谷的步伐。这个 SAP 实验室的目标主要集中在软件开发，同时提供开放和灵活的解决方案，用来支持大多数主要软件供应商的数据库应用程序、操作系统和软件平台。SAP 的解决方案的设计目标是确保最高质量的标准，并提供无与伦比的性能，足以适用于规模从跨国企业到中小企业的任何一家机构。

1996 年，SAP 推出了 R/3 系统，提供了全球第一套全面的、具有互联网商务应用功能的软件，具有完善的功能、高度集成模块、适应多种行业、国际适用、开放应用环境等特点。这使得该版本一度成为应用最广泛的一套系统。

1999 年，SAP 又推出了 mySAP. com 协同化电子商务解决方案。

作为世界第三大独立软件供应商，SAP 为世界各地超过 1 000 万名最终用户提供服务。SAP 提供了 21 个针对不同行业的解决方案、13 个跨行业解决方案（如 ERP、客户关系管理、供应链管理、产品生命周期管理、商务智能、企业门户、交易等）。另外，SAP 还公布了面向中小型业务的管理方案，可以帮助中小用户在一个由渠道合作伙伴构成的全球网络中更加高效地运转。SAP 认为，企业不应当被迫改头换面成为一个电子商务企业，而是应当通过对公司已有项目继续进行投入，并充分调动公司的核心竞争力的方法来创造价值。

在过去的 40 多年里，SAP 积极致力于为企业创造更高的效率和价值，包括效益、投资回报、生产力、把握市场时机、客户满意度等。SAP 的迅猛增长得益于它能够被世界最优秀的公司接纳，以及 SAP 对于经验、创新、商业远见所进行的不懈追求，这些正是它取得成功的关键所在。

思考：SAP 软件系统是什么系统？在其发展过程中具有哪些特点？

2.1　ERP 系统的总体框架

市场上的 ERP 软件系统非常多，体现着不同的侧重点和优势，因而 ERP 产品的功能模块结构相差较大。本节撇开实际的产品，从企业的角度，简单地描述 ERP 系统的功能框架及其流程，即 ERP 能够为企业做什么，它的模块功能到底包含哪些内容，是怎样实现其功能的，以帮助初次了解 ERP 的学习者正确认识 ERP 系统。

2.1.1　ERP 系统功能框架

　　以典型制造业为例，从企业管理方面看，一般的管理主要包括三方面的内容：生产控制（计划、制造）、物流管理（销售、采购、库存）和财务管理（会计核算、财务管理）。这三大系统本身就是集成体，它们互相之间有相应的接口，能够很好地集成在一起以对企业进行管理。另外，随着企业对人力资源管理重视的加强，已经有越来越多的 ERP 厂商将人力资源管理作为 ERP 系统的一个重要组成部分。

　　随着信息技术应用的深入，ERP 系统的功能在不断扩展，同时也在同电子商务等应用不断集成。但就最基本概念而言，典型 ERP 系统的功能主要包括财务管理、物流管理、生产计划与控制管理（生产管理）、人力资源管理等方面，并逐步实现与企业外部的有机集成，如图 2-1 所示。从另一个层面上来看，ERP 又有 4 个全景：供应全景、消费全景、生产全景和知识全景，分别对应供应链管理（SCM）、客户关系管理（CRM）、产品生命周期管理（Product Life-Cycle Management，PLM）和知识管理（Knowledge Management，KM），4 个全景管理是在企业足够的信息化基础上进行的，如果说第一层面的 4 种管理是信息化企业的具体工作流程，那么第二层面的全景管理则是信息化企业的管理思想。

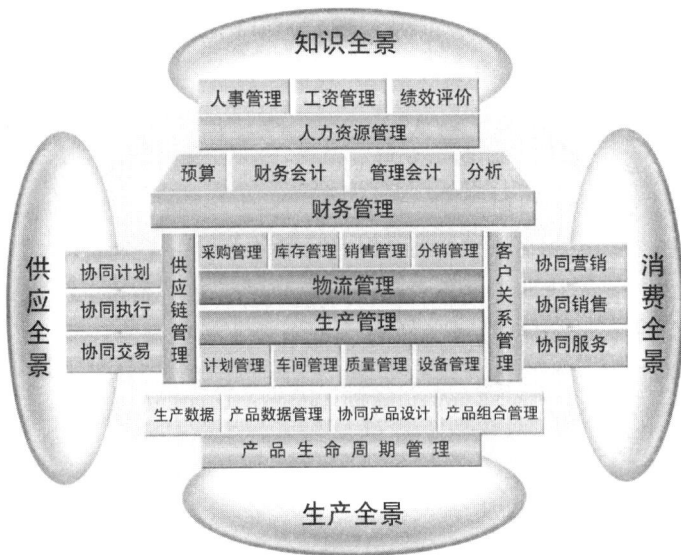

图 2-1　ERP 软件功能框架

　　ERP 是将企业所有资源进行集成的数字化管理，简单地说是将企业的"三流"（物流、资金流和信息流）进行全面一体化管理的管理信息系统。它的功能模块不同于以往的 MRP或 MRP Ⅱ 的模块，它不仅可用于生产企业的管理，而且在许多其他类型的企业，如一些非生产、公益事业的企业也可导入 ERP 系统进行资源计划和管理。对于企业的"三流"，ERP不仅包括对其的管理，更反映了各流之间的广泛接口，从根本上支持了基于业务流程的企业各部门的协同工作。

2.1.2 ERP 系统主要功能

依照上述 ERP 系统的总体框架，本小节重点介绍 ERP 系统的主要功能，包括财务管理、物流管理、生产计划与控制管理、人力资源管理。

1. 财务管理

企业中，清晰分明的财务管理是极其重要的。所以，在 ERP 整个方案中它是不可或缺的一部分。ERP 中的财务模块与一般的财务软件不同，作为 ERP 系统中的一部分，它和系统的其他模块有相应的接口，能够相互集成。比如：它可将由生产活动、采购活动输入的信息自动计入财务模块生成总账、财务报表，取消了输入凭证烦琐的过程，几乎完全替代以往传统的手工操作。一般的 ERP 软件的财务部分分为会计核算与财务管理两大块。

（1）会计核算，主要是记录、核算、反映和分析资金在企业经济活动中的变动过程及其结果，由总账、应收账、应付账、现金、固定资产、多币制等部分构成。

① 总账模块。此模块处理记账凭证输入、登记，输出日记账、一般明细账及总分类账，编制主要财务报表。它是整个会计核算的核心，应收账、应付账、固定资产核算、现金管理、工资核算、多币制等模块都以其为中心来互相传递信息。

② 应收账模块。应收账是指企业应收的由于商品赊欠而产生的正常客户欠款账。此模块具有发票管理、客户管理、付款管理、账龄分析等功能。它和客户订单、发票处理业务联系在一起，同时将各项事件自动生成记账凭证，过入总账。

③ 应付账模块。会计里的应付账是指企业应付购货款等账。此模块具有发票管理、供应商管理、支票管理、账龄分析等功能。它能够和采购模块、库存模块完全集成以替代过去烦琐的手工操作，同时将各项事件自动生成记账凭证，过入总账。

④ 现金管理模块。现金管理主要是对现金流入、流出的控制以及零用现金及银行存款的核算。此模块的功能包括了对硬币、纸币、支票、汇票和银行存款的管理。ERP 中提供了票据维护、票据打印、付款维护、银行清单打印、付款查询、银行查询和支票查询等和现金有关的功能。此外，它还和应收账、应付账、总账等模块集成，自动生成凭证，过入总账。

⑤ 固定资产核算模块。固定资产核算是对固定资产的增减变动以及计提折旧的核算工作。此模块能够帮助管理者对目前固定资产的现状有所了解，并能通过其提供的各种方法来管理资产，以及进行相应的会计处理。它的具体功能有：登录固定资产卡片和明细账，计算折旧，编制报表，以及自动编制转账凭证，并过入总账。它和应付账、成本、总账等模块集成在一起。

⑥ 多币制模块。多币制是为了适应当今企业的国际化经营对外币结算业务的要求增多的形势而产生的。其将企业整个财务系统的各项功能以各种币制来表示和结算，且客户订单、库存管理及采购管理等也能使用多币制进行交易管理。多币制模块和应收账、应付账、总账、客户订单、采购等各模块都有接口，可自动生成所需数据。

⑦ 工资核算模块。它自动进行企业员工的工资结算、分配、核算，以及各项相关经费的计提。具体而言，它能够登录工资、打印工资清单及各类汇总报表，计算计提各项与工资有关的费用，自动做出凭证，导入总账。这一模块是和总账模块、成本模块集成在一起的。

⑧ 成本模块。此模块依据产品结构、工作中心、工序、采购等信息进行产品的各种成本的计算，以便进行成本分析和规划；还能用标准成本或平均成本法按地点维护成本。

（2）财务管理，其功能主要是分析基于会计核算的数据，从而进行相应的预测、管理和控制活动，侧重于财务计划、控制、分析和预测。

① 财务计划，根据前期财务分析做出下期的财务计划、预算等。

② 财务分析，提供查询功能，并通过用户定义的差异数据的图形显示进行财务绩效评估、账户分析等。

③ 财务决策，是财务管理的核心部分。其中心内容是做出有关资金的决策，包括资金筹集、投放及资金管理。

2. 物流管理

物流管理是 ERP 系统的基本组成部分。物流是物品在供应链中的流动过程。物品在流动过程中，分别以不同的物资形态体现在供应链的每个节点上。企业从供应商采购物料入库，以备生产所需；生产开始时将物料从仓库中领出，经过生产加工得到产成品并入库；最后将产成品出库，销售给客户。由此可见，物流贯穿于购、销、存管理的每一方面。

（1）销售管理，是从产品的销售计划开始，对其销售产品、销售地区、销售客户等各种信息的管理和统计，并可对销售数量、金额、利润、绩效、客户服务做出全面的分析。销售管理模块大致有三方面的功能。

① 对于客户信息的管理和服务：建立客户信息档案，对其进行分类管理，进而对其进行有针对性的客户服务，以达到最高效率的保留老客户、争取新客户。在这里，要特别提到的就是近几年出现的 CRM 软件，即客户关系管理系统。ERP 与它的结合必将大大增加企业的效益。

② 对于销售订单的管理：销售订单是 ERP 的入口，所有生产计划都是根据它下达并进行排产的。销售订单的管理贯穿了产品生产的整个流程，具体包括如下：

- 客户信用审核及查询，如客户信用分级、审核订单交易。
- 产品库存查询，决定是否要延期交货、分批发货或用代用品发货，等等。
- 产品报价，为客户做不同产品的报价。
- 订单输入、变更及跟踪，进行订单输入后变更的修正，以及订单的跟踪分析。
- 交货期的确认及交货处理，决定交货期和发货事务安排。

③ 对于销售的统计与分析：系统根据销售订单的完成情况，依据各种指标做出统计，如客户分类统计、销售代理分类统计等，然后就这些统计结果对企业实际销售效果进行评价。评价主要包括以下内容：

- 销售统计，对销售形式、产品、代理商、地区、销售人员、金额、数量等分别进行统计。

● 销售分析，包括对比目标、同期比较和订货发货分析，并从数量、金额、利润及绩效等方面做出相应的分析。

● 客户服务，如客户投诉记录和原因分析。

（2）库存控制，用来控制存储物料的数量，以保证稳定的物流支持正常的生产，但又最小限度地占用资本。它是一种相关的、动态的、真实的库存控制系统，能够结合、满足相关部门的需求，随时间变化动态地调整库存，精确地反映库存现状。这一系统的功能又涉及以下几项：

① 为所有的物料建立库存，以便决定何时订货采购，同时为采购部门开展采购、生产部门制订生产计划提供依据。

② 收到订购物料，经过质量检验入库，生产的产品也同样要经过检验才能入库。

③ 收发料的日常业务处理工作。

（3）采购管理，确定合理的订货量、优秀的供应商和保持最佳的安全储备，并能够随时提供订购、验收的信息，跟踪和催促对外购或委外加工的物料，保证货物及时到达。建立供应商的档案，用最新的成本信息来调整库存的成本。采购管理的具体工作有以下几项：

① 供应商信息查询，即查询供应商的能力、信誉等。

② 催货，即对外购或委外加工的物料进行跟催。

③ 采购与委外加工统计，即统计、建立档案，并计算成本。

④ 价格分析，即对原料价格进行分析，调整库存成本。

3. 生产计划与控制管理

这一部分是ERP系统的核心所在。它将企业的整个生产过程有机地结合在一起，使得企业能够有效地降低库存、提高效率。同时，各个原本分散的生产流程的自动连接，使得生产流程能够前后连贯地进行，而不会出现生产脱节，耽误生产交货时间。

生产计划与控制管理是一个以计划为导向的先进的生产、管理方法。首先，企业确定它的一个总生产计划，再经过系统层层细分后，将细分后的最终计划下达到各部门去执行，即生产部门依此生产，采购部门据此采购，等等。生产计划与控制管理主要包括以下内容。

（1）主生产计划。它是根据生产计划、预测和客户订单的输入，安排未来各周期中提供的产品种类和数量。它是将生产计划转为产品计划，在平衡了物料和能力的需要后，精确到时间、数量的详细的进度计划。它是企业在一段时期内的总活动的安排，是一个稳定的计划，是根据生产计划、实际订单和对历史销售分析得来的预测进行生产的计划。

（2）物料需求计划。它是在主生产计划决定生产多少最终产品后，再根据物料清单，把整个企业要生产的产品的数量转变为所需生产的零部件的数量，并对照现有的库存量得到还需加工多少、采购多少的最终数量。这才是整个部门真正依照的计划。

（3）能力需求计划。它是在得出初步的物料需求计划之后，将所有工作中心的总工作负荷与工作中心的能力进行平衡后产生的详细工作计划，用以确定生成的物料需求计划是否是企业生产能力上可行的需求计划。能力需求计划是一种短期的、当前实际应用的计划。

（4）车间控制。这是随时间变化的动态作业计划。它是将作业具体分配到各个车间，再进行作业排序、作业管理、作业监控。

（5）制造标准。在编制计划的过程中需要许多生产基本信息，这些基本信息就是制造标准，包括零件、产品结构、工序和工作中心等，都用唯一的代码在计算机中识别。制造标准主要包括以下几项：

① 零件代码。它是对物料资源的管理，对每种物料给予唯一的识别代码。

② 物料清单。它是定义产品结构的技术文件，用来编制各种计划。

③ 工序。它描述加工步骤及制造和装配产品的操作顺序，并指明各道工序的加工设备及所需要的额定工时和工资等级等。

④ 工作中心。它是由使用相同或相似工序的设备和劳动力组成的，是从事生产进度安排、核算能力、计算成本的基本单位。

4. 人力资源管理

以往的 ERP 系统基本上都是以生产制造及销售过程（供应链）为中心的。因此，长期以来，人们一直把与制造资源有关的资源作为企业的核心资源进行管理。但近年来，企业内部的人力资源开始越来越受到企业的关注，被视为企业的资源之本。在这种情况下，人力资源管理作为一个独立的模块，被加入 ERP 的系统中，和 ERP 中的财务、生产系统一起组成了一个高效的、具有高度集成性的企业资源系统。它与传统方式下的人事管理有根本的差异。

（1）人力资源规划的辅助决策。

① 对于企业人员、组织结构编制的多种方案。人力资源规划系统能够进行模拟比较和运行分析，并辅以图形的直观评估，辅助管理者做出最终决策。

② 制定职务模型，包括职位要求、升迁路径和培训计划等。根据担任该职位员工的资格和条件，人力资源规划系统会提出针对该员工的一系列培训建议，一旦机构改组或职位变动，ERP 系统又会提出一系列的职位变动或升迁建议。

③ 进行人员成本分析。人力资源规划系统可以对过去、现在、将来的人员成本做出分析及预测，并通过 ERP 集成环境，为企业成本分析提供依据。

（2）招聘管理。人才是企业最重要的资源。优秀的人才才能保证企业持久的竞争力。招聘系统一般从以下几方面提供支持：

① 进行招聘过程的管理，优化招聘过程，减少业务工作量。

② 对招聘的成本进行科学管理，从而降低招聘成本。

③ 为选择聘用人员的岗位提供辅助信息，并有效地帮助企业进行人才资源的挖掘。

（3）工资核算。

① 薪资系统能根据公司跨地区、跨部门、跨工种的不同薪资结构及处理流程，制定与之相适应的薪资核算方法。

② 薪资系统与时间管理直接集成，能够及时更新，实现对员工薪资核算的动态化。

③ 薪资系统具有回算功能，即通过和其他模块的集成，自动根据要求调整薪资结构及数据。

（4）工时管理。

① 根据本国或当地的日历，工时管理系统安排企业的运作时间和劳动力的作息时间表。

② 运用远端考勤系统，工时管理系统可以将员工的实际出勤状况记录到主系统中，并把与员工薪资、奖金有关的时间数据导入薪资系统和成本核算中。

（5）差旅核算。差旅核算系统能够自动控制从差旅申请、差旅批准到差旅报销整个流程，并且通过集成环境将核算数据导进财务成本模块中去。

随着近年来人们对人力资源管理的重视和不断提高，人力资源管理功能也在不断扩展和深化。本教材作为初学者的读本，在原理篇和应用篇中暂时略去该功能的介绍。

2.2　ERP 主流程

在企业所进行的经营活动中，经营模式不同，业务流程也不尽相同。本节以"订单驱动"经营模式为例，将 ERP 系统的主要功能，通过业务流程的方式进行组织。ERP 系统涵盖了销售管理、库存管理、采购管理、生产管理、财务管理等模块，并将这些部门管理紧密地集成在一起。图 2 - 2 所示为 ERP 系统主流程示意图，图中非常清晰地反映了信息流动及各个功能模块之间的关系，以及企业经营流程。

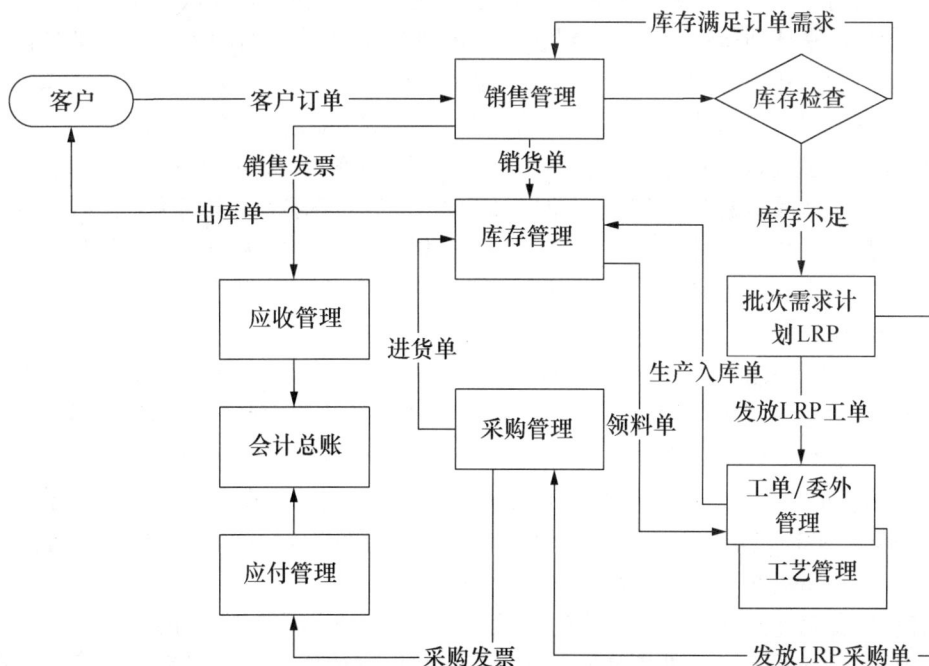

图 2 - 2　ERP 系统主流程示意图

2.2.1 主业务流程分析

通过图 2-2 所示业务流程可知，当销售部门的业务员接到客户订货需求之后，在"销售管理子系统"中录入"客户订单"；在确认订单时，系统自动进行"库存检查"（查询该产品的库存数量），此时会出现两种情况：库存满足需求和库存不满足需求。

1. 库存满足需求

现有库存中的产品数量满足订单要求时，仓管人员直接在"销售管理子系统"中生成"销货单"；当"销货单"生成之后，系统自动把该单据的信息传递到"库存管理子系统"中，并生成"出库单"，此时产品出库。

该流程的信息流是产品需求信息从"客户订单"传递至"库存管理子系统"，根据订单检查库存，符合要求后，产品出库；"销售管理子系统"根据"客户订单"信息生成"销货单"，同时"库存管理子系统"生成"出库单"。

该流程的物流是产品从仓库流向客户。

2. 库存不满足需求

（1）批次需求计划（Logistics Resource Planning，LRP）。销售人员录入订单，进行"库存检查"时发现产品库存不足，将该信息传递到生产部门，根据产品结构、库存情况和能力需求等，进行产品生产及原材料采购的安排，即进行"批次需求计划"的运算。

通过批次需求计划运算，生成"批次生产计划"和"批次采购计划"，发放这两个计划后分别自动在"工单/委外管理子系统"中生成相应的"工单"和在"采购管理子系统"中生成相应原材料的"采购单"，之后，业务操作从采购和生产两个方向进行。

该流程的信息流是产品需求信息从"客户订单"传递至"库存管理子系统"，根据订单检查库存后，将产品信息从"客户订单"传递至"批次需求计划子系统"，再结合产品结构、库存信息、产能等信息，生成"批次生产计划"和"批次采购计划"信息，最后将生产信息和采购信息分别传递至"工单/委外管理子系统"和"采购管理子系统"。此后信息流分成采购和生产两个分支。

（2）原材料采购和财务应付。"采购单"经审核后进行原材料采购，原材料到货验收入库后在"采购管理子系统"中录入"进货单"，同时系统自动把该单据信息传递到"库存管理系统"，生成"入库单"；与此同时，在"应付管理子系统"中自动或手动录入一张"采购发票"，确认应付账款；财务应付人员根据已支付的采购款，在"应付管理子系统"中填制"付款单"，冲销应付账款，并通过"自动分录子系统"将单据抛转到"会计总账子系统"进行相关账务处理，完成采购业务。

该流程的信息流是在原材料采购到货后，将"采购管理子系统"的"采购单"中原材料的采购信息传递并生成"进货单"信息，并将此信息传递给"应付管理子系统"生成相应的应付账款信息——"采购发票"；然后根据支付货款情况，将"付款单"中货款信息传递给"采购发票"进行应付账款冲销；最后通过"自动分录子系统"将"采购发票"的未付款信息和"付款单"的已付款信息抛转到"会计总账子系统"进行相关账务处理。

该流程的物流是原材料从供应商流向企业仓库。

该流程的资金流是在支付货款时，企业资金从企业流向供应商。

（3）领料生产和产成品入库。生产部门根据"工单管理子系统"中生成的"领料单"到库存部门领取原材料后，根据事先设定的"产品工艺路线"开始进行生产（具体生产流程将在下面主生产业务流程中详细描述）。在制造加工完成之后，产品验收入库，并生成"生产入库单"将信息传递至"库存管理子系统"。

该流程的信息流是将生产信息从"工单管理子系统"中的"LRP 工单"和"工艺管理子系统"的"产品工艺路线"，传递至"工单/委外管理子系统"进行生产加工；生产完成后，根据"LRP 工单"在"工单/委外管理子系统"中生成"生产入库单"，并将产品信息传递至"库存管理子系统"。

该流程的物流是原材料从仓库流向生产部门，生产出的产品从生产部门流向仓库。

（4）销售出库和财务应收。当库存产品数量达到订单需求后，仓管人员在"销售管理子系统"中录入"销货单"，同时系统自动把该单据的信息传递到"库存管理子系统"，触发生成"出库单"。与此同时，在"应收管理子系统"中自动生成或财务应收人员自动或手动录入一张"销售发票"，确认应收账款。当客户接货验收并付款后，应收人员在"应收管理子系统"中填制"收款单"，冲销应收账款，并通过"自动分录子系统"将单据抛转到"会计总账子系统"进行相关账务处理，完成销售业务。至此，整个业务流程完成。

该流程的信息流是产品出库时，将"销售管理子系统"中的"客户订单"信息传递并生成"销货单"，并将此信息传递至"应收管理子系统"生成相应的应收账款信息——"销售发票"；然后根据客户付款情况，将"收款单"中货款信息传递给"销售发票"，进行应收账款冲销；最后通过"自动分录子系统"将"销售发票"的未收款信息和"收款单"的已收款信息抛转到"会计总账子系统"，进行相关账务处理。

该流程的物流是产成品从企业仓库流向客户。

该流程的资金流是在收取货款时，资金从客户流向企业。

2.2.2 功能性描述

上述主业务流程分析了各子系统之间的关系以及"三流"的流动过程，下面从系统功能的角度对其进行进一步描述。按照系统功能划分，主业务流程又可分为三个部分：物流业务流程、主生产业务流程和财务业务流程。

1. 物流业务流程

（1）销售管理业务流程。图 2－3 所示为销售管理业务流程，以及涉及的相关部门人员和子系统。

销售源于客户需求。销售业务流程描述如下：

① 录入客户订单，检查产品库存信息。销售部门接到客户订货需求之后，销售人员在"销售管理子系统"中记录订货情况，即录入"客户订单"。此时，销售人员可以进行"库存检查"，查询该产品的库存数量。若现有存货数量满足订单要求，则可以直接将产品出库

销售；若现有存货不能满足订单要求，则需要根据客户订单，制订生产计划和所需原材料的采购计划，以安排生产，如图2-3中虚线指向所示。

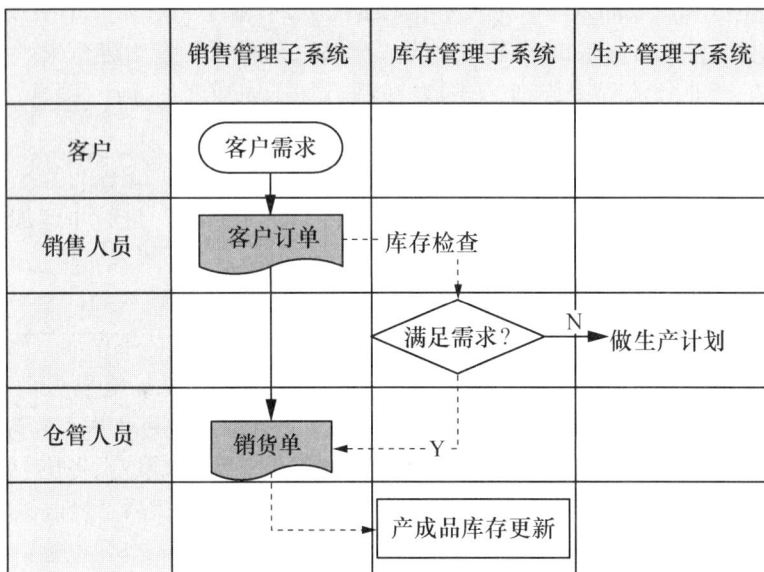

图2-3　销售管理业务流程

该流程的信息流是产品的订货信息，即通过"客户订单"将客户需求信息从客户输入"销售管理子系统"，同时经过"库存管理子系统"对库存产品的查询，将产品库存信息反馈到"销售管理子系统"。若产品库存满足需求，则可准备销售出库；若产品库存不满足需求，则根据现有库存信息制订生产计划，如图2-3中实线指向所示。

② 销售产品。当库存满足订单需求时，则可进行销售。销售人员通知仓管人员后，仓管人员在"销售管理子系统"中根据客户订单，记录销货信息，录入"销货单"，完成销货任务。"销货单"在销售子系统中录入，但是在产品出库时会同步更新"库存管理子系统"中的库存信息。

该流程的信息流是将"客户订单"中有关产品需求的部分信息传递到"销货单"中生成销货信息。

（2）采购管理业务流程。图2-4给出了采购管理业务流程，以及涉及的相关部门人员和子系统。

采购业务流程描述如下：根据产品生产加工所需，采购人员在"采购管理子系统"中审核计划部门发放的"采购单"中相关信息，确认后，开始采购；采购到货后，仓管人员记录验收情况，即录入"进货单"，完成原材料采购。"进货单"在采购管理子系统中录入。

该流程的信息流是将"生产管理子系统"中生产计划部门发放的"采购计划"传递到"采购管理子系统"，生成"采购单"；采购原材料到货后，将"采购单"中信息传递并生成进货信息，即"进货单"。

	生产管理子系统	采购管理子系统	库存管理子系统
生产人员	采购计划		
采购人员		采购单	
仓管人员		进货单	
仓管人员			自动更新库存

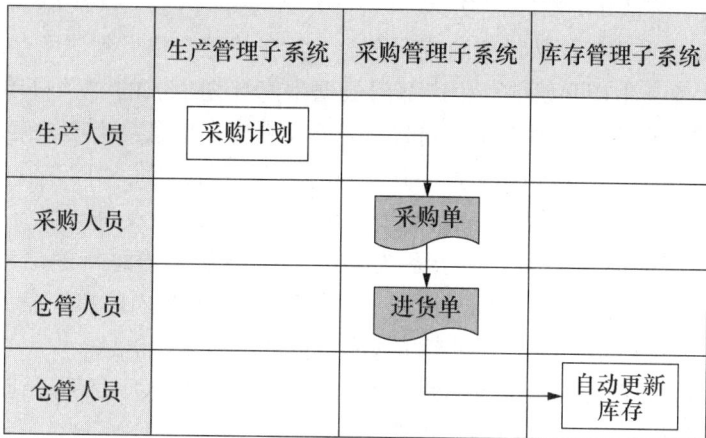

图 2 - 4　采购管理业务流程图

（3）库存管理业务流程。图 2 - 5 给出了库存管理业务流程，以及涉及的相关部门人员和子系统。

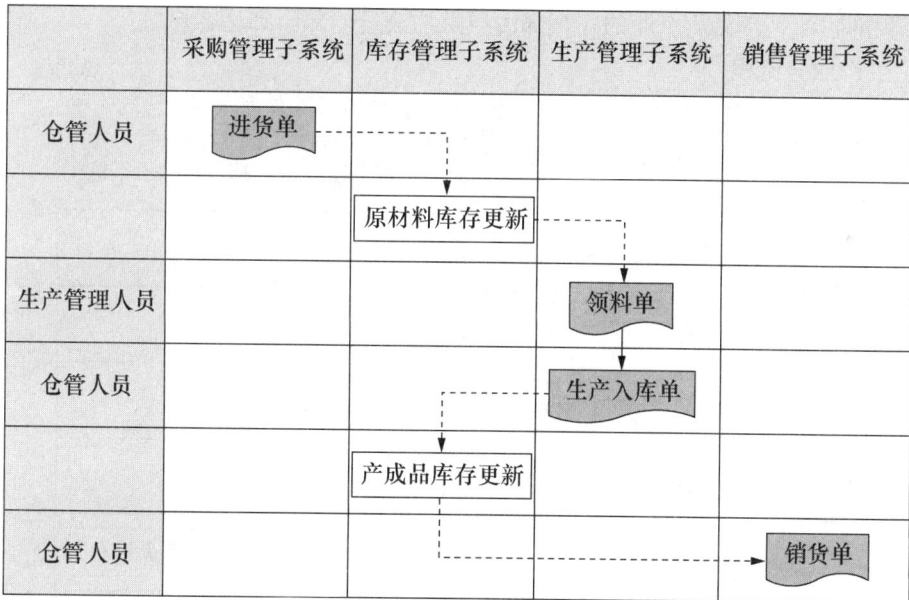

	采购管理子系统	库存管理子系统	生产管理子系统	销售管理子系统
仓管人员	进货单			
		原材料库存更新		
生产管理人员			领料单	
仓管人员			生产入库单	
		产成品库存更新		
仓管人员				销货单

图 2 - 5　库存管理业务流程图

库存部门根据"销售管理子系统"提供的"客户订单"对所需产品数量进行查询，决定是否还需要进行生产。当库存数量不满足客户需求时，需要进行生产以及原材料采购。其业务流程及信息流、物流描述如下：

① 采购入库。原材料到货后，库存部门根据"进货单"进行审核入库，完成采购入库。该流程的信息流是将"采购管理子系统"中生成的"进货单"信息传递到"库存管理

子系统"，生成入库信息并更新库存数量。

该流程的物流是采购货物从供应商流向企业，质量检验合格后到达库存部门。

② 生产出/入库。生产开始前，生产部门根据生产计划生成的"领料单"领取原材料，库存部门根据领料需求将原材料出库，同时更新原材料库存信息；生产结束后，生产部门通过填制的"生产入库单"将在制品或产品送至库存部门进行入库，"库存管理子系统"根据"生产入库单"自动更新产成品的入库信息，完成在制品或产品入库。

该流程的信息流是将"生产管理子系统"的"领料单"信息传递给"库存管理子系统"，更新库存原材料信息；将"生产管理子系统"的"生产入库单"信息传递到库存部门，"库存管理子系统"根据此信息在产品入库后更新产品库存信息。

该流程的物流包含两方面：一方面是领料出库时原材料是从库存部门到生产部门；另一方面是生产出的产成品从生产部门到库存部门。

③ 产品出库。当现有存货数量满足订单要求时，可以将产品销售出库。库存部门根据"销售管理子系统"的"销货单"完成产品出库，并更新产品库存信息。

该流程的信息流是将"销售管理子系统"的"销货单"信息传送到"库存管理子系统"，按照此信息生成出库信息并更新产品库存信息。

该流程的物流是产品从企业的库存部门经由物流运输部门到达客户。

2. 主生产业务流程

图 2-6 给出了主生产业务流程，以及涉及的相关部门人员和子系统。

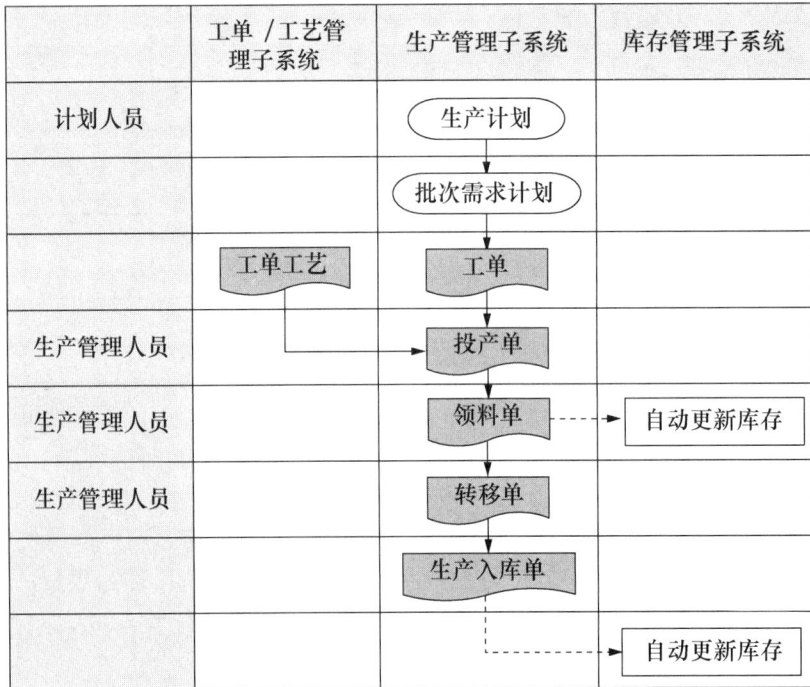

图 2-6　主生产业务流程图

按照"客户订单"所需，若库存不满足需求，则需要安排生产。主生产业务流程描述如下：

（1）批次需求计划。生产部门根据"客户订单"、库存信息等信息，在"批次需求计划子系统"中进行生产计划计算，生成"批次需求计划"，即产品的"生产计划"和原材料的"采购计划"，并分别向生产部门和采购部门发放；发放后，在"工单/委外管理子系统"中自动生成"工单"，并在"采购管理子系统"中自动生成所需原材料的"采购单"，作为生产部门安排生产和采购部门进行采购的依据。

该流程的信息流是将"销售管理子系统"中"客户订单"相关信息传递给生产部门，在生产部门内经批次需求计划计算，生成生产计划信息和采购计划信息；再将生产计划信息和采购计划信息通过"工单"和"采购单"传递到车间生产部门和采购部门，等待执行采购和安排生产。

（2）进行生产加工。生产部门人员在"生产管理子系统"中根据"生产计划"发放的"工单"和"工艺管理子系统"中设定好的"工艺"等信息录入"投产单"，并开始进行生产；由"投产单"系统自动派生出"领料单"，从库存部门领料进行生产；生产过程中按照"工单"部分信息，通过录入"转移单"，将在制品从第一道工序转移到最终工序；完工后按照"工单"部分信息，录入"生产入库单"，完成生产。

该流程的信息流是将"工单"和"工艺"信息传递给生产部门，生成"投产单"信息；再将"投产单"信息传递、自动生成"领料单"开始生产；将"领料单"信息传递到库存部门完成领料；生产过程中，传递"工单"信息并生成"转移单"，将在制品相关信息从第一道工序开始传递到最终工序；完工后产成品信息通过"生产入库单"传递到库存部门。

该流程的物流是原材料从库存部门流向生产车间或加工中心，在制品按工序方向在生产部门进行流动，产成品最后流向库存部门。

3. 财务业务流程

由于主业务流程中不包含日常账务处理，故此处只介绍与业务相关的资金业务流程，包括应收管理、应付管理、总账管理、自动分录管理和成本管理。

（1）应收管理。图 2-7 给出了应收业务流程，以及涉及的相关部门人员和子系统。应收业务流程描述如下：

① 应收账款结算。在仓管人员向"销售管理子系统"中录入"销货单"信息并确认销货的同时，财务人员在"应收管理子系统"中，依据此"销货单"信息自动生成或手动录入销售发票，即"销售发票"，确认应收款，等待客户交款；应收款的信息在月底结账的时候可汇总到"会计总账子系统"中，并生成相应的会计凭证。

该流程的信息流是将"销货单"中的销货信息传递到"应收管理子系统"，据此生成"销售发票"，更新应收账款金额。

该流程的资金流是由销售业务产生应收账款。

② 收款单录入。客户接货验收后付款，财务人员处理收款，在"应收管理子系统"中根据"销售发票"录入"收款单"，冲销应收账款，记录收款信息。

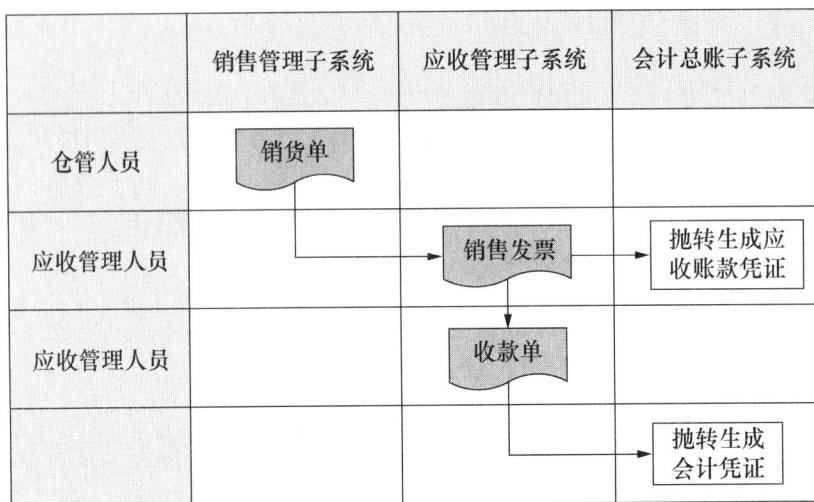

图 2-7　应收业务流程图

该流程的信息流是传递客户付款信息以及"应收管理子系统"中的"销售发票"信息，生成"收款单"；最后将"收款单"信息传递、汇总到"会计总账子系统"进行月结。

该流程的资金流是货款从客户流向企业。

（2）应付管理。图 2-8 给出了应付业务流程，以及涉及的相关部门人员和子系统。应付业务流程描述如下：

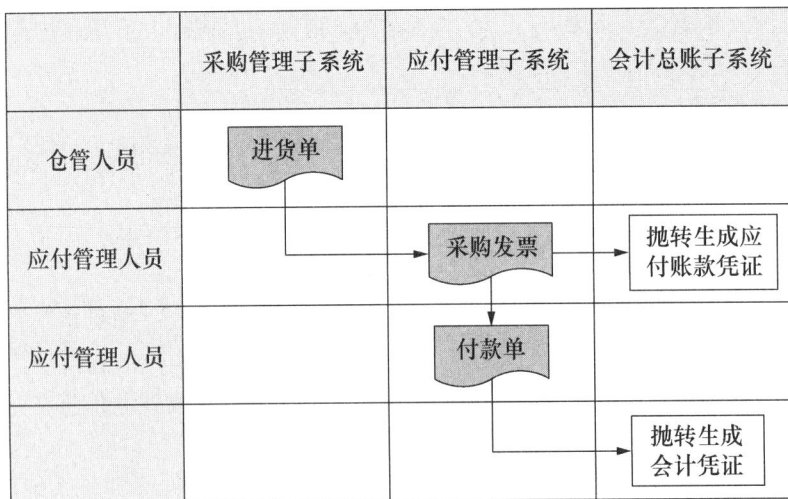

图 2-8　应付业务流程图

① 应付账款结算。在仓管人员向"采购管理子系统"中录入"进货单"信息并确认采购的同时，财务人员在"应付管理子系统"中，依据此"进货单"信息自动生成或手动录

入采购发票,即"采购发票",记录应付账款项;应付款的信息在月底结账的时候汇总到"会计总账子系统"中。

该流程的信息流是将"进货单"中采购入库信息传递给"应付管理子系统",据此生成"采购发票",更新应付账款金额。

该流程的资金流是由采购业务产生应付账款。

② 付款单录入。待企业将采购资金付给供应商后,记录付款情况,财务人员在"应付管理子系统"中根据"采购发票"录入"付款单",冲销应付账款,记录付款信息。

该流程的信息流是传递付款信息以及"应付管理子系统"中"采购发票"信息,生成"付款单";最后将"付款单"信息传递、汇总到"会计总账子系统"中,进行月结。

该流程的资金流是资金从企业流向供应商。

(3)总账管理。通过将应收、应付以及企业经营过程中产生的如设备折旧、员工工资等其他资金凭证进行分录,生成并转入总账,整批过账后进行月结,完成会计期间的结算工作。

该流程的信息流是应收、应付管理子系统和其他管理子系统中产生的资金耗费信息,转入会计总账子系统进行信息汇总和结算。

(4)自动分录管理。通过设置分录模板可设置各单据会计分录性质,将销售、采购、生产、库存管理子系统中与资金成本相关的业务单据信息进行会计分录的设置,待实际业务发生时,按照预先的设置,自动将业务信息生成总账的会计凭证。

该流程的信息流是将各业务管理子系统中的信息通过自动分录管理的设置,传递到"会计总账子系统"中形成相应会计凭证。

(5)成本管理。成本管理是从"工单/委外管理子系统"中采集生产所用的直接材料费用数据,从"会计总账子系统"中采集需要的制造费用、人工费用数据,并进行实际或标准分摊比率计算;计算得出的产成品或在制品的生产成本可与标准生产成本进行分析比较,进而分析差异产生的原因并归属责任所在,及时改进,使实际成本能接近标准成本,最终得到最经济的产品成本。

该流程的信息流是通过采集相关管理子系统的各种费用数据,在"成本管理子系统"中进行科学计算,计算出相应生产成本,为企业决策提供信息。

2.3 易飞 ERP 系统的基础设置

易飞 ERP 系统由鼎捷软件股份有限公司研发,是以中型企业为主要客户对象的 ERP 解决方案,涵盖企业供应链、生产和财务管理的方方面面。易飞 ERP 系统涵盖进销存管理、进出口管理、生产管理、财务管理、人力资源管理以及商业职能决策系统等管理范畴,共有 44 个模块,不仅功能完整,而且高度集成,将企业内商流、物流、资金流、信息流充分整合,是一套真正意义上的 ERP 产品。在中小型制造业企业中,易飞 ERP 系统的使用可以协助制造商缩短制造周期、提高产能利用率、降低制造成本,快速建立有效的生产模式。在教学环节中，易飞 ERP 系统适合广大高校学生针对生产制造业企业进行 ERP 系统的学习与使用。

2.3.1　录入多公司信息

安装易飞 ERP 系统软件时，工程师须先设置公司账套的数据，如预设公司名称。若已录入公司的名称需要修改，可以进入"录入多公司信息"界面进行修改。若需要建立其他公司的账套，如进行操作训练的演示账套等，也需要在"录入多公司信息"界面中建立，如图 2 - 9 所示。

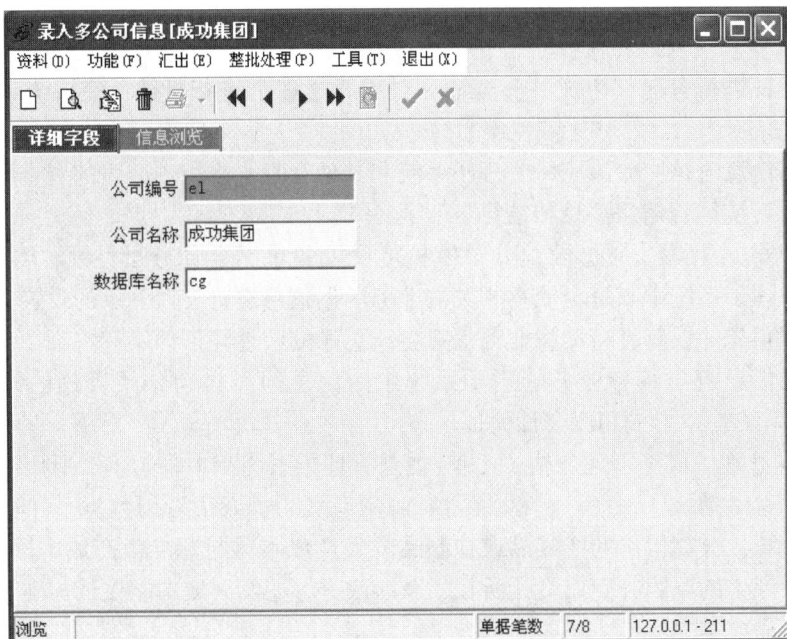

图 2 - 9　"录入多公司信息"界面

2.3.2　录入用户信息

1. 目的

为了识别每一笔数据的"录入者"及"修改者"，应为每一个用户单独设置独立的使用者登录账号。所以，易飞 ERP 系统实施上线时，须将全公司所有可能使用到易飞 ERP 系统的人都统计出来。"录入用户信息"界面如图 2 - 10 所示。

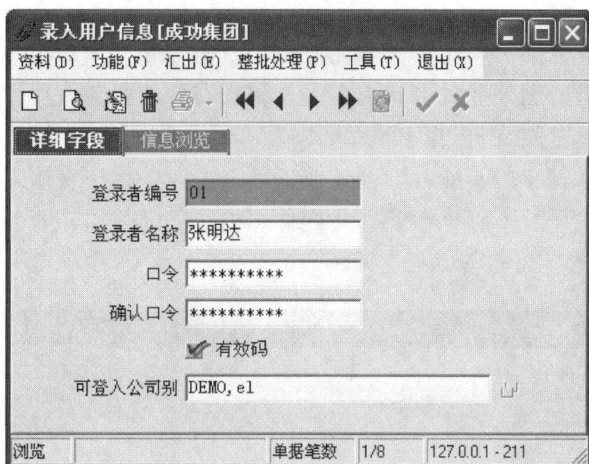

图 2-10　"录入用户信息"界面

2. 作业①重点

一般企业的使用者习惯使用员工代号作为登录者编号。通常，使用者会先在"基本信息子系统"→"录入部门信息"作业里，依公司的组织表建立部门信息，然后再在"录入员工姓名"中输入员工信息，最后再输入用户信息。

在设置用户信息时，可以设置登录者编号、名称、口令，同时可以针对不同的登录者，设置其允许登录的公司账套，以增强数据的保密性。

用户信息的建立，建议由信息中心统一指定维护管理人员来建立及维护，不要授权给其他使用者。当人员有变动时，也应该同步变更权限，以确保 ERP 信息的安全。

2.3.3　录入组信息

1. 目的

"录入组信息"作业，可以用来设置易飞 ERP 系统中所有用户的组关系，作为权限控制的信息来源。若企业的权限群组数据与企业的组织结构表相对应，可以直接将企业的组织结构表录入到本作业中。

创建组信息的主要目的是后续可以将用户以组来区分，这样就可以达到对各组用户使用权限的管控了。简单来说，群组的功能是管制隶属于同一群组中的用户，即规定用户对其他人建立的数据是否具有修改、删除、审核等权限；还能管制不属于同一权限群组的用户，即规定这些用户是否可以对其他组的用户建立的数据进行修改、删除、查询等操作。

---

① 编者注：本教材实验部分所述"作业"即指"操作"，即按照一定的规范和要领操纵动作，下文均用"作业"进行描述。

2. 业务场景

例如，成功集团业务部下属几个区域业务部门（权限群组）。其中，国内业务部有张明达、黄小玲两名业务员，国外业务部有王美丽、林庆安两位业务人员。我们希望国内业务部的张明达、黄小玲彼此之间（同部门间）可以互相看得到对方的客户订单，但不能删除与修改；但是，张明达和黄小玲不能看到国外业务部王美丽、林庆安输入的订单，即不同部门的订单信息被完全隐藏、看不到。在此，我们称国内业务部与国外业务部是组信息。上述案例的"录入组信息"的界面如图 2 - 11 所示。

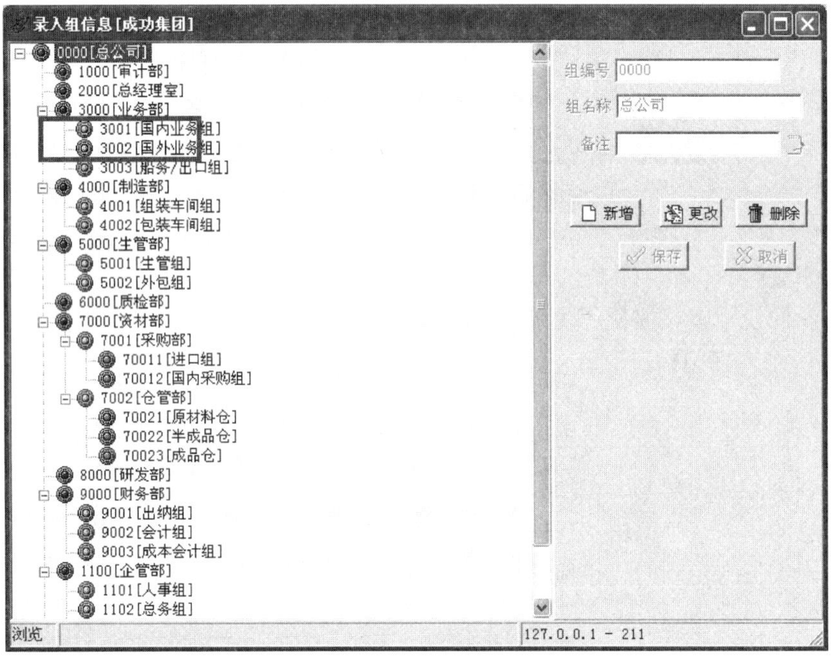

图 2 - 11　"录入组信息"界面

3. 作业重点

录入组信息后，还必须跟用户的使用权限一起设置，才能发挥功能，详见下文"录入用户权限"说明。

2.3.4　录入用户权限

易飞 ERP 系统的每一支作业，都可以对每一个用户的工作权责进行授权。在设置使用者权限时，企业常发生一些管理上的问题。以下列举一些管理的重点与各位分享，希望这些说明能够对企业的组织管理及信息风险有所帮助。

1. 超级用户的管理

系统软件出货时，都会预先设置一个"DS"登录者是超级用户。这是给信息中心维护人员维护系统的最高权限，须设置密码并妥善管理。一般的企业超级用户只有一个人，就是维护系统及授权程序的管理者。有些企业担心建立权限太过复杂，所以将每一个登录者都设置为超级用户，这些使用者可通行无阻地新增、修改、查询易飞 ERP 系统全模块的程序及数据。但是，这样的授权打破了部门分工及数据管理权限，信息风险堪忧。

2. 新进员工的授权

一般企业中会设置一组标准的职能权限，如业务人员、采购人员、仓管人员、质检人员，然后依据他们的工作职能挑选可以授权的程序作业。当有新进员工时，就可以采用标准职能权限来复制用户权限。另外，有的企业管制得比较严谨，将新进员工又分为试用期员工与正式员工。这时，可以把标准职能的作业再删除一些，就变成了新进人员的权限。当然，还有一些企业等新人试用期满后，才对其进行易飞 ERP 系统的授权。

3. 职务代理人的权限管理

在职务代理人制度上，基于信息安全及组织权责管理的原则，采用组织上一层级代理下一层级的做法比较妥当。例如，"业务人员张明达"休假，可由其上级主管来代理其业务；或由同职能的"业务人员黄小玲"来协助代理。这两种做法的权限设置如下：

（1）主管代理下属：设置主管权限时，如果下属有 20 支程序，那么主管至少也有 20 支程序权限，其余属于主管专有的程序作业再往上累加。

（2）同级间相互代理：可利用"组权限"来设置。

4. 人员职务变动的授权

假设业务人员黄小玲因故调职当采购人员，一定要将其原来的业务职能的权限全部取消，改成采购职能的权限。但是，通常在工作交接的过渡过程中，黄小玲具有两种身份，中间要交接旧职务又要接任新工作，此时她就有两种职能的权限。因此，系统维护者必须要特别留意这段过渡时期的权限管理。

5. 人员离职的授权

对于离职人员，一定要将其易飞 ERP 系统的所有权限取消。有些企业甚至在获知员工有离职意图时，就开始慢慢缩减其易飞 ERP 系统的使用权限，如只保留例行作业而逐渐取消一些分析统计报表或更新作业程序的权限。

6. 建立全体员工信息安全意识及基本知识

权限安全要想做到严谨的管控，是离不开使用者的基本信息安全防范意识的。例如：密码的设置简单易猜，等于没有设置密码；人员离开而作业没有退出系统，其他同事就很容易窥视到他的数据；等等。这些都是潜在风险。因此，企业应当适时加强全体员工信息安全意识的教育，并普及信息安全的基本知识。

（1）业务场景。本业务场景沿用"录入组信息"的业务场景：国内业务部的业务员张明达可以新增客户订单，对他自己新增的订单拥有查询、更改、审核、删除等基本权限。对于同组内其他业务员输入的客户订单，张明达可以查询，但无权修改、删除与核准。对于其他组的业务人员输入的客户订单，张明达无权查看。

（2）操作步骤。

步骤一：新增一个用户，同时输入其所属的组信息，如图 2 - 12 所示。

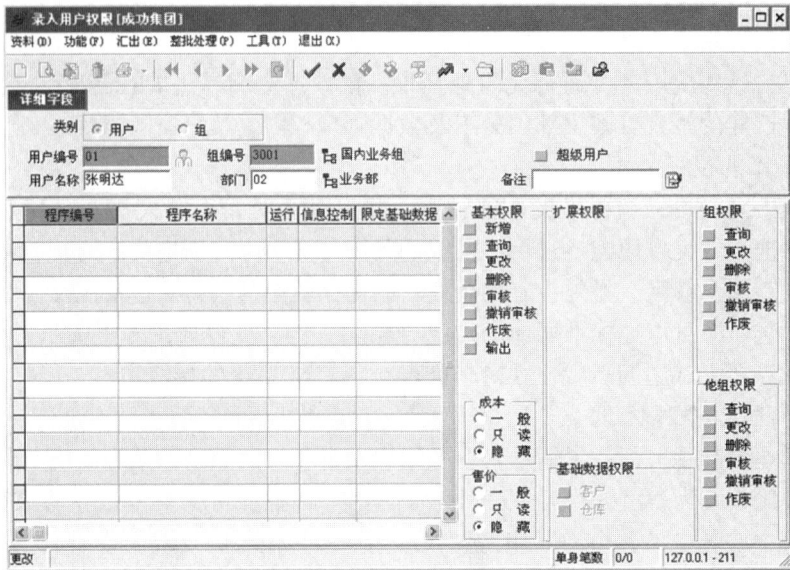

图 2-12　"录入用户权限"界面 1

步骤二：选择对该用户授权的程序，如图 2-13 所示。

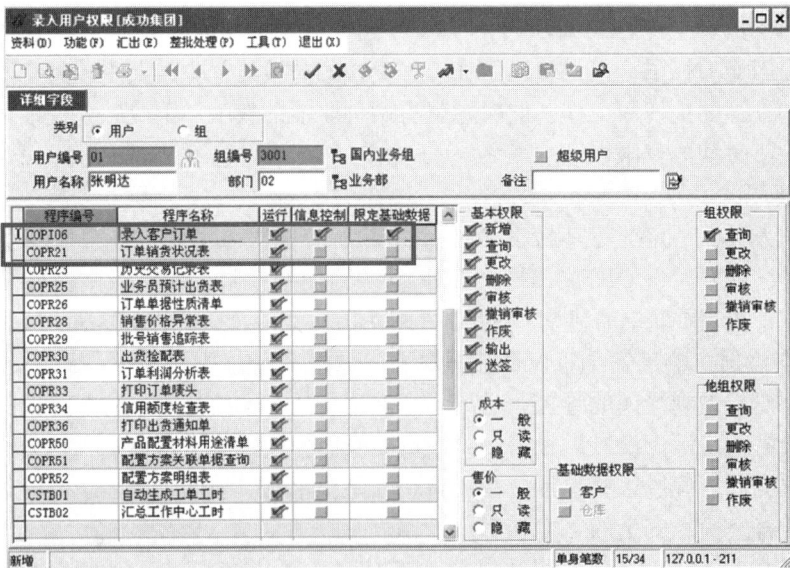

图 2-13　"录入用户权限"界面 2

步骤三：当选择完成后，若该用户对某个作业程序需要做权限管理，可以单击"信息控制"，然后设置"组权限"及"他组权限"，如图 2-14 所示。

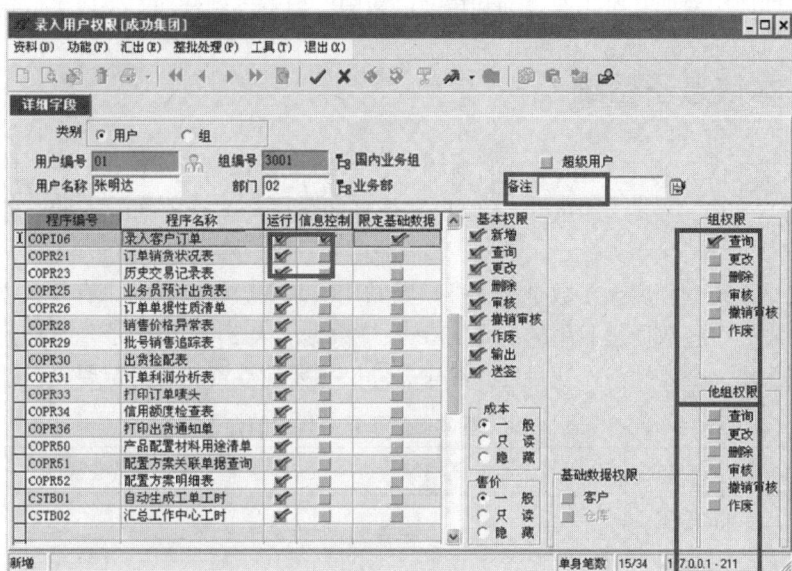

图 2 – 14 "录入用户权限"界面 3

（3）作业重点。勾选"超级用户"即可成为系统的超级用户，拥有维护系统的最高权限，可以新增、修改、查询易飞ERP系统全模块的程序及数据。每个作业可以设置的基本权限有9种：

① 新增：指该用户能否输入新的单据。

② 查询：指该用户能否查询作业里面的信息数据。

③ 更改：指该用户能否更改作业中的数据。

④ 删除：指该用户可否删除作业中的数据。

⑤ 输出：指有没有打印以及预览凭证或报表的权限。

⑥ 审核：指该用户是否拥有核准单据的权限。一旦单据核准，就不可以更改。所以，审核是管控单据后续可不可再被更改或删除。

⑦ 撤销审核：对原本已经审核的单据取消审核的权限。

⑧ 作废：指该用户是否有作废某张单据的权限。要注意的是，单据一旦作废就没有办法再还原了，所以作废的权限一定要管控好。

⑨ 送签：指该用户是否有将某张单据送出签核的权限。

即使拥有了对作业的基本权限，也不能保证可以查询或更改有关成本或售价的字段。成本和售价的权限，在设置用户权限时需要单独设置。赋予的权限可以分为一般、只读和隐藏三种。

一般：指拥有通用权限。例如，用户可以查询和更改某个作业，而且成本或售价字段设为"一般"时，表示该用户也可以查询和更改成本或售价的字段。

只读：指该用户虽然拥有对某个作业查询和更改的权限，可是针对成本或售价字段，也只能查询，不可更改。

隐藏：指即使用户拥有对作业查询和更改的权限，但看不到任何有关成本或售价的信息。

2.3.5 基本信息子系统

基本信息子系统是易飞 ERP 系统的基础模块系统，它将易飞 ERP 系统中其他各应用子系统里共享的基本信息统筹集中管理，以提高信息的集成性与管理的时效性，并减少信息的重复性。

基本信息子系统的程序大多数是关于参数及共用的基本数据设置的。有些数据只应用于个别的系统模块中，有些数据是通用的易飞 ERP 系统数据。表 2-1 说明了基本信息子系统作业的属性、关联模块、必要性与作业目的，其中备注必须要建立资料的一定要先行录入。

表 2-1　基本信息子系统作业简介

作业名称	必要性	主要关联模块	备注说明
设置共用参数	必要	一般	
设置基本参数	必要	一般	
设置进销存参数	必要	一般	
设置人事参数		人事薪资子系统	
录入工厂信息	必要	进销存管理、生产管理系统	至少要录入一笔
录入仓库信息	必要	进销存管理、生产管理系统	至少要录入一笔
录入工作中心	必要	生产管理系统	
录入部门信息	必要	一般	录入公司的组织结构表
录入币种汇率	必要	一般	至少要录入本位币
录入职务类别		一般	录入采购、业务、生管等职能
录入常用语			常用词语资料
录入交易对象分类	必要	销售、采购系统	录入客户、供应商的分类性质
录入金融机构		进销存管理、财务管理系统	录入往来的银行信息
录入页脚签核	必要	一般	凭证单据打印时的页脚和签核
录入程序页脚签核		一般	报表打印时的页脚和签核
录入假日表	必要	一般	假日表可以作为推算开工、完工日的依据
录入员工姓名	必要		员工基本数据
录入工艺信息		工艺管理子系统	
录入产能信息		工艺管理子系统	
录入付款条件		应收应付系统	
录入语言信息		人力资源子系统	
录入学校资料		人力资源子系统	
录入科系信息		人力资源子系统	

本章小结

　　ERP 软件应用了各类信息技术，在企业范围内提供一致的数据环境，为高层管理者的决策提供更强的数据分析功能。ERP 软件的发展，特别是软件规模的快速增长，使得 ERP 软件体系结构和商品软件的开发技术得到了快速发展。

　　ERP 软件的功能极其丰富，从业务处理角度可以分为财务管理、物流管理、生产计划与控制、人力资源管理等几大模块，每个模块的基本功能是相似的。不同的 ERP 产品，在软件功能的组织和使用上，根据自身软件特点，表现形式有所不同，细节处理程度有所不同。但无论是哪一类产品，都为现实企业的运营构筑了一个数字化平台，在软件中为信息的共享和集成、业务流程的变革和实践提供支持。

　　ERP 是一个集成的概念，在功能上实现了一个企业各类资源的综合管理，在技术上集成了各类企业信息系统，在应用中将现代管理方法与现代信息技术有机地整合在企业的经营管理之中。ERP 系统通过与其他相关系统（如 PDM、CRM 以及电子商务等）的集成，将其他管理思想纳入 ERP 的思想体系，极大地扩展了管理信息系统的范围，成为崭新的现代企业的管理手段。

〖思考与练习〗

　　1. ERP 软件主要包括哪些功能？通常可以分为哪几类？为什么要这样划分？可以从不同角度对上述问题展开讨论。

　　2. 简述"订单驱动"经营模式下的企业业务流程。

　　3. ERP 软件功能的组织通常有哪些方法？这些组织方法各有什么特点？

　　4. 简述 ERP 与其他系统的关系。

　　5. 什么是 CRM？简述 CRM 与 ERP 的集成关系。

　　6. 请结合教材及查阅相关资料，阐述你对 ERP 软件系统的理解。

　　7. 录入用户信息的目的是什么？请简述操作重点。

　　8. 基本信息子系统包含哪些设置？请指出其与管理子系统有关联的设置。

第3章　ERP 供应链管理

学习内容

　　企业管理是通过对销售、库存与采购的管理构成企业内部的供应链管理，并与外部建立联系与沟通。随着信息技术的发展，企业进销存管理的范围进一步拓宽，不仅仅停留在物流上的管理与控制，同时还对信息流和资金流进行管理和控制。

　　本章将学习 ERP 供应链管理中提到的三大基本模块——销售管理、库存管理与采购管理。通过分析传统的或在没有集成信息系统支持下的企业在销售、库存与采购管理上的运行方式及存在的问题，进一步引出 ERP 供应链管理的管理理念以及 ERP 的解决方法和科学原理（包括管理方法和系统解决方案），最后给出其在 ERP 系统中的具体实现。

学习目标

　　了解：企业销售、库存、采购管理的基本概念及作用。

　　理解：ERP 中的销售、库存、采购管理原理；信息化条件下销售、库存、采购管理运行的基本模式。

　　掌握：ERP 系统中销售、库存、采购管理流程及应用技术；ERP 系统处理销售、库存、采购日常业务。

引　　例

　　某高新科技公司是集 IT 产品与现代办公产品研发、制造、销售、IT 服务、系统集成、物流、房地产投资等多类业务于一身的多元化、高科技的公司。该公司从建立伊始就一直把连锁、直销和标准化服务作为基本的经营理念，缩减成本，强化服务。其主要经营各种电脑、手机、数码产品及周边产品，在南京、上海各建有生产基地，生产自有品牌的家用、商用台式电脑、笔记本电脑及服务器等产品，年生产能力达到近 200 万台，在短短三年的时间里以惊人的速度壮大起来。该公司在认识到高速发展所带来的企业现代化管理理念的更新时，把企业管理信息化建设当成头等大事。销售型企业的特性，异地连锁的经营模式，销售产品类型、规格的繁杂，所经营的 IT 产品价格波动大，企业流通量大等若干因素，要求该公司管理信息化建设速度要快、标准要高、效果要好。

该公司 ERP 系统的实施改变了其原有的流程运作方式，具体体现在以下几方面：

（1）产品库存下降。ERP 系统贯穿了该公司整个供需链流程，包括产品的采购、销售、调拨、组装生产、其他出入库等。系统实施后，库存准确率达到 99%，库房人员每个月进行库存盘点。在库存产品多达几千种的情况下，与库存账实际不符的现象很少出现，即使偶尔出现也能很快找到原因。系统中的库存信息全面，包括产品的实际库存，以及待入、待发、好件、坏件等业务状态，通过它可掌握整个公司总部及各分公司所有仓库的产品库存情况。这些全面、准确的库存信息使采购经理在采购产品时安排更加合理，并综合运用整个公司的产品库存，使得整个公司的产品库存比 ERP 系统实施前下降 30% 左右。

（2）销售效率提高。系统实施前产品库存不准，直接影响销售，往往销售部门已下达了客户订单，而产品库存数量不足，或产品在途中还没有入库，或产品为坏件不能销售，这些导致销售交货延期或销售退单。在实施 ERP 系统后，销售部门及时、准确地掌握产品库存情况，下单依据准确，产品组装生成及时，交货期准确或提前，客户满意度提高。销售部门在 ERP 系统中及时查询销售信息，迅速了解整个公司的销售收入、成本、毛利、产品排行榜、客户排行榜等销售状况，使得销售的针对性强，销售业绩显著提高。

（3）实施 ERP 后，解决了往来资金的准确控制。在业务飞速增长时，资金的流动情况即采购和销售的资金流动情况，关系到企业的核心命脉。通过 ERP 系统，各种类型的资金往来情况一目了然，为企业的重大决策和成本控制提供了非常重要的参考和依据。在公司涉及的各个产业资金链上，透明的资金控制也使该公司获得了极佳的信誉。

思考：该公司为何实施 ERP？实施 ERP 后在购销存方面取得了哪些优势？

3.1　供应链管理整体流程概述

3.1.1　供应链概述

供应链是从生产的概念扩大而产生的。它围绕核心企业，对商流、信息流、物流、资金流进行控制，从采购原材料开始，到制成中间产品和最终产品，最后经由销售网络把产品送到消费者手中，将供应商、制造商、分销商、零售商，直到最终用户连成一个整体的功能网链结构。

供应链分为内部供应链和外部供应链。销售、库存、采购的协调与计划是企业每天必须面对的一个重要问题，是企业需要处理的核心工作。企业一旦形成了对客户的销售订单，便在企业内部形成了以订单为主线的物流、信息流和资金流，这就是企业内部供应链，如图 3-1 所示。本书中供应链管理特指对内部供应链的管理。

企业内部供应链管理系统主要由三大部分组成：销售管理、库存管理和采购管理。

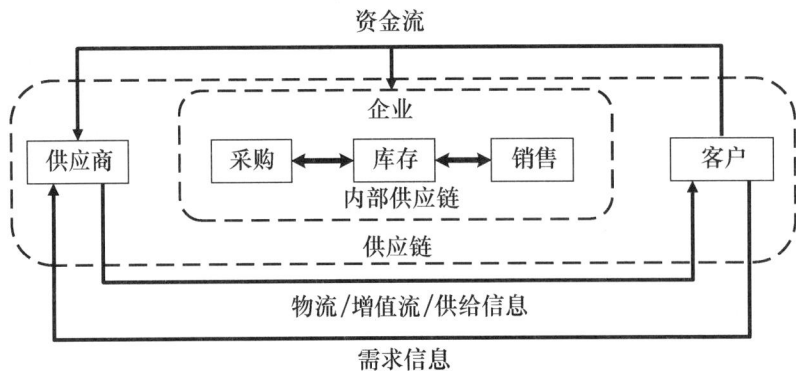

图 3 - 1　企业内部供应链

（1）销售管理就是为了实现组织目标，创造、建立和保持与目标市场之间的有益交换和联系，而对设计方案进行分析、计划、执行和控制。通过计划、执行和控制企业的销售活动，达到企业的销售目标。对于以订单为中心的企业内部供应链管理系统来说，销售管理的核心内容是报价管理、合同管理和客户资料管理。

（2）库存管理是对企业生产、经营全过程中各种物品（包括原材料、在制品、半成品、产成品等）及其他资源进行管理和控制，在保证企业生产、经营需求的前提下，使库存量经常保持在合理的水平上。库存管理的功能是掌握库存量动态，适时、适量提出订货，避免超储或缺货；减少库存空间占用，降低库存总费用；控制库存资金占用，加速资金周转。

（3）采购活动的全过程包括计划下达、采购单生成、采购单执行、到货接收、检验入库、采购发票的收集和采购结算。采购管理就是对这一系列过程中各个环节进行严密的跟踪、监督，实现对企业采购活动执行过程的科学管理。

1. 销售管理概述

管理大师彼得·德鲁克在《管理：任务、责任和实践》一书中指出，企业的两项基本职能是市场销售和创新，只有市场销售和创新才产生经济成果，其余一切都是"成本"。销售部门是企业最直接的效益实现者，销售工作的成功与否直接决定企业的成败。下面主要介绍销售部门在企业组织中的作用和职能、企业在传统运营中的销售全流程、企业销售管理中存在的问题。

（1）销售部门的职能及作用。

① 销售部门在组织结构中的位置。图 3 - 2 给出了销售部门在公司内部组织结构中的位置。

销售经理定时要和公司本部联系，要和不同的部门及公司层级接触，如财务部门、市场部门、运输部门等。当销售部门需要与客户签订销售订单时，销售部门工作人员必须与财务部门联系，查看该客户的应收账款情况，即查看是否有很好的信用才可以决定是否下单；而当实际销售实现时，又要与储运部门联系，以便于顺利将出库后的产品发送给客户；另外，和生产、研究开发、行政及其他部门也有不经常但稳定的接触机会。在销售过程中，销售人员必须清楚地知道本企业的生产和研发现状，便于发展潜在客户。只有这样，才能保证客户能得到满意的服务。

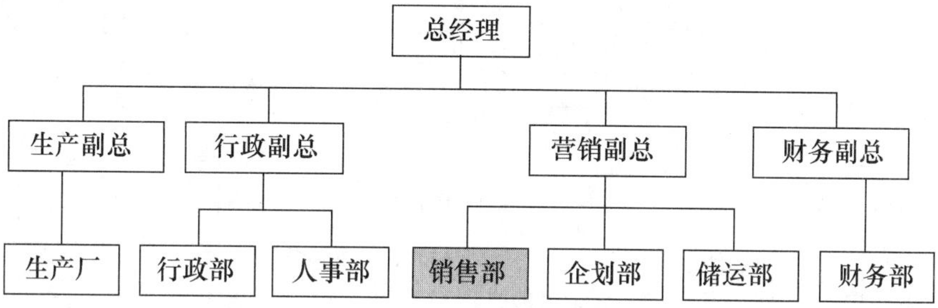

图 3 - 2　销售部门在公司内部组织结构中的位置

② 销售部门的作用。在营销组织中，通常有两大职能部门：一为销售部，二为市场部。其中，销售部在营销组织中的作用主要如下：

- 为市场分析及定位提供依据。
- 通过一系列的销售活动配合营销策略。
- 通过销售成果检验营销规划，拟定竞争性营销策略，制订新的营销规划。
- 掌握大量第一手的客户信息，如客户对企业的产品及其服务的渴望、需求或建议，可以帮助加快企业的发展，提高客户的忠诚度。

③ 销售部门的职能。按照上述销售部门的作用，总结出销售部门的职能如下：

- 进行市场一线信息收集、市场调研工作。
- 制订年度销售计划，进行目标分解，并执行实施。
- 营销网络的开拓与合理布局。
- 建立各级客户资料档案，保持与客户之间的双向沟通。
- 合理进行销售部门预算的控制。
- 制订业务人员行动计划，并予以检查、控制。
- 按企业回款制度，催收或结算货款。

（2）企业在传统运营中的销售流程。在销售部门，每位员工均按照销售部门的职能开展工作。销售流程如图 3 - 3 所示。

销售部门提供报价情况给客户，客户满意后双方签订销售订单；销售部门把订单信息传递给库存部门，询问库存是否满足销售需要，如果不满足需求，则传递订单信息给生产部门；生产部门安排生产，生产完工入库后，销售部门再开具销货单给库存部门，库存部门根据销货单信息安排出货，组织发货给客户；货物发出后，销售部门将销货单传递给财务部门，财务部门根据销货单信息开具销售发票给客户；客户依据销售发票，支付货款给企业；客户接收货物后，若验收过程中发现不合格品，退货给企业；企业的库存部门接收退货，并传递退货单信息给财务部门，财务部门据此退款给客户。

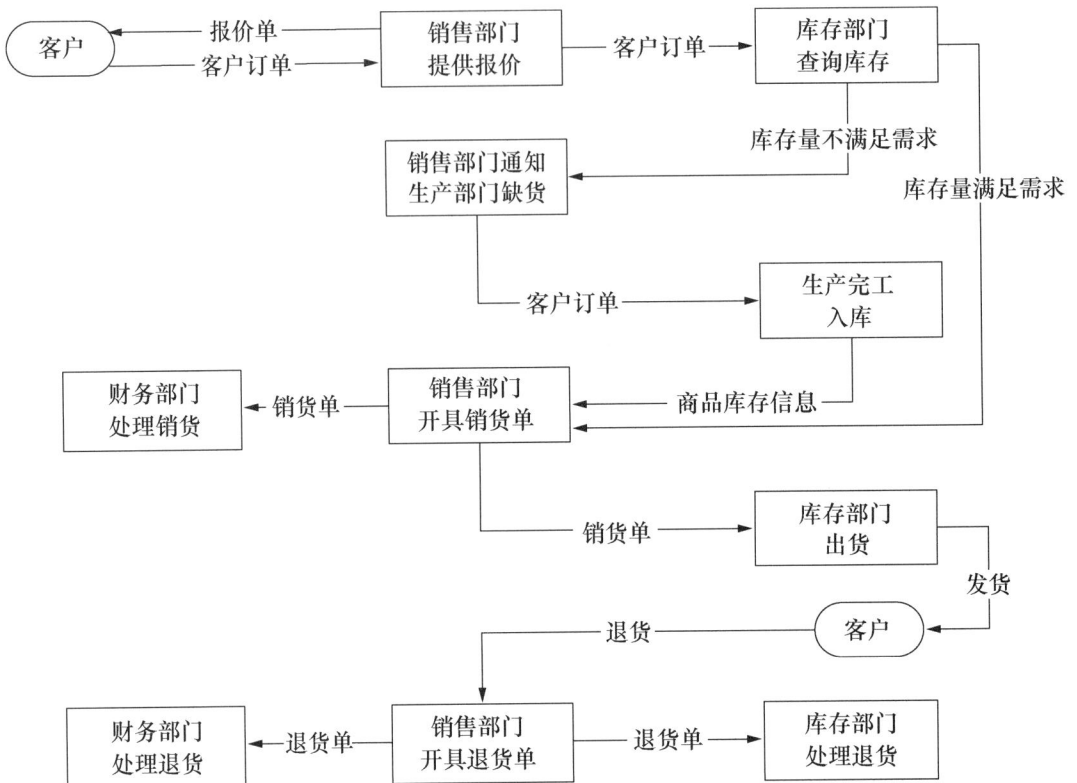

图 3－3　销售流程

2. 库存管理概述

（1）库存和库存管理的概念。库存是企业为了支持生产、维护、操作和客户服务而存储的各种物料，包括原材料、在制品、半成品、维护件和生产消耗品等。库存管理（Inventory Management，IM）是指与库存物料相关的计划和控制活动。它主要是依据企业的生产经营计划，使物料管理工作标准化和高效化，实现降低库存成本和提高供货率。

库存及库存管理的主要作用在于在供需之间建立缓冲区，缓和用户需求与企业生产能力之间的矛盾、最终装配需求与零配件之间的矛盾、零件加工工序之间的矛盾、生产厂家需求与原材料供应商之间的矛盾等。

库存管理与仓库管理是不同的。仓库管理是针对仓库（或库房）的布置、物料运输、物料搬运，以及存储自动化等活动的管理。

（2）库存的分类。库存类型可分别按物料在加工过程中的地位和功能来划分。

① 按照物料在加工过程中的地位来划分，库存可分为原材料库存、在制品库存和产成品库存等。

● 原材料库存。原材料是从市场上采购回来准备用于生产，但是还没有用到生产上，处于暂时等待阶段的材料。

- 在制品库存。在制品是指在生产过程各个工序之间临时储存的工件、物料等。各个工序都可能有在制品库存，一般都存放在在制品仓库中。这种在制品库存能够衔接上、下工序，保障上、下工序都能顺利进行。

- 产成品库存。从生产完成起，直到推向市场之前，这个阶段的产品称为产成品。产成品库存衔接供需，保障生产和销售都能顺利进行。

② 按照功能来划分，库存可分为波动库存、预期库存、批量库存、运输库存和屏障库存等。

- 波动库存——安全库存。
- 预期库存——高峰库存。
- 批量库存——批量生产或采购。
- 运输库存——移动库存。
- 屏障库存——为应对价格波动而设置的安全库存。

（3）库存管理的作用。在现代企业中，库存意味着资金的积压、仓库的占用，同时还需要花费人力、物力、财力进行保管。因此，从经济效益考虑，企业希望库存越少越好。但是，库存又不能太少，太少容易产生缺货，影响生产或销售。所以，企业应保有一个最佳库存水平：既能很好地满足物资需求，保障供应，又可以降低库存总成本。下面从原材料库存和产成品库存两方面来讨论企业保持库存的作用：

① 原材料库存。原材料库存是用于支持企业内制造或装配过程的库存。保持这种库存的原因主要有以下几方面：获得大量购买的价格折扣，大量运输降低运输成本，避免由于紧急情况而出现停产，预防涨价、政策的改变以及延迟交货等情况的发生，调整供需之间的季节差异和保持供应来源。

② 产成品库存。产成品库存是已经制造完成并等待装运，可以对外销售的制成产品的库存。企业保持一定数量产成品库存的原因也主要有以下几方面：节省运费、获得生产的节约、调整季节差异、提高客户服务水平和保留技术工人。

（4）库存管理流程。如图 3-4 所示，企业内库存管理流程一般包括以下几个环节：

① 采购入库和产成品入库。企业生产部门制造或装配的产成品完工后，如果不立刻销售，需要先存放在产成品仓库，等待销售订单。采购计划确定的原材料到货后需要验收入原材料仓库。对于这些物品的入库都需要办理入库手续。

② 物资账务管理。采购物品和产成品入库后，需要进行相应的台账处理和各库房分类账的管理，同时财务部门也要更新原材料明细账。

③ 仓库管理。对于库存物资要定期进行盘存清点，更新库存信息。

④ 办理物资出库手续，包括生产领料和销售出货，同时更新库存台账、原材料明细账和各库房分类账等信息。

⑤ 废旧物资处理。库存管理部门定期盘点库存，当有废旧物资需要处理时，核定物资，形成处理方案，报主管部门审批；审批同意后，进行废旧物资的处理，处理完成后形成处理报告并存档。

⑥ 仓储费用核算。财务部门和库存管理部门根据各种库存账目（如库存台账、各库房分类账、原材料明细账等）及相应的保管和管理费用对仓储费用进行核算。

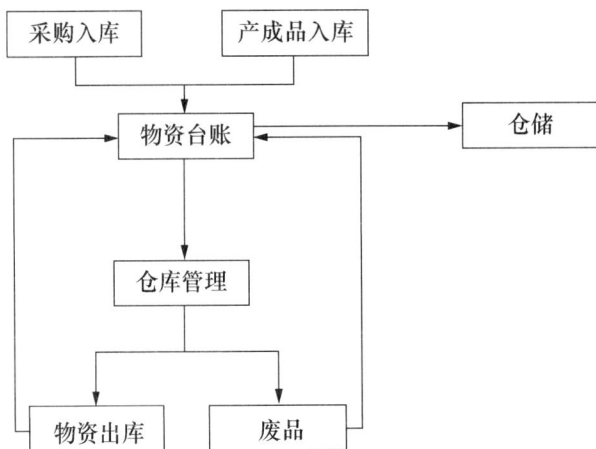

图 3 - 4　库存管理流程

3. 采购管理概述

从引例可以看出，企业的采购业务是非常复杂的。一般来说，采购管理是针对企业一系列的采购业务进行处理和管理。下面介绍企业传统采购管理的内容，包括采购的概念、类型、采购业务内容及其流程等。

（1）采购的基本概念。

① 采购。采购有广义和狭义之分，广义的采购是指从环境获取有形或者无形物质；狭义的采购是指商品采购，即在市场经济条件下，在商品流通过程中，各企事业单位及个人，为获取商品，对获取商品的渠道、方式、质量、价格、时间等进行的预测、抉择，将货币资金转化为商品的交易过程。无论是狭义的采购，还是广义的采购，其本质属性就是选择。

② 采购业务流程。多个采购业务组成的有序活动称为采购业务流程。采购计划是根据企业的内、外环境的特点而制订的有关采购业务活动详细的时间安排。采购计划、采购业务流程、采购业务统一构成了采购管理。

采购业务流程具有以下几个特点：

● 采购业务之间的信息具有共享性，即前面的采购业务为后面的采购业务提供基础信息，后面的采购业务基于这些共享信息展开工作。当然，有一些采购业务之间信息流动和共享是双向的。

● 各个采购业务的执行过程之间具有时间相关性。例如，"生成采购计划"作业在"请购单"作业之后执行，其顺序是不可改变的。

● 采购业务流程是一个整体，其所属的采购业务活动往往是不可缺少的。这些采购业务之间可以合并，也可以分解，但是一般情况下是不能遗漏的。

（2）采购的作用。采购在企业中占有重要的地位和作用，主要表现在以下几方面：

① 采购的杠杆作用。物资采购的成本构成了生产成本的主体部分，其中包括采购费用、购买费用、进货费用、库存费用、流动资金占用费用及管理费用等。而且，在企业各项支出对利润的影响中，采购成本的影响最大，其大致比例如表 3 - 1 所示。

表 3-1 企业各项支出对利润的影响

项　目	成本结构/元	降低比率	利润增加/元
直接原料	53	5%	2.7
直接人工	12	22%	2.7
制造费用	11	24%	2.7
管理费用	16	17%	2.7
销售收入	8	34%	2.7

② 采购在企业经营活动中的保障作用。从企业生产过程的角度看，采购是企业生产经营活动的第一环节。它不仅提供生产过程需要的原材料和辅助材料，而且还提供半成品、零部件以及成品组装的各种协作件，这些都是企业生产经营全过程的必需品，因此物资采购为企业保障供应、维持正常生产、降低缺货风险等创造条件。

③ 采购是企业科学管理的开端。企业物资供应模式往往会在很大程度上影响生产模式。例如，如果实行准时采购制度，则企业的生产方式就会被改成看板方式，则企业的生产流程、搬运方式都要做很大的变革。因此，如果采购提供一种科学的采购供应模式，必然会要求生产方式、物料搬运方式都做相应的变动，共同构成一种科学管理模式。而且，这种科学管理模式是以采购供应作为开端而运作起来的。

（3）采购业务的内容。

① 接受物料需求或采购指示。物料需求来源于如下三种情况，其一，来自于生产计划的需求，这类需求占大部分。其二，来自于生产技术部门（或生产部门）与采购部门共同确定的委外加工计划的需求，或者由采购部门主要确定委外加工方案的需求。其三，来自于库存部门提出的需求，这部分物料需求是按订货点控制确定的，多为固定消耗料。企业根据物料需求计划制订采购计划。

② 选择供应商。供应商处于企业供应链的上游，从这种意义上说，供应商也是企业资源之一。采购部门掌握越多的供应商，企业的供应来源就越丰富。但是传统企业与供应商的关系是一种短期的、松散的竞争对手关系，这样一来会出现价格上的波动、质量上的不稳定及供货期的不可靠现象。因此，企业在选择供应商时一般来说要考虑三个要素：价格、质量和交货期。

③ 下达订单。根据采购计划选择供应商后，要下达采购订单。这要求采购人员必须将材料的质量要求、数量要求及交货时间要求准确无误地下达给供应商。因此，采购人员除了应具有采购专业知识外，还要熟悉企业所需要的材料技术与制造工艺知识。

④ 订单跟踪。采购员发出采购订单后，为了保证订单按期、按质及按量交货，要对采购订单进行跟踪检查，控制采购进度。

⑤ 验收货物。采购部门要协助库存与检验部门对供应商来料进行验收，按需收货，不能延期也不能提前，平衡库存物流。

（4）采购流程。一般采购流程如图 3-5 所示，简要描述如下：

① 采购部门汇总生产部门提供的用料计划，参照库存部门盘点得到的原料库存信息和销售部门的预测信息，确定企业的采购需求。

② 采购部门寻找相应的供货商，调查其产品在数量、质量、价格、信誉等方面是否满足购买要求。

③ 采购部门确定采购计划，即详细的购买计划和需求信息，提供采购计划给财务部门。

④ 财务部门进行财务预算，预算结果报管理层审批。

⑤ 管理层审批预算报告。预算符合要求就开始执行采购计划，预算超支则要把采购计划退回采购部门，重新修正采购计划。

⑥ 执行采购计划后，供应商按采购计划供货。

⑦ 采购到货后，质量部门进行检验。验收合格的货物进入仓库，库存部门更新库存台账；验收不合格，要进行退换货处理，更新供应商信息。

⑧ 验收完毕，财务部门处理原材料明细账，并开具采购发票，然后支付供应商货款。

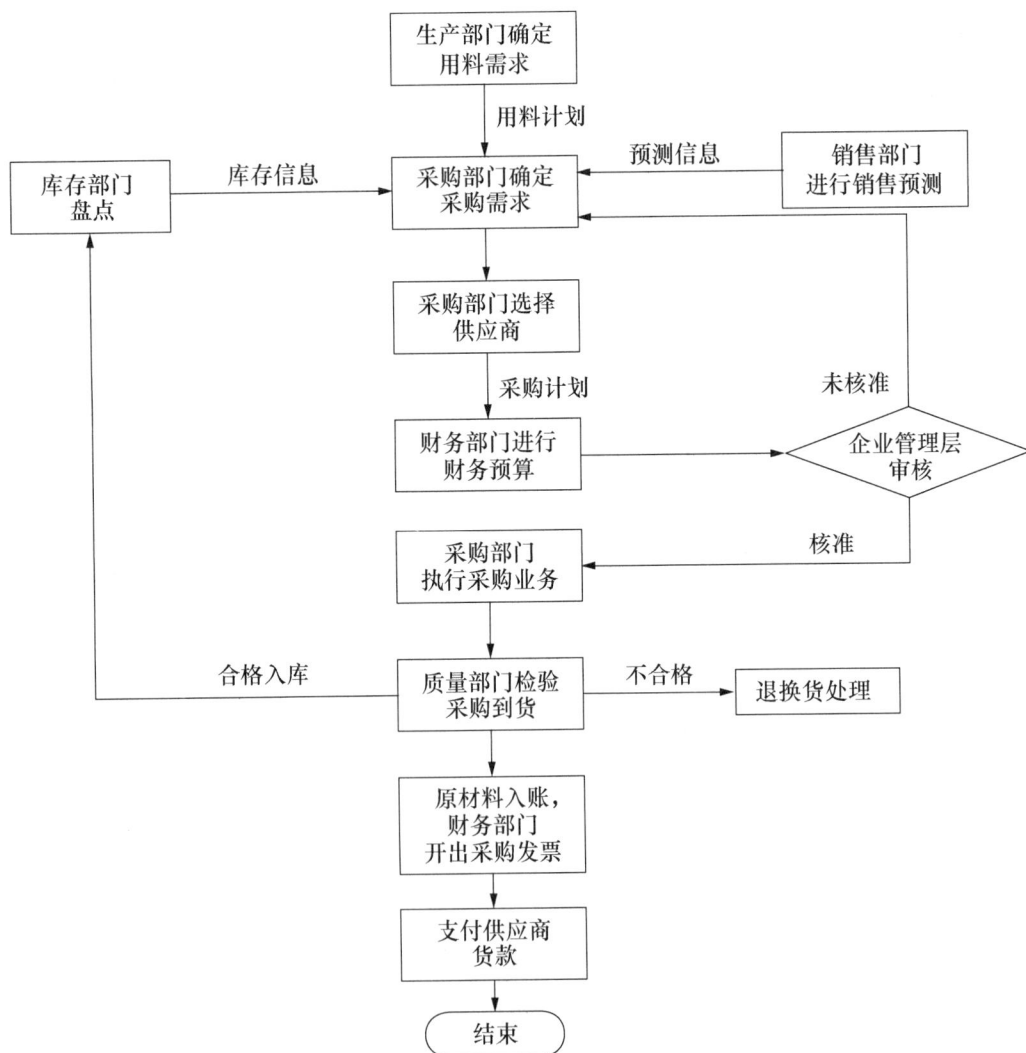

图 3-5　采购一般流程

3.1.2　企业供应链与 ERP 系统模块对应表

下面以易飞 ERP 系统为例，介绍企业供应链与 ERP 模块的对应关系，如表 3-2 所示。

表 3-2　企业供应链与易飞 ERP 系统对应表

企业供应链		易飞 ERP 系统	
流程	操作说明	系统类别	单据类别
报价	客户前来询议价，公司业务单位对客户进行产品报价；建立客户产品价格记录	销售	录入报价单；打印报价单；录入客户商品价格
接单	客户下单，业务单位接单	销售	录入客户订单；打印客户订单；录入订单变更单；打印订单变更单；结束订单
库存足够？ YES 出货	若库存数量足够，可由库存直接出货		
自制 or 外购 自制 生产	自制		
请购	依照客户下单货品或公司需要，申请购买所需货品及数量等	销售 采购	从订单自动转成采购单；录入请购单；打印请购单；维护请购信息
采购	依照客户下单货品或需求单位提出的请购，对供应厂商进行采买	销售 采购	从订单自动转成采购单；从请购单生成采购单；录入采购单；打印采购单；录入采购变更单；打印采购变更单；结束采购单
进货 出货	供应厂商送货至公司仓库，由仓管人员点收	采购	录入进货单；打印进货单
验收入库	质检人员进行验收	采购	进货单验收；退回验退件；打印验退件退回单

企业供应链		易飞 ERP 系统	
流　　程	操作说明	系统类别	单据类别
存货管理	货品入库/出库/结存管理	存货	录入库存交易单； 打印库存交易单； 录入调拨单； 打印调拨单； 录入成本开账/调整单； 打印成本开账/调整单； 录入借出／入单； 打印借出／入单； 录入借出／入归还单； 打印借出／入归还单； 库存盘点管理△； 存货月结流程△
（退货）	货品入库后退货给供货商	采购	录入退货单； 打印退货单
出货	出货给客户	销售	录入出货通知单； 打印出货通知单； 录入销货单； 打印销货单
（销退）	客户退货	销售	录入销退单； 打印销退单
△ 存货盘点	定期存货盘存清点	存货	盘点流程
△ 存货月结	月份存货价值结算	存货	月结流程

注：△表示定期工作。

3.1.3　案例公司

1. 企业背景

成功集团的数码相机产品有自行生产制造及买进卖出两大类型。其中，品号为 410001 的"数码相机-SX 系列"为自行生产制造，除了在上海厂自制为成品外，制作过程中有一个半成品（品号为 320001 的 PCBA-Assembly Sensor）外包给委外供应商生产；品号为 910001 的"数码相机-SL 系列"为买进卖出商品，主要采购供应商是"三星公司"。

2. 企业日常业务流程

仓管部在系统上线完成商品的库存开账作业后，立即开始商品的出入库作业。除了一般的销货出库及原材料入库外，还有其他的事务也是需要仓管部处理的，具体如下：

（1）库存。

① 库存交易：2015 年 1 月 2 日，研发部向仓管部领用 5 个主开关连动板，作为开发新

产品使用。

②调拨：2015 年 1 月 5 日，业务部预计销售的相机器材——三脚架因在"上海一厂"库存不足，向"上海二厂"调拨 12 组至"上海一厂"的产成品仓备用。

③借出：2015 年 1 月 12 日，办理公司产品"数码相机-SX 型"10 台借货给客户尖峰公司，10 台借货给客户茂圣公司作为其展会样品，预计 1 月 19 日归还。

④借出归还/借出转销货：2015 年 1 月 19 日，接到业务部通知，即将收货客户尖峰公司如期归还的 10 台"数码相机-SX 型"；另办理出货 10 台"数码相机-SX 型"给茂圣公司。

⑤借入：2015 年 1 月 20 日，仓管部接到两张入库单，是研发部请采购部分别向供应商冠军公司和达智科技借用的原材料"光学镜片"20 PCS[①]和"光学镜片"20 PCS。两家供应商都已经将货品送达公司了，预计 1 月 27 日归还。

⑥借入归还/借入转进货：2015 年 1 月 27 日，接到采购部通知，准备备货归还向供应商冠军公司借用的 20 PCS 原材料"光学镜片"和向达智科技借用的 20 PCS"光学镜片"，办理进货收料事宜。

⑦盘点：2015 年 1 月 31 日，仓管部针对"原材料仓"进行重要存货抽盘作业，同时协助财会人员进行 2015 年 1 月存货成本计算及月结处理。

（2）销售。业务部的主要工作是开发潜在客户、客户关系经营以及客户的报价、接单、出货、账款催收等业务。2015 年 1 月 2 日，业务部开发到一家新客户"标竿公司"，主管审核后，给予客户编号 1002，成为正式客户。下面简述"标竿公司"向成功集团采买的流程。

①报价：2015 年 1 月 5 日，客户标竿公司来电，提出购买"数码相机-SX 系列"100 台的需求，请业务部报价。

②接单：2015 年 1 月 7 日，标竿公司向业务部下采购单，购买"数码相机-SX 系列"100 台，每台相机单价为 6 000 元，预交货日为 2015 年 1 月 14 日。业务部与仓管部确认存货数量是否足够，仓管部答复存货量可供出货。

③出货通知/出货：2015 年 1 月 14 日，按照与客户约定的时间，准备销货给标竿公司，业务部先录入"出货通知单"通知仓管人员备货。仓管人员依照"出货通知单"出货"数码相机-SX 系列"100 台。

（3）采购。2015 年 1 月 1 日，客户"第一公司"向业务部下采购单，购买"数码相机-SL 系列"100 台，每台相机单价为 5 000 元，预交货日为 2015 年 1 月 17 日。业务部与仓管部确认存货数量是否足够，仓管部答复"数码相机-SL 系列"目前只有安全存量 50 台，无存货可供出货。

①请购：2015 年 1 月 10 日，因"数码相机-SL 系列"为买进卖出商品，故业务部根据采购流程，需先提出"请购单"，请购商品"数码相机-SL 系列"100 台，需求日为 2015 年

---

①　PCS 是一种单位的英文缩写，在进出口产品业务单元中被广泛应用。PCS 即 pieces，表示某一产品单位数量，如个、块、件、片、篇、张、条、套、枚、床、只等数量词。

1 月 17 日。

② 采购：2015 年 1 月 10 日，采购部收到业务部的请购需求，针对该请购单进行审核，并输入此次的供应商是三星公司，单价 4 000 元，交货日为 2015 年 1 月 13 日；接着，生成正式采购单，打印采购单凭证向三星公司采购。

③ 进货/进货验收/验退：2015 年 1 月 14 日，供应商三星公司依照约定交货日送交 100 台 "数码相机-SL 系列"，由仓管人员收货后放置验收区，并通知质检部进行检验。检验结果为 98 台合格，2 台有瑕疵，准备将这 2 台退回给三星公司，并请三星公司再补货 2 台。

④ 进货退回：2015 年 1 月 30 日，仓管部收到一厂一车间的通知，生产过程中发现原材料 5 PCS "光学镜片" 有瑕疵。经过追踪，查出这批货是 1 月 27 日向达智科技借用的，经采购部与供应商协商同意后，将这 5 PCS 不良品退回给供应商。

3.2　ERP 中供应链管理的原理及资料设定

3.2.1　ERP 系统的销售、库存、采购管理

1. 销售管理的业务内容及流程

销售管理是基于企业的销售计划，对企业销售活动全过程进行跟踪和管理，包括：对从销售合同管理、客户管理、销售出库、开票结算直到售后服务等一系列进行实时监督，并控制销售合同执行状态和发运计划，以提高合同的执行率和销售服务水平；跟踪客户回款情况，定期进行分类统计及分析，为制定营销策略提供决策依据。

（1）销售管理业务内容。销售管理的主要业务内容包括：制订销售计划和产品报价；开拓市场，管理和利用客户资源，建立长期稳定的销售渠道；进行市场销售预测；编制销售计划；根据客户需求信息、交货信息、产品相关信息及其他注意事项制定销售订单，并根据企业的供货情况及产品定价情况和客户信誉状况确认销售订单；按销售订单的交货期组织货源，下达提货单，组织发货，将发货情况转给财务部门；开出销售发票向客户催收销售货款，把发票转给财务部门记账；对客户提供售前、售中、售后服务并进行跟踪；进行销售与市场分析。

（2）销售管理的业务流程。企业的销售管理工作主要由企业的销售部门完成，销售部门与生产部门、财务部门、仓库部门、质量部门、技术部门和决策部门有密切的业务联系。

ERP 中销售管理业务的一般流程如图 3 - 6 所示，描述如下：

① 销售部门通过订单管理业务制订销售预测、计划或客户订单，然后根据库存情况将产品订货和交货情况汇总生成相应生产计划，通知计划部门或生产部门。

② 生产完成后，产品入库，销售部门通过提货单要求库存部门将产品出库，库存部门

组织产品销售出库，产生出库单据交财务部门。

③ 销售部门根据订单开出销售发票给客户，通知客户支付货款，并把发票提交财务部门，财务部门根据仓库的出入库单据、出货发票做账；客户收到货物和结算发票后付款给企业的财务部门。

④ 销售部门记录有关的售前、售中、售后服务情况，对有关的质量问题提交给质量部门进行产品质量分析。

⑤ 销售部门通过销售情况分析业务，产生销售分析报告给决策部门，支持决策。

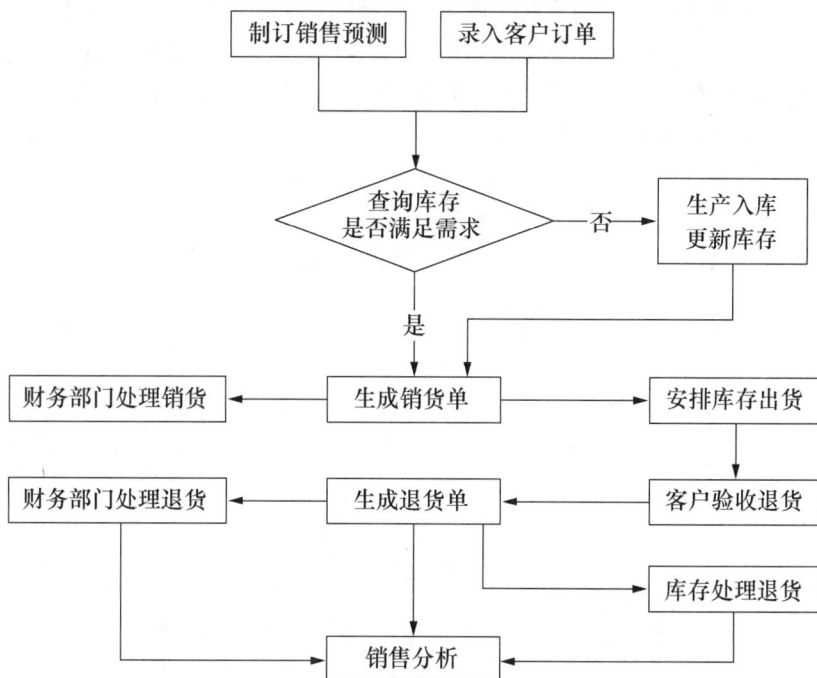

图 3-6 ERP 中销售管理业务流程图

2. 库存管理的业务内容及流程

（1）库存管理业务内容。库存管理业务主要有以下几种。

① 物料出入库、移动管理：对日常的生产领料、销售提货、采购入库、生产入库和物料库位移动等工作进行管理，产生出、入和移动单据，改变仓库、货位的库存数量，登记物品数量账。

② 库存物料定期盘点，调整物料存量，做到账物相符：根据物料的盘点周期对每一种库存物料做盘点，并按照实盘数量调整物料库存数量。盘点方法一般有冻结盘点法和循环盘点法两种。正在冻结盘点的物料需停止进行出入库操作。而循环盘点时则可以同时进行出入库处理。盘点结果产生盘点报表，经过财务部门审核确认产生库存数量账调整。

③ 库存物料管理信息分析：从各种角度对库存物料信息进行分析，如物料库存数量

分析（是否超储或短缺）、物料占用资金分析、物料来源和去向分析、物料分类构成分析等。

（2）库存管理的业务流程。ERP中库存管理业务流程如图3-7所示，描述如下：

① 物料进出库管理和各个仓库的交易作业处理，包括：

● 采购管理中的采购到货后，对货物验收入库，验收不合格可能产生退货处理。此流程涉及的单据有收料单、收料退回单、收料检验单、验收单、验退单等。

● 生产部门生产完工后，验收产品入库。此流程涉及的单据有入库单等。

● 生产部门安排生产，领用原料。此流程涉及的单据有领料单、退料单等。

● 销售部门销售货物，库存安排出货给客户。此流程涉及的单据有出库单等。

● 各个仓库间的物料调拨管理。此流程涉及的单据有调拨单、借用/归还单等。

② 各仓库存货作业处理，包括：

● 库存物资的定期盘存，涉及的单据有盘点调整单等。

● 库存废旧物资的处理，涉及的单据有报废单、销毁单等。

● 库存成本核算，涉及各种库存物料的成本信息表。

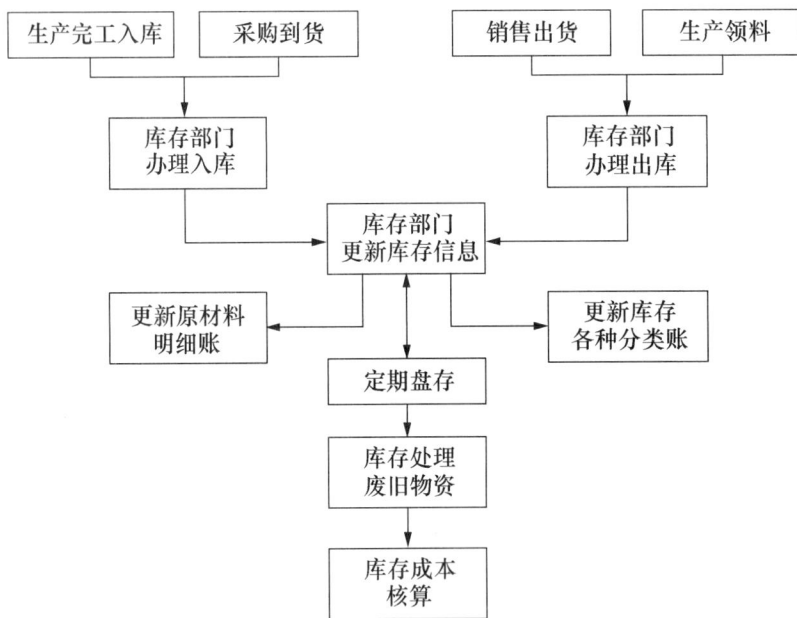

图 3-7　ERP中库存管理业务流程图

3. 采购管理的业务内容及流程

（1）采购管理业务内容。采购管理通过建立请购单和采购单的业务活动，对供应商的产品质量、交货进度、信用状况等进行管理，对采购活动绩效进行评价，提高采购活动的效率，降低采购成本。下面主要介绍供应商管理、生成采购计划、询价和洽谈以及采购订单管理。

① 供应商管理。在 ERP 系统中，该模块一般包括三方面内容：供应商信息、供应商评价和供应商选择。

- 供应商信息，主要提供供应商基本信息，如供应商名称、地点等基础信息；供应商供货信息，如货物名称、代码、价格、批量折扣等；供应商历史信息，如供应商历史交易数量、退货信息等。

- 供应商评价，是指利用指标评价体系，对供应商供货质量、服务水平、供应价格、准时性、信用度等进行评价，为供应商选择奠定基础。供应商评价系统是要对现有供应商在过去合作过程中的表现或对新开发的供应商做全面的资格认定。评估供应商主要对他们的技术、质量、交货、服务、成本结构和管理水平等方面的能力进行综合评定。

- 供应商选择，是在供应商评价的基础之上，利用 AHP 层次分析法，对企业候选供应商的每个标准因素赋予权重，进行定性的分析。用户只需为需要比较的标准因素项目打分，系统自动运算给出符合条件的供应商，完成供应商选择。除了成本、质量、交货期以外，供应商选择的标准还包括许多其他因素。

供应商管理主要采取分类管理模式，不同类型的供应商采取不同的管理模式。下面介绍一种有效的供应商双层分类管理模式。

在供应商双层分类管理模式中，首先按照供应商所供物料的市场特性把供应商分为垄断物料市场供应商、有显著差异物料供应商和无显著差异物料供应商；按照供应商供货状况，可以把有显著差异物料供应商分为 A、B 和 C 三类，如图 3－8 所示。

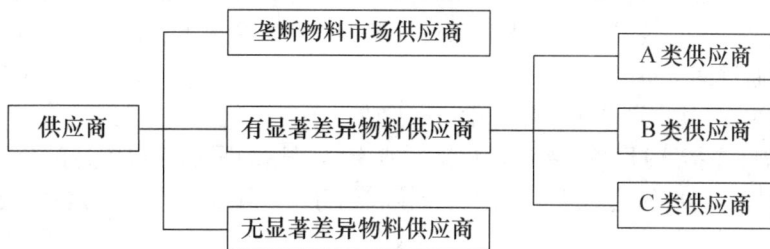

图 3－8　供应商双层分类管理结构示意图

- 垄断物料市场供应商，是指那些完全垄断或几乎垄断市场上某种物料供应的供应商，如电力、电信、铁路、特殊钢材和微软 Office 办公软件套装等的供应商。在这些领域，企业往往没有能力和办法去选择其他供应商，或者说企业选择其他供应商的成本高昂。

- 有显著差异物料供应商，是指不同的供应商供应的物料具有质量上的差异、价格上的差异、服务上的差异、品牌上的差异和技术性能上的差异等，并且这些物料构成了企业产品的主要成本，或者说与企业产品的质量和性能密切相关。

☞ 例如，对于自行车制造企业来说，自行车制造厂需要的管材、丝材、轴承和轮胎等物料的供应商就属于典型的有显著差异物料供应商。

无论是从数量上，还是从管理投入方面，这些供应商都是企业供应商管理的重点。因此，可以把这些供应商分为 A、B 和 C 三类。不同类别的供应商具有不同的供货优先级，其中，A 类供应商具有最高的供货优先级，而 C 类供应商的供货优先级最低。

● 无显著差异物料供应商，是指这些供应商所供应的物料满足下列条件：这些物料不是企业主要产品的构成部分，与企业产品的质量和性能关系不大，以及价值相对来说比较低；这些物料往往是生产用辅助物料、办公用品和劳动保护用品等。对这一类供应商，应该尽可能采用简化的管理方式，如采取标准化采购管理方式和定额采购管理方式。

对于小型的，产品简单、供应关系单纯的企业，供应商关系管理的难度可能不会充分体现出来；而稍大型的，产品构成复杂，尤其是注重竞争优势、品牌营销策略的企业，常需要与大量分散的供应商建立长久的合作关系。且现今的供需合作关系，往往不再限于单纯采购供货，还包括以项目方式提供服务，合作开发产品或开拓服务项目，指导、协助供应商进行的改进计划，监督供应方内部为需求方进行的项目等。

② 生成采购计划。采购计划中的物料有两个不同的来源，即 MRP 和请购单。其中，MRP 是采购计划的主要来源，其计算物料的基础是 BOM。关于 MRP 运算生成采购计划的过程，将在后面详细介绍。而按照订货点法管理的物料，其采购需求经常是通过请购单的形式表现出来。

采购计划的主要属性，包括采购物料编码、名称、采购批次、采购数量、技术性能要求、采购开始日期、物料到货日期、审批人和审批日期等。

③ 询价和洽谈。当采购计划生成之后，采购人员按照采购计划的要求，依照供应商资历、供货档案和供货推荐目录，选择和联系供应商，并且针对采购计划中物料的具体要求洽谈物料的价格、质量、技术性能要求和供货日期等。一般情况下，这种询价和洽谈的过程比较复杂，可以通过询价单和报价单的方式完成。

④ 采购订单管理，分为订单跟踪和到货验收。

● 订单跟踪是指通过 ERP 系统可以随时查看已下达的采购订单到达的位置和被供应商处理的状态。其主要目的是确认供应商是否接收到订单，了解采购订单是否能被按时处理和随采购订单传递而变化的信息。当供应商接收到采购订单后，至少应该发回两方面的信息：是否已收到采购订单和其对采购订单的处理预测。企业通过比较供应商的返回信息，可以准确地预测该采购订单的执行结果。

● 到货验收是指所采购的物料到达送交地点时采取的验收作业和对验收结果的处理措施。物料到达以后，通知有关人员进行物料到货登记，开始物料验收。不同的物料可以采取不同的物料验收方式。应用比较广泛的物料验收方式有：外观检查验收和技术性能采样实验验收。其中，外观检查验收是一种简单的验收方式，主要检查物料外观是否满足协议的要求、包装是否完整以及物料表面是否存在明显的瑕疵等。大多数办公用品、劳动保护用品等可以采取这种验收方式。技术性能采样实验验收是一种较为严格的验收方式，其内容是采取物料样品送交有关的物理、化学和电气实验室，根据实验室的实验结果来判定到达的物料是否满足协议要求。产品的主要原材料、毛坯件和电器件等应该采取这种严格的验收方式。

（2）采购管理的业务流程。在如图 3 - 9 所示采购流程中，首先是根据采购计划填制采购申请单，当采购申请单得到批准后可以开始做采购的准备。这个准备包括：得到供应商的报价，了解供应商的信用情况、产品质量、交货进度，然后可以与供应商签订采购合同，即一份采购订单。根据采购订单的内容，对供应商发送来的货物进行数量上的点收和质量上的验收。当验收合格之后，采购物品可以正式入库；如果验收不合格，则应该进行退货处理。

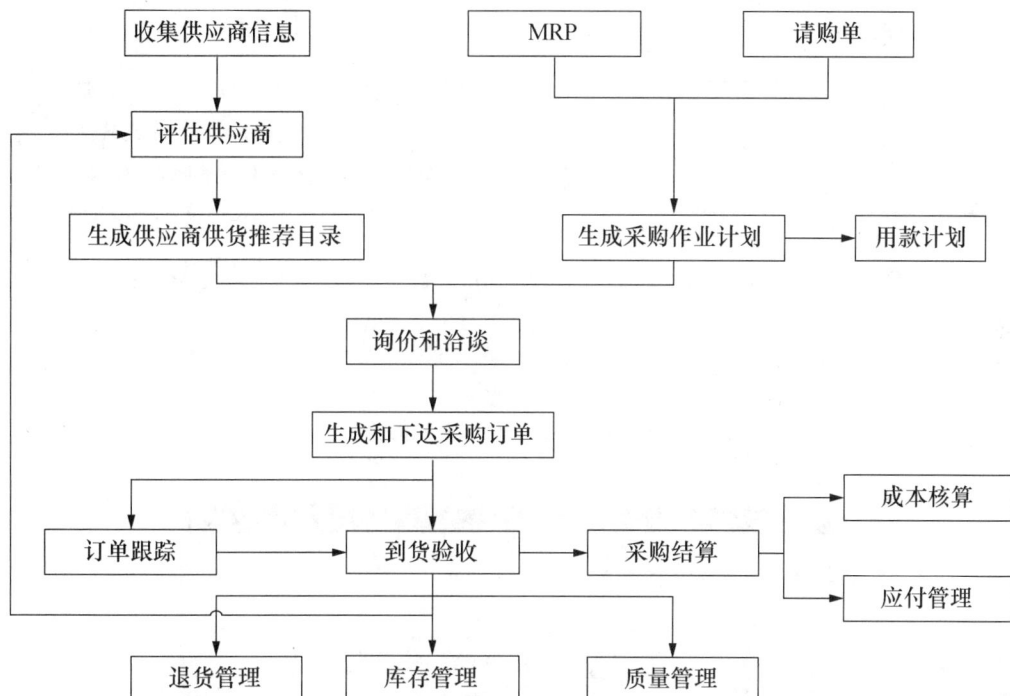

图 3 - 9　采购流程

3.2.2　ERP 供应链管理业务单据介绍

1. 销售系统

图 3 - 10 所示为 ERP 系统中销售管理子系统的流程。

图 3 - 11 所示为易飞 ERP 系统的"设置订单单据性质"界面，可设置销售管理子系统所使用的交易单据，及其编码方式、性质、签核格式等。日后交易单据上使用到该单别时，系统会默认单据性质里的相关设置。

销售管理子系统中单据的性质共分为 8 种，如表 3 - 3 所示。

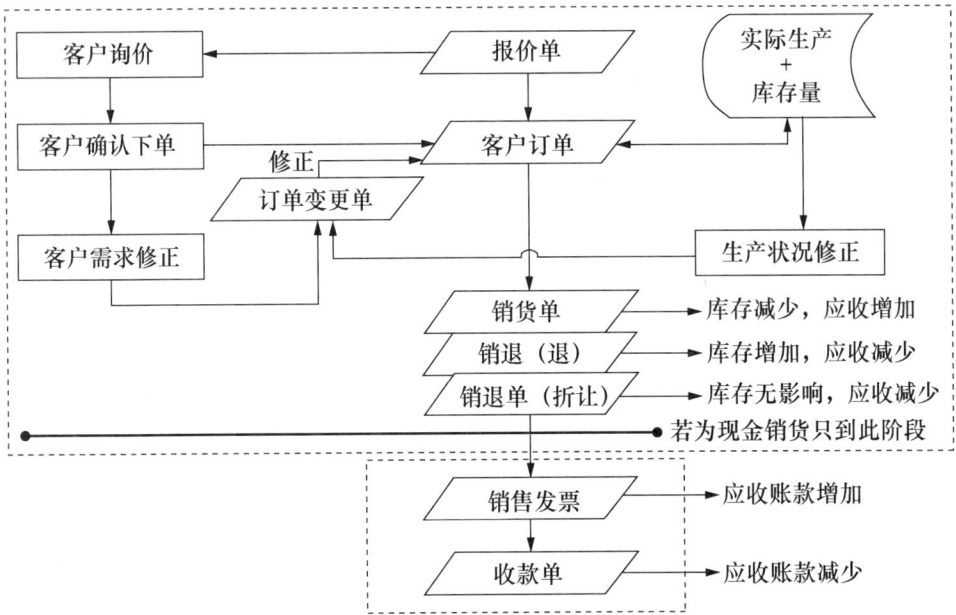

图 3 - 10　销售管理子系统的流程

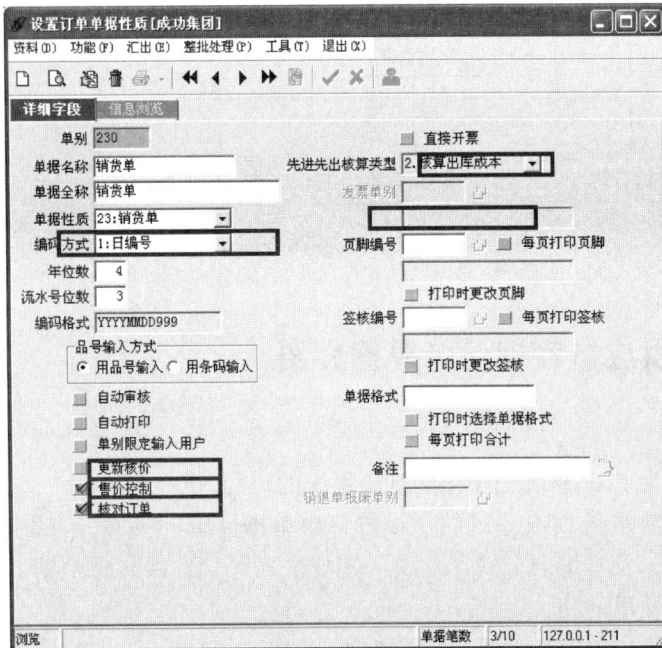

图 3 - 11　"设置订单单据性质"界面

表 3 – 3　销售单据性质表

单据性质	更新核价	核对订单	直接开票	售价控制
报价单※	V			
客户订单※	V			V
出货通知单		V		V
销货单※	V	V	V	V
销退单※		V	V	V
多角贸易订单	V			V
多角贸易销货单	V	☆		V
多角贸易销退单		☆		V

注：V 表示可按公司管理需求进行个别设定，☆表示必勾选，※为本课程重点。

2. 存货系统

图 3 – 12 所示为 ERP 系统中存货管理子系统的流程。

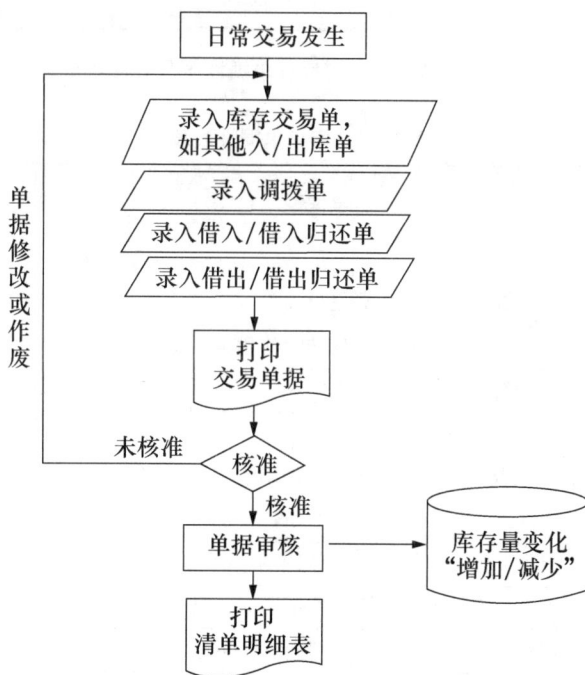

图 3 – 12　存货管理子系统的流程

图 3 – 13 所示为易飞 ERP 系统的"设置库存单据性质"界面，可设置存货管理子系统所使用的交易单据，及其编码方式、性质、签核格式等。日后交易单据上使用到该单别时，系统会默认单据性质里的相关设定。

存货管理子系统中单据的性质，根据交易类型可设定为 9 种，如表 3 – 4 所示。

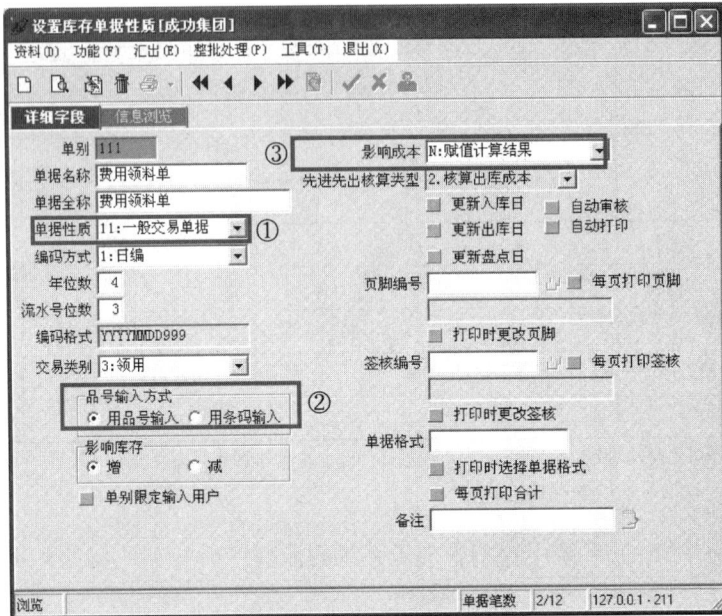

图 3-13　"设置库存单据性质"界面

表 3-4　库存单据性质表

单据性质	单据说明	更新 入库日	更新 出库日	更新 盘点日
一般交易单据	用于非生产性质的出入库及调整单据，如部门领料单、数量调整单、盘盈损单等	V	V	V
库存调拨单据	仓库与仓库之间数量移转时使用	V	V	
借出调拨单据	借出料件时使用的单据	V	V	
借入暂收单据	借入料件时使用的单据	V	V	
借出归还单据	料件借出后，对方归还时使用的单据	V	V	
借入归还单据	料件借入后，归还对方时所使用的单据	V	V	
成本开账/调整单据	成本开账或成本调整时使用的单据	V	V	
报废单据	不良品仓库与正常仓库之间数量移转时使用	V	V	
销毁单据	记录报废仓中的料件已进行销毁处理	V	V	

注：V 表示可按公司管理需求进行个别设定。

3. 采购系统

图 3-10 所示为 ERP 系统中采购管理子系统的流程。

图 3-15 所示为易飞 ERP 系统的"设置采购单据性质"界面，可设置采购管理子系统所使用的交易单据及其编码方式、性质、签核格式等。日后交易单据上使用到该单别时，系统会默认单据性质里的相关设置。

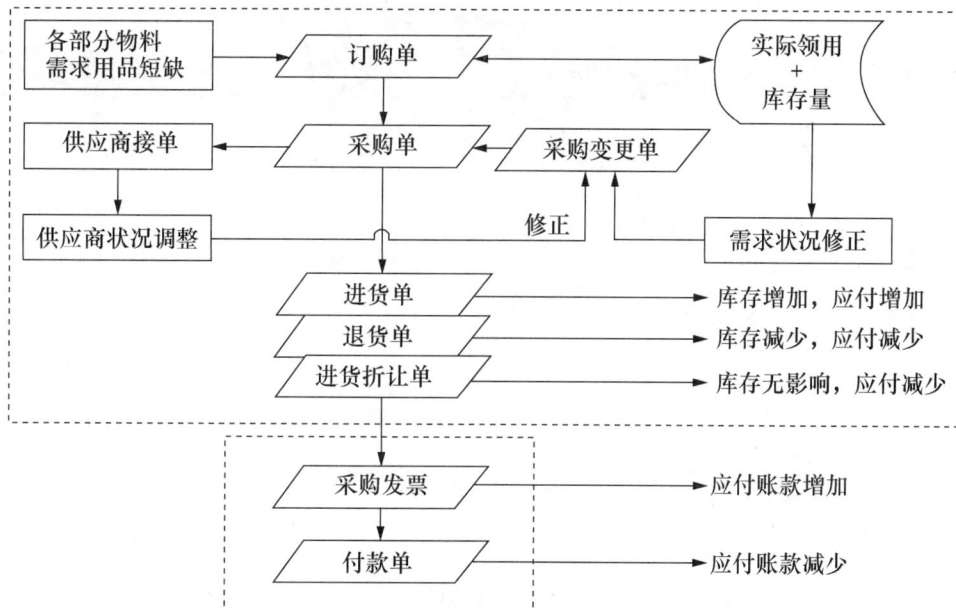

图 3 – 14　采购管理子系统的流程

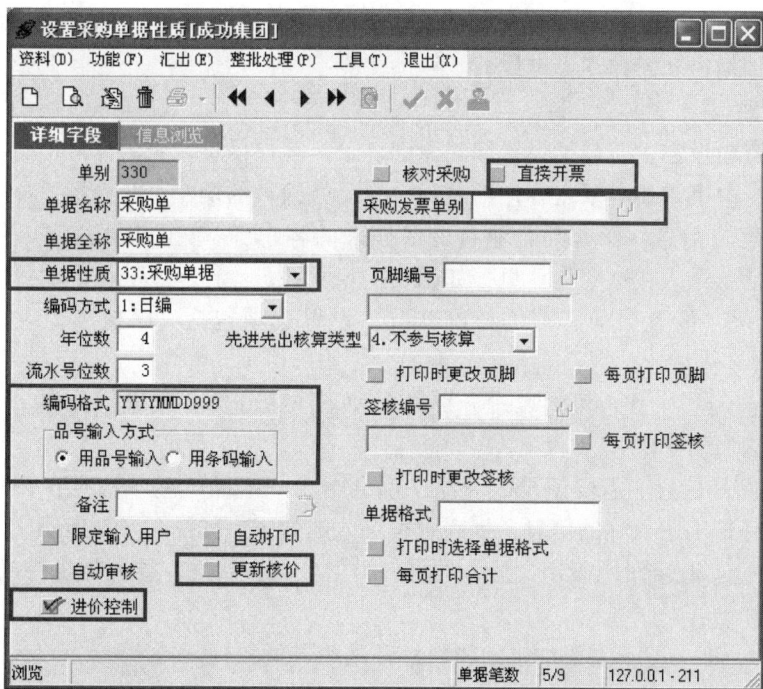

图 3 – 15　"设置采购单据性质"界面

采购管理子系统中单据的性质共分为 8 种，如表 3 – 5 所示。

表 3 – 5　采购单据性质表

单据性质	更新核价	核对采购	直接开票
请购单据※			
核价单单据	V		
采购单据※	V		
进货单据※	V	V	V
退货单据※		V	V
询价单据	V		
多角贸易采购单据	V		
多角贸易退货单据			

注：V 表示可按公司管理需求进行个别设定，※为本课程重点。

3.2.3　ERP 供应链管理业务资料设定

ERP 供应链管理业务资料设定为日常业务操作奠定基础，可通过资料设定来了解企业日常业务的前期操作，了解不同单据的作用以及相应规则。企业通过对这些资料的设定来管理企业的采购、销售和库存三大模块。

1. 销售系统

销售系统资料设定主要包括设置编码原则、录入客户信息、录入品号信息、录入品号类别等 4 块内容。本书主要对录入客户信息和录入品号信息的操作进行介绍。

（1）录入客户信息。所有与企业有交易往来的客户，不论是国内客户还是国外客户，都必须将客户信息录入在这个作业里，如图 3 – 16 所示。

① 核准状况：设置当前客户的核准状况，设置选项包括：已核准、尚待核准、不准交易。

② 交易对象分类方式：可将客户分别以 6 种不同的分类方式进行分类。例如：渠道属于量贩店，地区属于华南区。

（2）录入品号信息。需要记录的商品，都会给予一笔品号基本信息，在录入交易单据时，就可以一并带出录入好的信息，提高资料录入的效率，如图 3 – 17 所示。

① 品号属性：此字段用于定义品号的材料类型，如自制件、委外加工件或一般采购件。品号属性区分如下：

P：采购件，即一般不需要加工的原料，经采购进货取得。

M：自制件，即必须经过自行制造生产过程才能完成的成品或半成品。

S：委外加工件，一般是指需经过委外供应商加工完成的成品或半成品。

Y：虚设件，是为简化 BOM 结构，提高 BOM 管理效率而产生的。

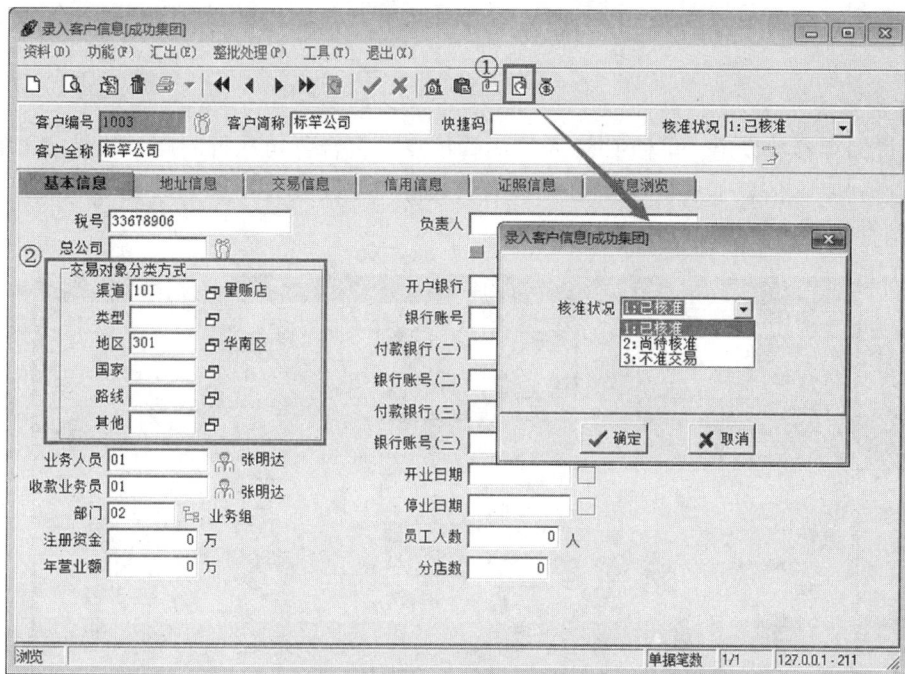

图 3-16　"录入客户信息"界面

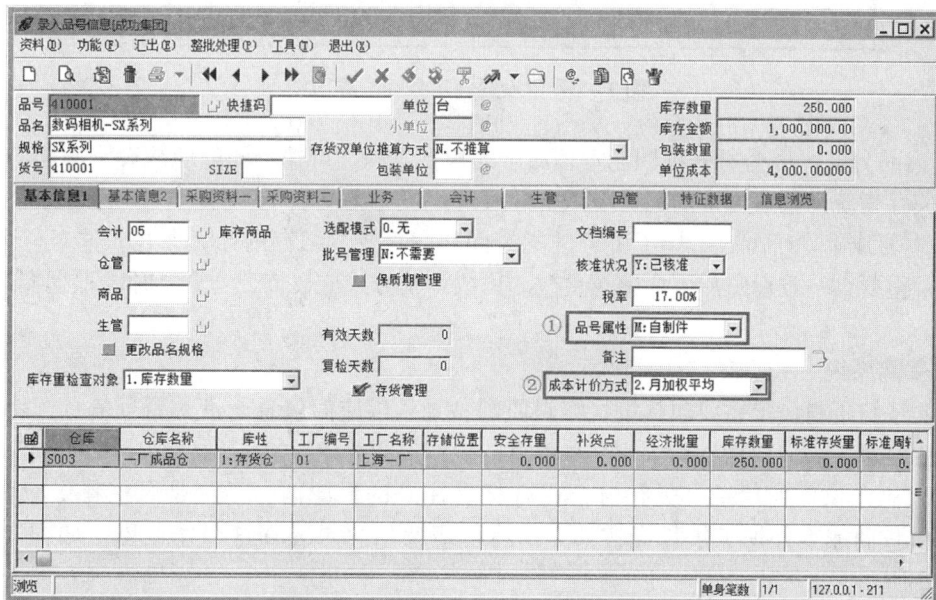

图 3-17　"录入品号信息（基本）"界面

C：配置件，有选配的作用，用来归集相同特性品号。这是为构建 BOM 而虚拟化的品号。

② 成本计价方式：用于设定单个品号的成本计价方式。当成本计价方式为"实际成本

73

制"的时候，此字段为可选项。可选择的内容包含了"月加权平均""先进先出"和"分批认定"。

2. 存货系统

通过进销存参数设定，可使 ERP 系统的管控点更符合公司现行制度。从易飞 ERP 系统主画面执行"基本信息子系统"→"基础设置"，进入"设置共用参数"作业，然后切换到"设置进销存参数"页签，如图 3-18 所示。

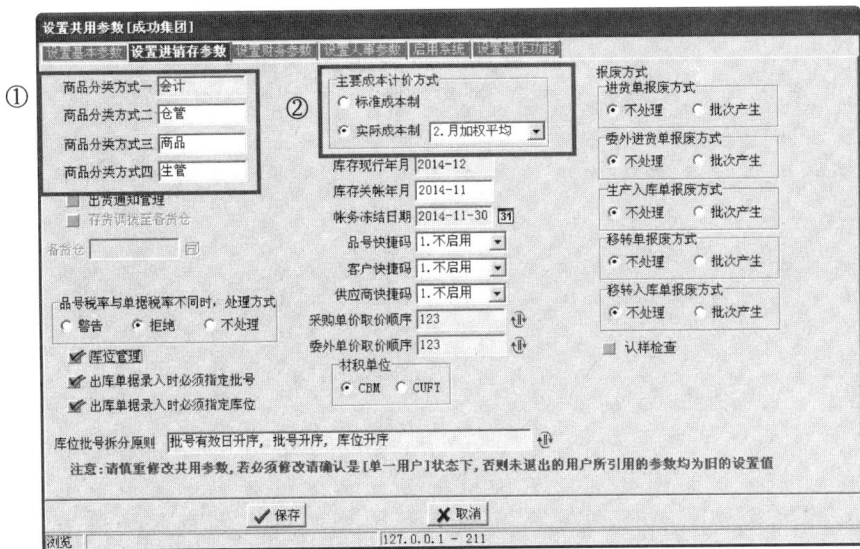

图 3-18 "设置共用参数"界面

① 商品分类：因为每一种职能管理品号的角度不同，可按不同的职能设定不同的分类。后续相关存货统计报表可按商品分类做汇总管理。

② 主要成本计价方式：用于决定进货料件和库存成本结存的计算方式。这对整个系统而言非常重要，一旦设定后不要随意更改。更改计价方式应咨询公司会计师，根据实际需求做决定。

3. 采购系统

采购系统资料设定主要包括设置编码原则、录入供应商信息、录入品号信息三块内容。本书主要对录入供应商信息和录入品号信息的操作进行介绍。

（1）录入供应商信息。所有与企业有交易往来的供应商，不论是原材料供应商、固定资产供货商或委外加工供货商，都必须将供应商信息录入在这个作业里，如图 3-19、图 3-20 所示。

① 核准状况，设置选项包括：已核准、尚待核准和不准交易。

● 已核准：可交易，开窗也可查询。

● 尚待核准：开窗查询不到，无法交易，会提示"尚待核准"。

● 不准交易：开窗查询不到，无法交易，会提示"不准交易"。

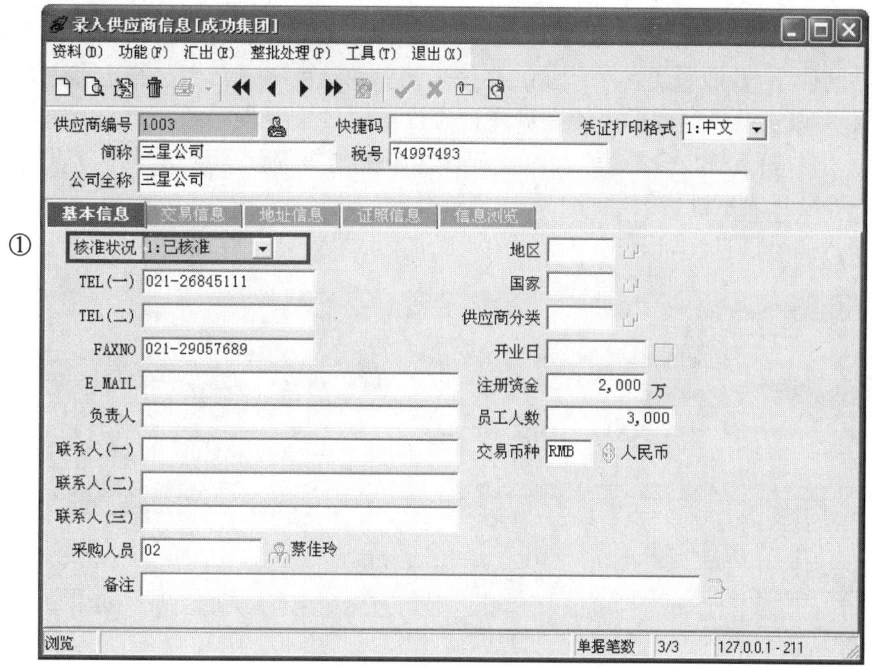

图 3-19　“录入供应商信息”界面 1

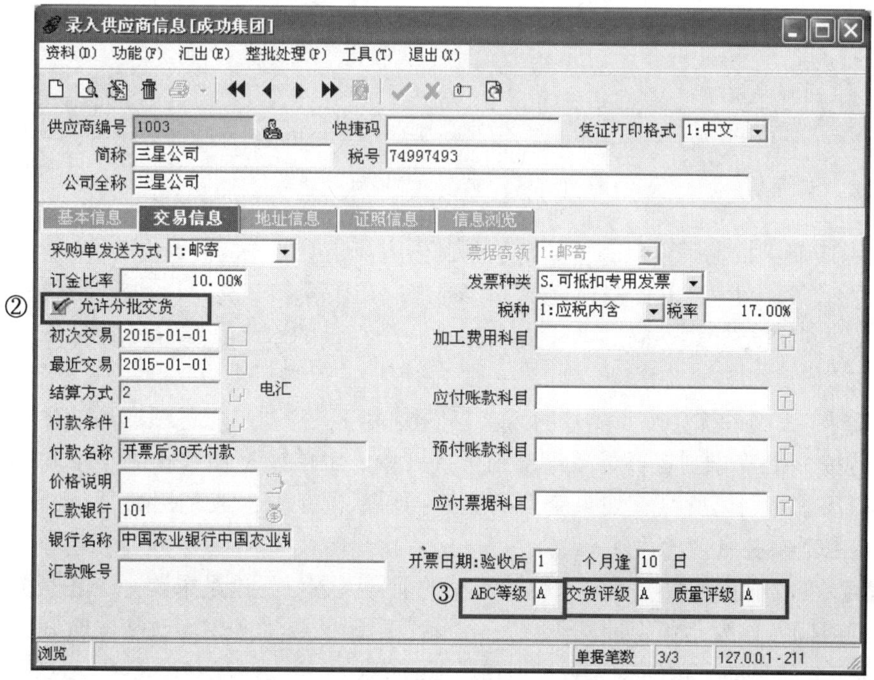

图 3-20　“录入供应商信息”界面 2

② 允许分批交货：表示同一批采购序号，是否可分多次进货。默认为允许分批交货；若为不允许分批交货，当输入"验收数量"时，验收数量 ≥ 采购量，则该采购单的结束码更新为"已结束"；验收数量 < 采购量，则该采购单的结束码更新为"指定结束"。

③ ABC 等级：按供应商的进货净额来评定供应商的重要性等级，可自行输入，也可通过本系统的"供应商 ABC 分析表"，由系统评级来更新等级。等级 A 表示进货净额所占的比例较高，等级 C 表示进货净额所占的比例较低。

（2）录入品号信息。如图 3 - 21 所示为"录入品号信息"界面。

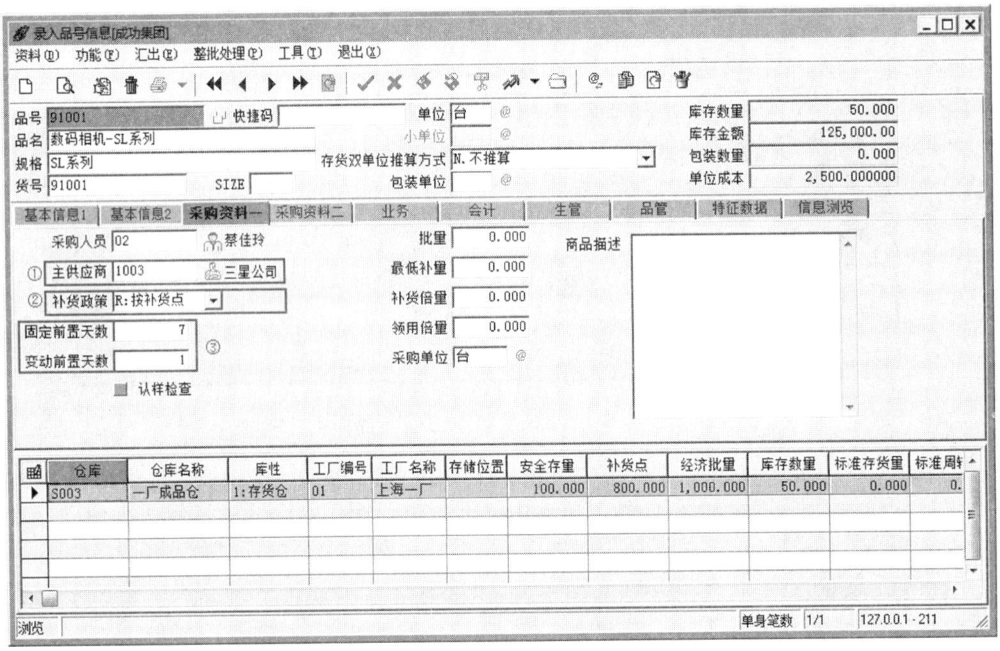

图 3 - 21 "录入品号信息"界面

① 主供应商：指定后续该品号的默认采购供应商或委外供应商。

② 补货政策：分为"R：按补货点""M：按 MRP 需求"及"L：按 LRP 需求"，不同特性品号的库存补充方式不同。"补货点"是一个存量的水平，当存货数量下降到补货点时，就应该发起请购与采购活动，如此一来，才可以确保物料供应不会短缺。若补货政策是"按 MRP 需求"，则系统会按照品号的需求与供给缺口，自动产生各项产品的生产计划及采购计划。若按 LRP 需求制定补货政策，则可按订单、工单或是销售预测等不同来源来产生特定的物料需求计划。所以，如果企业的紧急插单状况频繁，或是用料复杂，可以设置为"按 LRP 需求"来补货。

③ 固定/变动前置天数：确定采购此产品的前置天数。不论是采购一个还是多个产品都需要耗费的时间，称为"固定前置天数"；会随着采购的数量多少而改变的时间，称为"变动前置天数"。品号的采购前置天数可通过下式计算：

$$品号的采购前置天数 = 固定前置天数 + 采购量 \div 批量 \times 变动前置天数$$

3.3　ERP 中供应链管理的日常业务及管理重点

3.3.1　ERP 系统中销售管理的实现

了解了 ERP 中销售管理的功能及业务流程之后，下面以易飞 ERP 系统的销售管理子系统为例，介绍如何使用销售管理子系统进行销售管理，主要内容包括销售管理子系统的功能，与其他子系统之间的信息关联和数据传递，它的主要操作流程，最后模拟实际的业务场景来实现销售管理的业务操作。

1. 销售管理子系统的主界面

易飞 ERP 系统中销售管理子系统的主界面如图 3 - 22 所示。

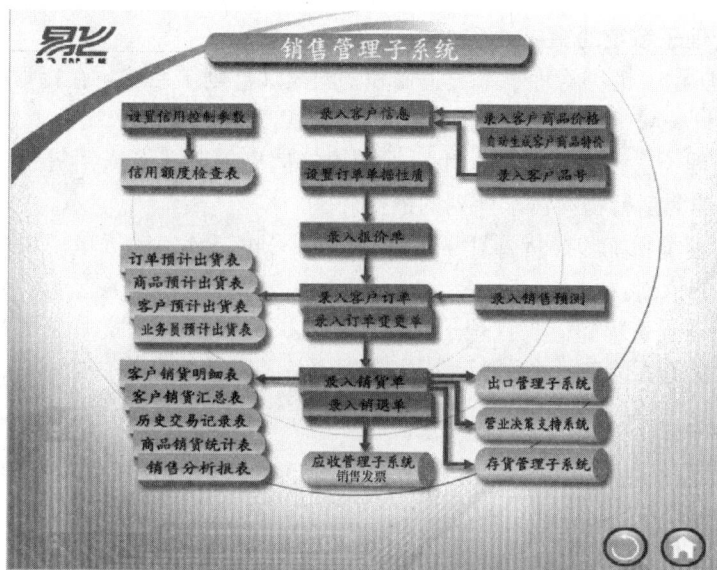

图 3 - 22　"销售管理子系统"主界面

☞ 系统界面中间列为主流程，左、右两列为主流程的输入和输出信息及相关联的系统。

2. 销售管理子系统的功能

销售管理子系统包括录入客户信息模块、录入客户商品价格模块、自动生成客户商品特价模块、录入客户品号模块、设置信用控制参数模块、设置订单单据性质模块录入报价单模块、录入客户订单模块、录入订单变更单模块、录入销售预测模块、录入销货单模块、录入销退单模块。该系统可以实现以下功能：

（1）客户管理，包括录入客户商品价格、自动生成客户商品特价、录入客户品号、录入客户信息及设置信用控制参数等模块，用来实现对客户信息的收集、分类、分析和查询，以及对客户信用额度的控制。

（2）销售计划管理。

① 录入报价单模块记录对客户的报价信息，属于售前服务阶段信息。

② 录入销售预测模块记录销售预测信息，作为确定销售计划的参考信息。

（3）订单管理。

① 设置订单单据性质模块用来设置订单的单据性质及基础信息。

② 录入客户订单模块和录入订单变更单模块用于确认客户订单的内容、记录订单变更的情况，以此作为编制生产计划的依据。

（4）销货管理。

① 录入销货单模块记录企业的销货情况，并将销货单提交存货管理子系统，作为组织交货的依据，同时作为编制销售发票的依据。

② 录入销退单模块记录企业已销售货物被客户退货的情况，和销货单的信息一起作为应收管理子系统里销售发票的参考信息。

3. 与其他管理子系统的集成关系

如图 3 - 22 所示，销售管理子系统主要和物料需求计划子系统、存货管理子系统、应收管理子系统有信息关联。现逐一介绍它们之间的关联：

（1）销售管理子系统和物料需求计划子系统的信息关联。录入销售预测模块所记录的销售预测信息可作为运行物料需求计划的依据。

（2）销售管理子系统和存货管理子系统的信息关联。录入销货单模块所生成的销货单是仓库组织出货的依据。

（3）销售管理子系统和应收管理子系统的信息关联。录入销货单模块和录入销退单模块记录的企业的销退货信息，可作为生成销售发票的基础信息，提供给财务的应收管理子系统，作为编制应收凭单的依据。

4. 销售管理操作流程

如图 3 - 22 所示，主界面中间列是销售管理的主要操作流程，其中箭头方向就是流程的基本方向，现简要介绍如下：

（1）录入客户信息，包括录入客户商品价格和录入客户品号等信息，这些是进行销售管理的基础工作。一般企业在进行期初基础信息设置的时候，依企业的客户资料录入相应的信息。

（2）设置订单单据性质，主要完成销售管理流程中各种单据的性质设置。

（3）记录对客户的报价信息，录入报价单。

（4）记录销售预测信息，录入销售预测。

（5）记录销售业务，录入客户订单。

（6）订单情况发生变更，如数量或交货期等信息发生变化时，录入订单变更单。

（7）查看库存情况，如满足订单销售数量，通知库存准备出货，录入出货通知单。

（8）给客户发货，记录销货情况，录入销货单。同时，系统自动更新客户销货明细表和客户销货统计表等信息。

（9）如发货后，客户退货，要记录退货情况，录入销退单。

（10）依据销货单和销退单信息，生成应收管理子系统里的销售发票。

5. 销售管理实例

【案例描述】

2014 年 12 月 30 日，销售员蔡春查看"订单预计出货表"，销售订单"DD-20141208001"在预计出货，于是通知仓管人员备好该订单所需 150 台办公椅准备出货。2014 年 12 月 31 日，仓管员刘争正式办理销售出库，办公椅库存减少 150 台。

如何利用销售管理子系统实现相应的销货业务的处理？本实验将对此业务进行分析，并给出具体的实验环境和操作步骤。本实验给出录屏演示操作过程，请参见随书附带光盘。

【实验解析】

通过实验资料，在 ERP 系统中实现如下操作：

（1）蔡春欲了解订单预计出货状况，查看"订单预计出货表"；

（2）蔡春通知仓管员刘争备货，需"录入出货通知单"；

（3）仓管员刘争办理销售出库，需"录入销货单"。

由此设计操作步骤：订单预计出货表、录入出货通知单、录入销货单。

【实验环境】

时　　点：2014 年 12 月 30 日

操作人员：001 蔡春

公　　司：光华家具厂

【实验步骤】

第 1 步：进入销售管理子系统。以蔡春的身份，选择"光华家具厂"，登录易飞 ERP 系统。在系统主界面中选择"进销存管理"→"销售管理子系统"，进入"销售管理子系统"界面，如图 3 - 22 所示。本实验操作顺序为："订单预计出货表"→"录入出货通知单"→"录入销货单"→"录入销退单"。

第 2 步：查询"订单预计出货表"。蔡春登录系统后，在"销售管理子系统"中单击"订单预计出货表"模块，进入"订单预计出货表"界面，如图 3 - 23 所示，进行查询。

订单预计出货表

制表日期：2007-02-26　　　　　　　　期间：　　　　　　至

预交货日期	客户简称	品　号	品　名	订单数量 已交数量	未交数量	单位	结束	单　价	订单金额	部　门 业务员	订单单号
2014-12-31	中实集团	BGY	办公椅	150.000	150.000	pcs	未结束	600.0000	90,000.00	销售部 蔡春	DD -20141208001-0001
			小计：	150.000	150.000		RMB		90,000.00		
			合计：	150.000	150.000		RMB		90,000.00		

图 3 - 23　"订单预计出货表"界面

☞ 如果希望了解客户的订单预计出货状况，可以查看"客户预计出货表"或"订单预计出货表"；如果希望了解各商品的订单预计出货状况，可以查看"商品预计出货表"；如果希望了解业务员的订单预计出货状况，可以查看"业务员预计出货明细表"。以上报表均可以作为销售订单执行的跟催依据。

第3步：录入出货通知单。从图3-24所示易飞 ERP 系统主界面左边树状结构处，选择"进销存管理"→"销售管理子系统"→"销货管理"；在该树状结构中，双击"录入出货通知单"模块，进入"录入出货通知单"界面（如图3-25所示），进行新增操作。

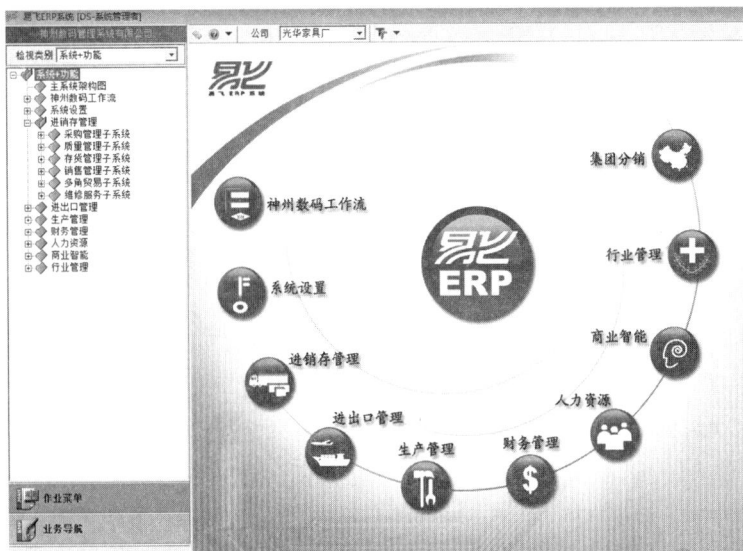

图3-24 易飞 ERP 系统界面

图3-25 "录入出货通知单"界面

☞ ① 出货通知单只具有通知效用，并不会减少库存数量；

　　② 税种应先把"应税外加"；

　　③ 注意"实际出货量"为零。

第 4 步：录入销货单。

(1) 更换用户。以仓管员刘争的身份，选择"光华家具厂"，重新登录系统。

(2) 录入销货单。在"销售管理子系统"中单击"录入销货单"模块，进入"录入销货单"界面进行新增，并审核出库，如图 3 – 26(a) 所示；也可通过复制"出货通知单"内容完成"销货单"的录入，完成后如图 3 – 26(b) 所示。

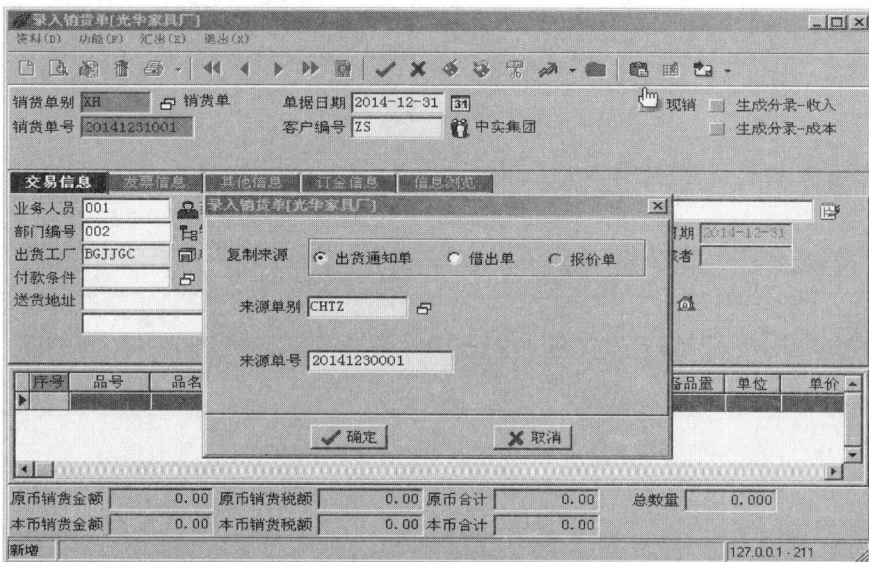

(a) 新增

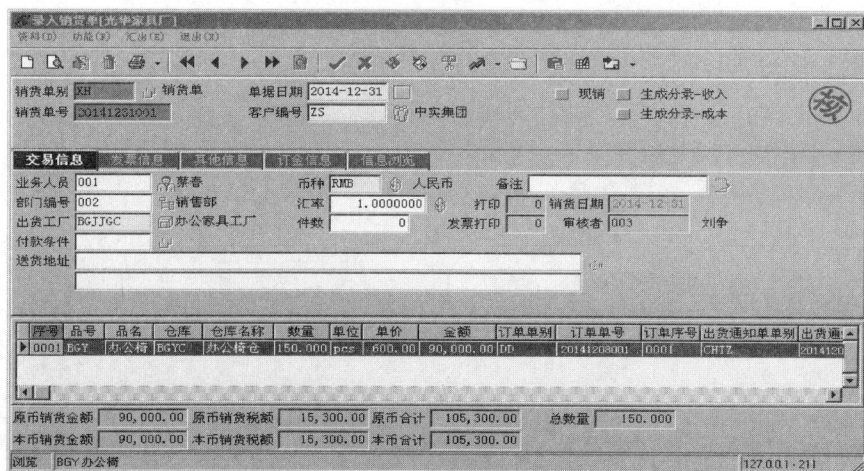

(b) 完成

图 3 – 26　"录入销货单"界面

销货单菜单栏的 按钮为"复制前置单据"，以此可复制出货通知单的内容，简化单据的输入。在销货单上也同时记录了"订单单号""出货通知单单号"，完整记录了系统内连贯的业务流。

（3）查看出货通知单。再次从"销货管理"中进入"录入出货通知单"进行查询，如图 3 – 27 所示，办公椅的实际出货数量更新为 150。

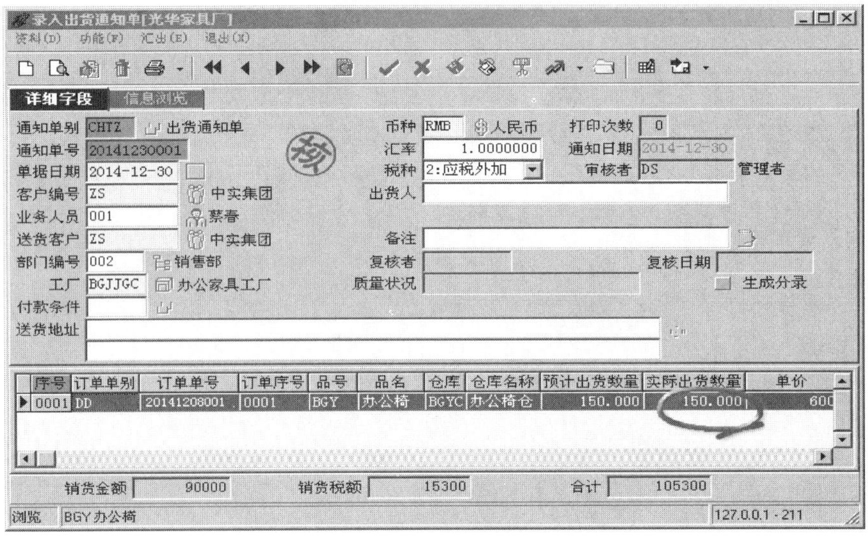

图 3 – 27　"录入出货通知单"界面

（4）查看原订单。订单状态更新为"已结束"，"已交数量"更新为 150。这些信息可在"录入客户订单"界面进行查询，如图 3 – 28 所示。

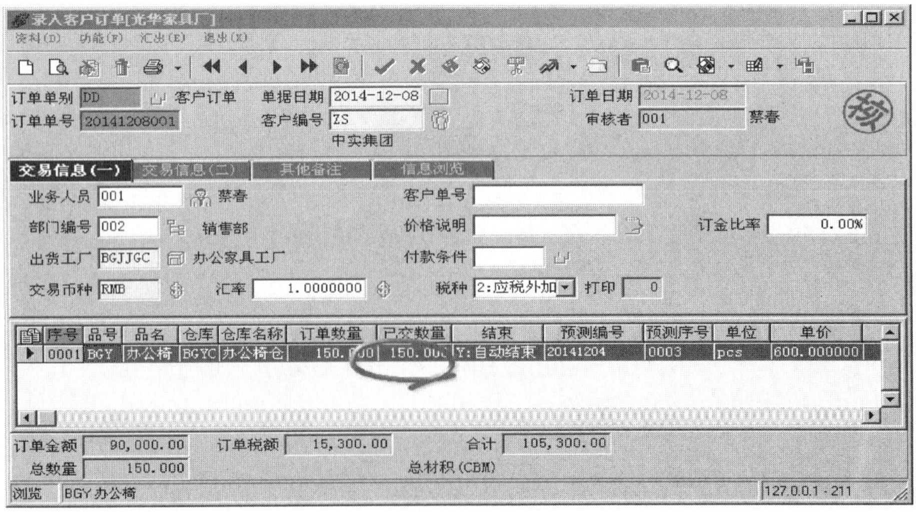

图 3 – 28　"录入客户订单"界面

☞ 请在"存货管理子系统"中查询"库存明细表""库存明细账",观察库存的变化。

【实验小结】

本实验启用"出货通知管理",完成了销售出货环节的管理。通过本次实验,销货流程可分成"录入出货通知单""录入销货单"。其业务流程的逻辑为:"客户订单"是"出货通知单"的前置单据,"出货通知单"是"销货单"的前置单据;反过来,通过完成的"销货单"可以更新"客户订单""出货通知单"的实际出货信息和订单状态。

若系统没有启用"出货通知管理",那么出货流程只有"录入销货单"步骤。

关于销售管理的更多实验请参阅本书 7.1 节订单与批次需求计划实验和 7.4 销售与应收管理实验,或后续课程教材《企业资源计划(ERP)综合实训》中的相关实验。

3.3.2 ERP 系统中库存管理的实现

了解了 ERP 中库存管理的功能及业务流程之后,下面以易飞 ERP 系统的存货管理子系统为例,介绍如何使用"存货管理子系统"进行库存管理,主要内容包括存货管理子系统的功能,与其他子系统之间的信息关联和数据传递,它的主要操作流程,最后模拟实际的业务场景来实现存货管理的业务操作。

1. 存货管理子系统的主界面

如图 3-29 所示是易飞 ERP 系统中存货管理子系统的主界面。

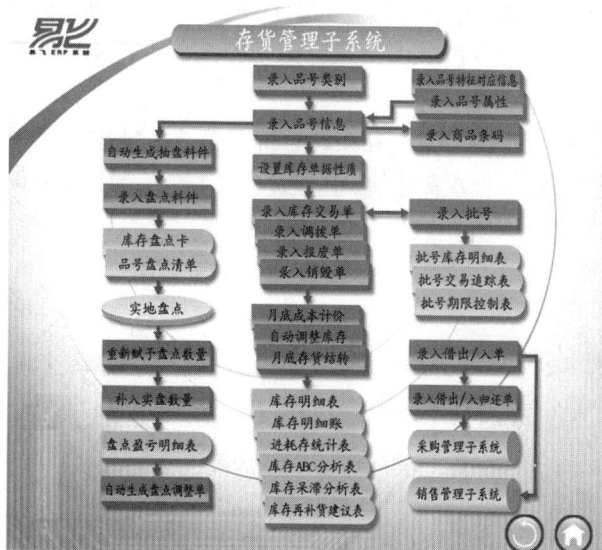

图 3-29 "库存管理子系统"主界面

☞ 系统界面中间列为主流程,左、右两列为主流程的输入和输出信息及相关联的系统。

2. 存货管理子系统功能

存货管理子系统包括很多模块,主要实现以下功能:

（1）库存物料的管理，包括录入品号类别模块、录入品号信息模块、录入品号特征对应信息模块、录入品号属性模块和录入商品条码模块。通过这些模块可录入库存物料的所有相关信息，包括原材料、产成品、半成品等所有库存物料。

（2）库存盘点，包括自动生成抽盘料件模块、录入盘点料件模块、重新赋予盘点数量模块、补入实盘数量模块和自动生成盘点调整单模块。通过这些模块，主要实现库存物资的初盘点，生成库存盘点卡之后进行实际的盘点，依据实际盘点量修正系统自动计算的盘点数量，系统计算出实际盘点数量和账面数量的差异，生成相应的盘点盈亏明细表，然后系统对库存进行盘点调整，生成盘点调整单记录调整信息。

（3）库存出入库管理，包括录入借出/入单模块和录入借出/入归还单模块。这些模块主要是完成出/入库业务的处理。

（4）库存交易作业的处理，包括设置库存单据性质模块、录入库存交易单模块、录入调拨单模块、录入报废单模块、录入销毁单模块和录入批号模块。这些模块可产生各种单据，如库存交易单、调拨单等，记录库存调拨业务、期初开账信息和物料报废信息等。

（5）库存成本管理，包括自动生成进货价差调整单模块、月底成本计价模块、自动调整库存模块和月底存货结转模块。通过这些模块，可实现月底的成本计价。在计价过程中，如果发现库存有问题，自动对库存进行调整；计价完成后，月底存货结转，一方面汇总到总账中，用于计算企业的存货成本，另一方面成为下一期初的库存开账信息。

（6）库存物料信息统计分析，生成库存明细表、库存 ABC 分析表、库存呆滞分析表等。这项功能主要用于提供物料进/出流向分析、物料进/出流量分析、库存物料 ABC 分析、库存占用资金分析、库存周转率分析，这些分析结果是企业高层进行决策的重要基础数据。

3. 与其他管理子系统的集成关系

如图 3 - 30 所示，存货管理子系统和采购管理子系统、销售管理子系统、主生产排程子系统、物料需求计划子系统、批次需求计划子系统、财务管理子系统和工单管理子系统等都存在信息的关联。

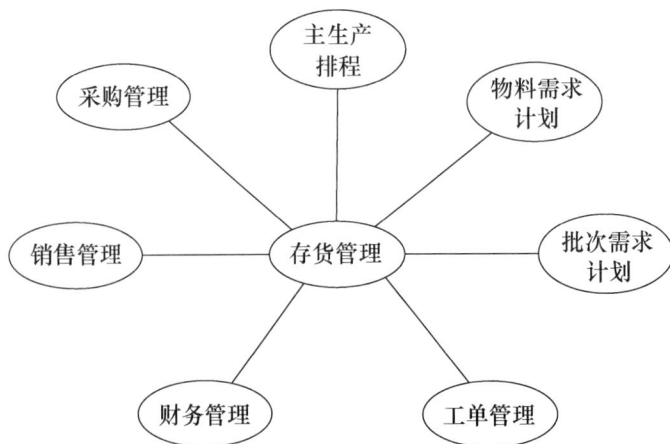

图 3 - 30　存货管理子系统与其他子系统的集成关系

（1）存货管理子系统和采购管理子系统的信息关联。采购管理的原材料验收入库，产生的进货单记录进货信息，更新存货中相应的品号信息。

（2）存货管理子系统和销售管理子系统的信息关联。录入销货单信息后，相应的产品要组织出货，存货管理子系统中库存减少。

（3）存货管理子系统和主生产排程子系统、物料需求计划子系统、批次需求计划子系统的信息关联。存货管理子系统的品号信息是运行 MPS、MRP、LRP 的基础数据。

（4）存货管理子系统和工单管理子系统的信息关联。生产开始时，录入的领料单记录从存货管理子系统的领料情况，同时存货管理子系统的原材料库存减少。生产完工时，生成入库单记录产品入仓库的信息，同时存货管理子系统的产品库存增加。

（5）存货管理子系统和财务管理子系统的信息关联。存货月底成本计价和存货结转时，提供库存品号的库存成本等信息给财务部门。

4. 存货管理操作流程

如图 3 – 29 所示，主界面中间列是存货管理的主要操作流程，其中箭头方向就是流程的基本方向，现简要介绍如下：

（1）录入品号信息，包括录入企业的产品、原材料等的品号属性、商品条码等相关信息，这些是进行存货管理的基础工作。一般企业在进行期初基础信息设置的时候，根据企业的产品和原材料等相关资料录入相应的信息。

（2）设置库存单据性质，主要设置存货管理里各种单据的性质。这也属于基础设置的内容。

（3）根据品号信息，对库存料件进行定期的盘存。此流程主要包括自动生成抽盘料件，录入盘点料件，进行实际的盘点，根据实际盘点的数量修正账面数量，系统生成盘点明细表，系统自动调整库存。

（4）处理库存交易。有库存调拨时，记录调拨情况，录入调拨单。

（5）定期处理库存报废物资，录入报废单；确定报废后、进行销毁时，记录销毁情况，录入销毁单。

（6）库存成本计算。月底进行库存成本的计算，如果发现某些品号有问题，由系统自动调整库存，调整完毕后，执行月底存货结转，同时更新库存各种报表的信息，结转信息汇总到总账中。

5. 存货管理实例

【案例描述】

2014 年 12 月 22 日，"光华家具 1"领取"中支"原材料 100 个到原材料仓，准备投入生产。

如何利用 ERP 系统软件进行相应的业务处理？何时在系统中进行操作？本实验将对此业务进行分析，并给出具体的实验环境和操作步骤。本实验给出录屏演示操作过程，请参见随书附带光盘。

【实验解析】

本实验涉及零星领料投入生产业务处理，ERP 系统中实现：在系统中将信息录入到"录入库存交易单"中，并选取"单别"为"零星领料"，即可完成此项业务的日常处理。

【实验环境】

时　　点：2014 年 12 月 22 日

操作人员：003 刘争（仓管人员）

公　　司：光华家具 1

【实验步骤】

第 1 步：登录系统。在系统主界面中选择"进销存管理"→"存货管理子系统"，进入"存货管理子系统"界面。

第 2 步：录入并查询库存交易单。

（1）录入库存交易单。在"存货管理子系统"中单击"录入库存交易单"模块，进入"录入库存交易单"界面，按图 3 – 31 所示顺序填写完毕后，单击"保存"按钮结束录入。

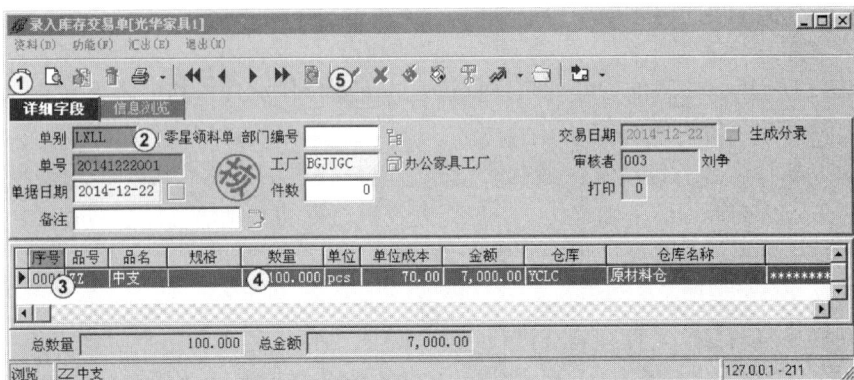

图 3 – 31　"录入库存交易单"界面

☞　● 此项业务处理要求"存货管理子系统"的系统初始化已经完成；

● 在填制单别时，通过选择"LXLL 零星领料单"进行相关录入；

● 需要指明该物料的所属仓库，减少该仓库库存；

● "录入库存交易单"模块一般用来管理采购、销售和生产的出入库以外的库存交易业务；

● 企业日常操作中，如果发生采购、销售和生产的出入库以外的库存交易业务，而在"设置单据性质"中没有定义，则可以自行定义该类库存交易单据。

（2）查询库存交易单。在"录入库存交易单"界面中单击"查询"按钮，进行查询。

【实验小结】

本实验通过"录入库存交易单"选择零星领料单别，完成了零星领料出库管理的业务处理。在领料时，需要指明该物料所在仓库。

关于库存管理的更多实验请参阅本书第 7 章相关实验，或后续课程教材《企业资源计划（ERP）综合实训》中的相关实验。

3.3.3　ERP 系统中采购管理的实现

了解了 ERP 中采购管理的功能及业务流程之后，下面以易飞 ERP 系统的采购管理子系统为例，介绍如何使用"采购管理子系统"进行采购管理，主要内容包括采购管理子系统的功能，与其他子系统之间的信息关联和数据传递，它的主要操作流程，最后模拟实际的业务场景来实现采购管理的业务操作。

1. 采购管理子系统主界面

易飞 ERP 系统中采购管理子系统的主界面如图 3 - 32 所示：

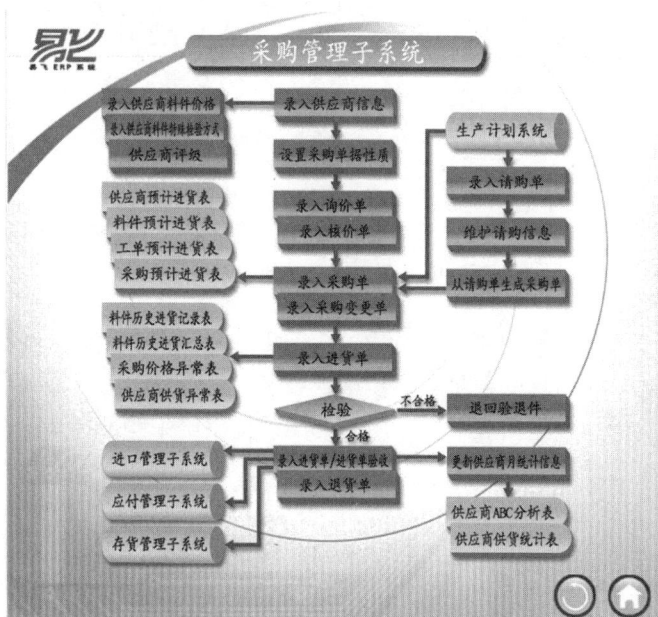

图 3 - 32　"采购管理子系统"主界面

☞ 系统界面中间列为主流程，左、右两列为主流程的输入和输出信息及相关联的系统。

2. 采购管理子系统功能

采购管理的功能包括对供应商的管理，采购计划的管理，采购资金的审批管理，采购执行跟踪及价格管理，供应物资在途的管理，以及采购收货、采购物料的质量检验及入库等。

另外，采购管理模块应能与财务应付账款管理模块集成，满足采购结算的要求。其主要功能包括：供应商价格管理，料件的请购、采购、进退货管理，提供 4 种采购预计进货报表，供应厂商进货评核等。

3. 与其他管理子系统的集成关系

如图 3 - 33 所示，采购管理子系统与主生产排程、物料需求计划、批次需求计划、质量管理、成本管理、应付管理、存货管理等子系统有密切的关系，联系的纽带就是物料、资金和信息等在与采购管理有关的系统间流动时产生的各种单据。

（1）采购管理子系统与生产计划子系统的联系，包括与主生产排程子系统的联系、与物料需求计划子系统的联系和与批次需求计划子系统的联系。物料的采购计划由 MRP 运算、LRP 运算、安全库存、补货等产生，提出物料需求计划，生成请购单，审核后自动转为采购单，允许采购计划员进行调整。

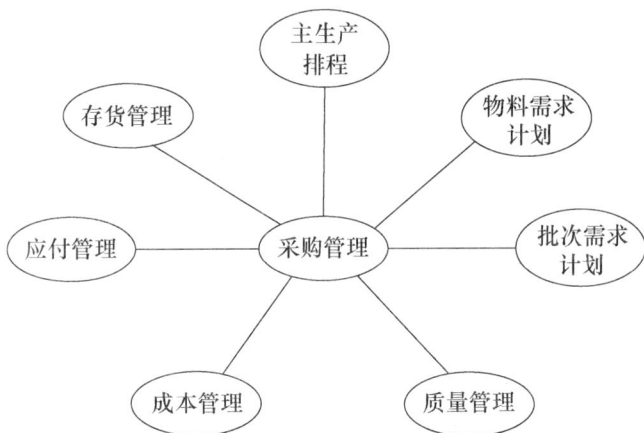

图 3 - 33　采购管理子系统与其他子系统的集成关系

（2）采购管理子系统与质量管理子系统的联系，即处理采购到货和委外到货存货的检验。检验完成后，对于合格接受数量或让步接受数量，可自动参照生成入库单；对于不合格数量，参照生成退货单，并退回验退料。质管部门须提供给采购部门最新信息，以协助其掌握现有供应商的供应质量。

（3）采购管理子系统与财务管理子系统的联系，主要包括与应付管理子系统和与成本管理子系统的联系。在应付管理子系统中，采购管理子系统向供应商下达采购单后，系统会自动将采购单相关数据传到财务部门，进行采购发票、付款单的处理；在成本管理子系统中，采购管理子系统对某对象采购进行评估（如应该自制还是外包等），通过对原材料、产品成本进行精确计算，提出科学、合理的采购计划，避免资金的浪费。

（4）采购管理子系统与存货管理子系统的联系：一方面通过进货单、退货单等单据的录入，对采购进来的原材料进行收货和储存业务的操作；另一方面通过安全库存、补货政策等库存计算方式，对库存量进行计算，提供给采购部门准确的库存信息，以期能够以较低的成本进行生产经营活动，使库存积压造成的浪费达到最低。

4. 采购管理操作流程

如图 3 - 32 所示，采购管理操作流程具体描述如下：

（1）录入供应商信息，包括供应商料件价格和供应商评级等信息的录入，这些是进行采购管理的基础工作。一般企业在进行期初基础信息设置的时候，根据企业的供应商资料录入相应的信息。

（2）设置采购单据性质，主要设置采购管理过程中各种单据的性质。这也属于基础设置的内容。

（3）企业根据采购计划，向相应的供应商询问价格，选择合适的供应商，再根据供应商的报价情况，录入询价单和报价单，记录询价业务的结果。

（4）对询价和报价进行比较，确定合适的价格和数量，依据采购计划录入请购单。在发生实际的采购业务之前，如果发生请购情况的变更，可对请购单信息进行维护。

（5）从请购单生成采购单，并对采购单进行审核，核定实际采购业务发生时的市场价格。如果这个时候发生采购变更，录入采购变更单，记录变更情况，然后开始实际的采购业务。

（6）采购到货后，录入进货单，记录到货验收情况。验收合格品入库；验收不合格品，录入验退件，联系供应商，处理退货业务。

（7）系统自动根据进货单信息更新供应商月统计信息，可以查看供应商 ABC 分析表和月供货统计表的信息，对供应商信息进行管理。

5. 采购管理实例

【案例描述】

2014 年 12 月 24 日，"光华家具 1"计划购买休闲椅，向"佳佳工业"和"标致家具"进行询价。询价结果："佳佳工业"的分量计价要求：数量为 100 以上、200 以下时单价为 90 元，数量为 200 以上时单价为 80 元；"标致家具"休闲椅的单价为 130 元，无分量计价。

同一天，采购人员向上级主管部门汇报，主管人员进行审核，决定从"佳佳工业"购买休闲椅 50 把，含税单价 120 元；由采购人员录入请购单。

如何利用采购管理子系统实现询价和请购业务的处理呢？本实验将要对此业务进行分析，并给出具体的实验环境和操作步骤。本实验给出录屏演示操作过程，请参见随书附带光盘。

【实验解析】

通过实验资料，在 ERP 系统中实现如下操作：

（1）向"佳佳工业"和"标致家具"咨询休闲椅价格，需要"录入询价单"。

（2）上级主管部门决定从"佳佳工业"购买休闲椅，需要"录入请购单"。

由此设计操作步骤：录入询价单、录入请购单。

【实验环境】

时　　点：2014 年 12 月 24 日

操作人员：002 李文（采购人员）

公　　司：光华家具 1

【实验步骤】

第 1 步：进入系统。登录易飞 ERP 系统，选择"进销存管理"→"采购管理子系统"模块，进入"采购管理子系统"界面。

第 2 步：录入询价单。在"采购管理子系统"中单击"录入询价单"模块，进入"录入询价单"界面，单击"新增"按钮，依图 3－34 所示内容进行录入，录入完毕后保存并结束录入。

☞ ● "单价"字段显示为历史价格。若某品号先前已经有询价记录，且信息存在于"录入供应商料件价格"业务处理中，则在后续采购时，单价默认先前的价格信息；若无历史单价，此处显示为零，需要按照资料中的实际询价价格予以修正。

● 供应商的报价信息提供分量计价的输入，输入之前先启用"分量计价"选项，然后单击"序号"前的按钮进行分量计价信息的录入。

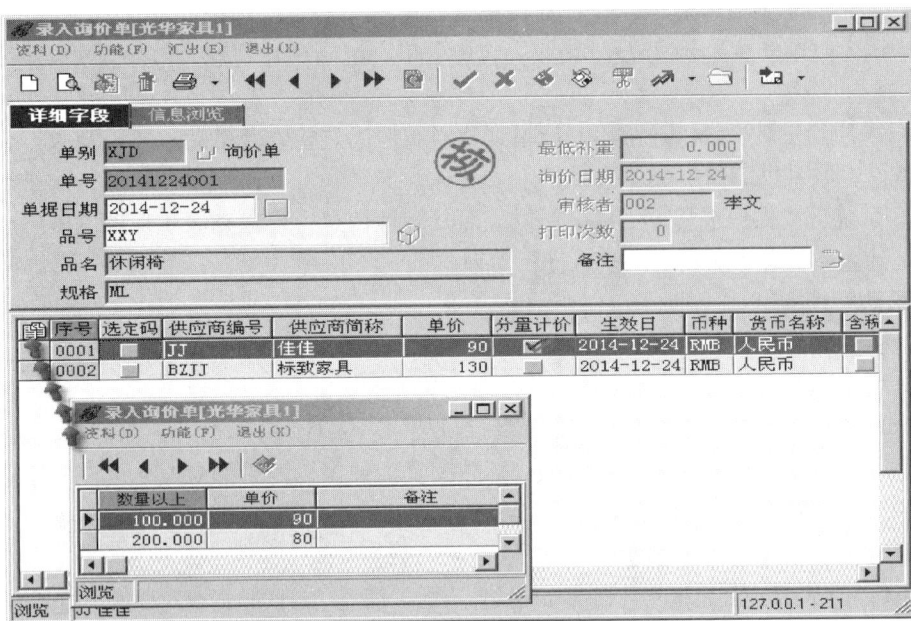

图 3 - 34 "录入询价单"界面

● "询价单"可记录多家供应商针对同一商品的商品价格，"询价单"可打印作为内部审查或核准的依据。

第 3 步：录入并查询请购单。

（1）录入请购单。在"采购管理子系统"中单击"录入请购单"模块，进入"录入请购单"界面，根据图 3 - 35 所示信息进行录入，录入完毕后保存单据，结束录入。

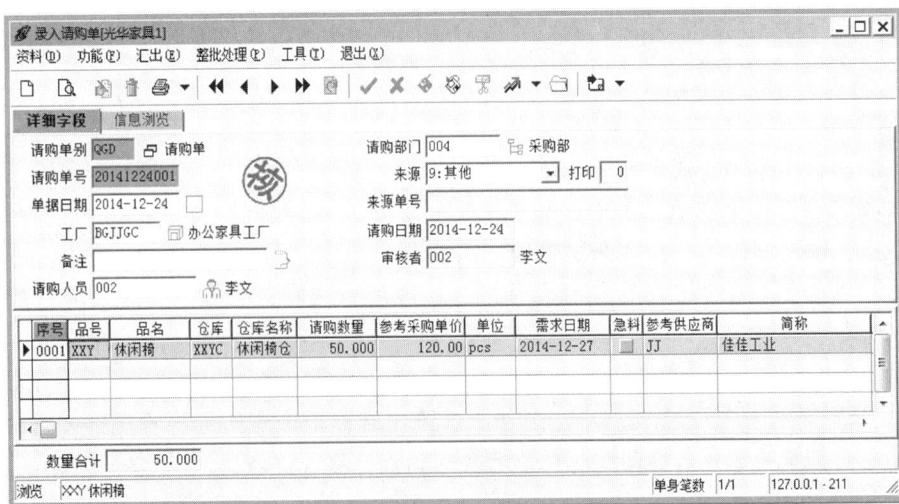

图 3 - 35 "录入请购单"界面

（2）查询请购单。再次从"采购管理子系统"进入"录入请购单"界面，单击查询按钮，进行查询。

☞请购业务处理内容为有材料或其他需求的内部申请及审查流程。经审核的请购信息是采购流程的开始。请购业务处理包括录入请购单、维护请购信息、请购单生成采购单以及打印请购单等业务处理。

【实验小结】

本实验完成了对"标志家具"和"佳佳工业"的询价以及向"佳佳工业"的请购管理。本实验发生在采购之前，若实际情况不需要也可以省略询价及请购管理。

通过本次实验，明确询价、核价和请购管理的逻辑关系为：询价及核价的作用均是向供应商确认采购价格；请购是内部需求的凭证，需要上级审核，审查内容包括品号、数量及需求日期的合理性以及需求来源的正确性，审核通过后，才可生成采购单。

关于采购管理的更多实验请参阅本书第7章7.2节采购与应付管理实验，或后续课《企业资源计划（ERP）综合实训》教材中的相关实验。

本章小结

本章对于进销存管理的介绍分为三个部分：

首先，介绍了采购管理、销售管理、库存管理的一般原理及相应的基本概念。

其次，介绍进销存管理在 ERP 中的基本原理、业务内容、流程及相应的功能。

最后，以易飞 ERP 系统的进销存子系统为例，介绍 ERP 系统中采购管理子系统、销售管理子系统、存货管理子系统的具体功能，与其他子系统间的信息传递，主要操作流程，并模拟实际的企业业务实现具体的操作。

总之，在传统的进销存管理中，物流、信息流和资金流在流转中经常会出现各种问题，归结原因，主要就是信息不能共享。在整个企业管理中，各部门之间均不是独立的，需要各方面的协调共进。ERP 系统有效地解决了信息共享的问题，加强了进销存管理中物流、信息流和资金流的管理与控制，使得各职能部门协调发展，从而在整体上改善企业的经营环境。

{思考与练习}

1. 采购部门的职能是什么？在企业中的实施程序是什么？
2. 销售部门的职能是什么？
3. 企业预测的作用是什么？
4. 客户订单处理的流程是什么？
5. 销售分析的目的和流程是什么？
6. 库存管理的作用和地位是什么？在企业中的实施程序是什么？

7. 为什么企业采购、库存管理需要使用 ERP？

8. 怎样理解库存控制在企业中的作用？

9. ERP 中采购管理的流程是什么？

10. ERP 中库存管理的流程是什么？

11. 案例：

现象1：一个产品由成百上千种物料组成，最终又可以分解为各种原、辅材料，每种材料的批量和采购提前期都不相同。为了降低成本而又不影响生产，每种材料究竟应该在仓库里保存多少？这一直是企业非常关心的问题。有许多企业就是因为库存的物料不配套，一旦进行工艺调整便会造成库存物料的大量浪费。

现象2：在有些制药、食品、化工企业，大量的物料批次账已经混乱不堪，没有进行先进先出的发料管理。甚至有些物料已经过期、变质，却还作为企业的存货存在账上。谁也不知道每批物料的去向，出现了质量问题以后，没有办法去追溯。

现象3：仓库保管员辛辛苦苦编制的库存报表却被领导扔在一边，没有起到相应的作用。

现象4：每个月的月底，财务都会跑来和仓库保管员对账，对来对去却总是对不上，而财务部门对于仓库保管员送来的一摞物料单也是头疼不已。

对于现象1，编制采购计划的关键是准确的物料清单（BOM）、采购批量和时段库存量。在手工处理条件下，这些数据都非常难获得。而管理软件中的采购系统在编制采购计划时，有三方面的需求来源，分别是生产的建议采购计划、库存量不足的补库采购计划和其他采购需求。这些需求都是通过联网的系统直接从相关的部门获得的，换言之，也就是真实和准确的。在确定了这三方面的需求后，通过合并下达功能，系统将一段时期内的需求汇总，并按照系统中定义的物料与采购员的关系，生成责任到人的采购计划。这样就可以从根本上解决采购计划的盲目性问题和采购计划编制的复杂性问题，并且还可以解决采购资金的计划问题、采购审批的问题、采购计划完成情况的跟踪问题等。

通过企业管理信息系统，上述各种问题都可以得到不同程度的解决，相应的功能可以参考询价、报价、自动更新货源清单、自动跟踪采购订单、自动形成各种统计报表等功能的产品介绍。

题目：试分析现象2、3、4的原因，以及在集成的信息系统中如何实现。

第4章 ERP生产管理

学习内容

　　企业中生产管理的主要功能是负责制造业企业的产品或服务。其最终目标就是找出好的且领先同业的管理方法，以建立企业特殊的竞争优势。ERP的雏形是生产管理中的物料需求计划，继而发展成对企业全面业务甚至整个供应链进行规划和管理的系统。对很多企业来说，生产管理系统是整个ERP系统的核心内容之一。

　　本章主要介绍生产管理概述、企业生产管理与ERP系统模块的对应关系、ERP中生产管理的原理及ERP中生产管理系统功能的实现。

学习目标

　　了解：生产管理的基本概念及管理思想。

　　理解：ERP中生产管理的原理。

　　掌握：ERP系统中生产管理的基本模式；ERP系统中如何处理生产管理日常业务。

引　例

　　某液压有限公司始建于1958年，是原国家计委、机械工业部确定的液、气、密行业64家特定振兴企业之一，原机械部科技进步示范试点企业，是现在我国最大的液压件企业之一。

　　目前，该公司的主要产品有汽车转向叶片泵、中高压齿轮泵、液压锤、真空泵、液压缸、液压阀和液压附件七大类200多个品种和规格，年生产能力30余万件，产品覆盖了汽车、工程机械、农业机械等行业。现在该公司正在研发小型汽车用的新产品。

　　为了使企业在市场竞争日益加剧的今天保持优势并更好地发展，该公司非常希望能利用先进的计算机技术来辅助生产和管理，因此决定实施ERP。其中，针对生产管理方面的信息化目标是：满足实时动态查询需求，以达到对生产过程各个环节实时监控、协调平衡的目的；加强质量管理控制，促进ISO 9000贯标工作，使质量真正处于可控状态；实现与生产有关的诸如生产计划管理、采购计划管理、生产过程管理、库存管理等各个管理环节的流程通达、顺畅；运用系统处理后的信息和数据为公司生产过程的组织和运行提供决策支持。

　　针对企业的信息化目标，该公司开始了ERP实施项目。项目完成后，能全线跟踪、控制该公司的物流、生产计划、车间作业过程，并有效地改进了生产管理的各方面。

1. 实现了生产成本的降低

在生产这一环节，通过 ERP 可以进行产品自制和委外加工的成本对比，通过成本的对比来决定某些产品某些工序的制造方式。按照一般的统计，在生产这一环节企业的制造成本可以降低 5%～15%，从而使净利润增加了 5%～10%。

2. 在生产计划方面提高效率

通过计算机的高速运算，可以快速自动生成及时、准确的采购计划、生产计划，使企业的管理人员从以前烦琐的手工劳动中解脱出来。在数据查询、加工、打印输出、传输通信等方面，节约管理人员大量时间，减轻劳动强度，使其能集中精力来进行更高层次的管理工作。

由于原材料需求的透明度提高，需求计划也做了改进，能够做到及时与准确，零件也能以更合理的速度准时到达，因此停工待料现象将会减少甚至有可能杜绝。

生产计划插单现象在企业中是经常遇到的，如何处理也是企业的一大难题，是否接受和接受后如何安排生产通常是凭经验来决定的。企业实施 ERP 后，可以随时通过计算机的模拟进行计划的重新排产，从众多模拟结果中选择最优方案，做到既可以接受新的任务，又不会影响既定工作，这样一来必将极大地增强企业对市场的应变能力和竞争能力。

思考：该公司信息化的目标是什么？为了达到这一目标，公司做了哪些工作？结果如何？

4.1　一般企业生产管理整体流程概述

4.1.1　生产管理概述

生产管理的主要任务是根据销售部门的市场需求或生产计划，对生产进行合理安排，以满足客户的需要。生产管理的主要职能包括：制订各种层次的生产计划（包括中长期规划和短期执行计划）；在生产中执行计划，控制车间作业进度和质量等。由于市场环境的变化和现代生产管理理念的不断更新，一个制造业企业能否良性运营，关键是使"计划"与"生产"密切配合，企业和车间管理人员可以在最短的时间内掌握生产现场的变化，做出准确的判断和快速的应对措施，保证生产计划得到合理而快速的修正。

1. 生产管理的职能

生产管理的实质是运用材料（material）、机械设备（machine）、人（man），结合作业方法（method），使用相关检测手段（measure），在适宜的环境（environment）下，达成质量（quality）、成本（cost）、交货期（delivery）等方面的目标。

按照经典管理理论，生产管理的职能如表 4-1 所示。

表 4 - 1　生产管理的职能

计　划	组　织	布　置	领　导	控　制
生产能力 生产目标 生产地点 采购 质量管理 成本管理 生产进度	集权程度 对外承包 加班 设备调度	生产设备 生产人员配备 日程安排	激励员工 工作命令 工作指标 人员绩效评估	存货控制 质量控制 进度控制 成本控制

生产管理的范畴主要包括：

（1）计划管理：长期生产战略规划、中期生产规划、短期生产计划。

（2）各种生产主体的管理：设备管理、工厂布置、工具管理。

（3）物料管理：物料管理、采购管理、外协管理。

（4）作业管理：作业控制、作业标准。

（5）成本管理：成本计算、成本控制、成本分析。

（6）品质管理：品质标准、品质控制。

（7）综合管理：其他总体性的管理。

2. 企业的生产类型

根据市场需求，企业的生产类型主要有 4 种，即按库存生产（Make to Stock，MTS）、按订单生产（Make to Order，MTO）、按订单装配（Assemble to Order，ATO）、按订单设计（Engineer to Order，ETO）。其中，按库存生产、按订单生产是最基本的两种生产特征，而按订单装配、按订单设计则是前两种基本生产特征的组合或混合。

以下简要介绍这 4 种企业生产类型的特征，而这些特征对 ERP 的影响将在后文进行介绍。

（1）按库存生产，又称备货生产、现货生产或为库存生产，是指产品的计划主要根据预测制订，并在接到用户订单之前已生产出产品。

① 按库存生产型企业的主要特征：

● 产品需求一般比较稳定并可以预见；

● 产品规格及品种较少，产品允许保留较长时间；

● 产品存储在仓库中，根据需要随时提取；

● 生产计划的主动权较大，计划制订后，一般修改较少。

② 按库存生产的要求：

● 仓储部门要及时更新产品库存信息；

● 计划部门要在充分考虑现有库存水平的基础上，下达车间生产订单，并及时对预测与销售差别较大的产品进行调整（提前安排生产或延后安排生产）；

● 生产（或制造）部门应重点抓好生产进度控制、车间投入产出控制和质量控制，并及时协调、平衡各生产车间的能力与计划。

③ 按库存生产的适用范围：适用于备货生产的产品有家用电器、摩托车、电视机，以

及牙膏、药品等。

（2）按订单生产，又称订货生产或为订单生产，是指产品的计划主要根据用户的订单制订，一般是接到用户的订单后才开始生产产品。计划的对象是最终产品。

① 按订单生产型企业的主要特征：

● 企业具有一些可供选择的产品品种和规格；

● 生产和存储这些产品的费用较高，产品是为专门的用户而生产的；

● 市场需求允许在一定时期后交货；

● 产品的库存量可以很小甚至为"零库存"。

② 按订单生产的要求：

● 保证订单的交货期；

● 保证生产过程中各种数据准确、可靠，做好生产能力平衡，解决好关键（瓶颈）资源的约束；

● 做好设备、仪器的维护、保养，合理安排维修计划；

● 做好生产工艺的优化、车间作业控制等工作。

③ 按订单生产的适用范围：适用于按订单生产的产品有飞机、船舶等。

（3）按订单装配，又称订货组装、装配生产或为订单装配，是指企业先根据 MTS 方式生产和储存定型的零部件，在接到订单后再根据订单要求装配成各种产品。

① 按订单装配型企业的主要特征：

● 产品是由一些标准零件与用户的一些特殊需求零部件组成的；

● 产品的生命周期一般很长，若接到用户订单后才开始生产产品，则交货期太长，不能满足用户的要求；

● 产品的市场需求量通常比较大，且通常是为了满足客户的一些特殊性需求。

② 按订单装配的要求：

● 科学、合理地安排最终装配计划，严格控制产品的产出进度；

● 科学地保持产品有关零部件的库存水平，以缩短产品的交货期，增强企业的市场竞争力。

③ 按订单装配的适用范围：适用于订货组装的产品有电子设备、汽车、精密机床、医疗仪器、计算机等。

（4）按订单设计，又称定制生产、工程生产或专项生产，是指在接到客户订单后，按客户订单的要求重新做专门技术设计或者在原标准产品上做较大的用户化修改。

① 按订单设计型企业的主要特征：

● 企业要为每一个订单使用唯一的一级零部件、唯一的物料清单和工艺路线；

● 订单驱动贯穿从设计到发货的全过程。

② 按订单设计的适用范围：定制生产适用于复杂结构的产品生产，如造船、电梯、专用测试设备、发电机组、锅炉等。

事实上，多数企业的市场环境既有订单，也有预测备货（按通用件、标准件生产零配件等），而且在产品进行组装的过程中，还有可能接到用户的具有特殊要求的设计订单。因此，企业的生产类型特征是多种形式的组合。

3. 生产运作流程

生产管理各职能部门完成生产任务安排后，开始实施和执行计划来完成生产任务，而在整个生产过程中还涉及与其他部门的协作，如与销售部门、仓储部门、会计部门的协作。

在生产管理过程中，生产计划编制部门要从销售部门获得产品的相关市场需求数据，如销售预测或客户订单等，根据市场需求制订生产计划，包括主生产计划、物料需求计划、能力需求计划等，逐层地分解、细化为具体的生产计划和采购计划。此后，生产计划下发给车间，也就是具体的工单；采购计划给采购部门，完成相应的采购流程；车间根据工单进行领料，然后安排生产；生产完成后，仓储部门人员完成成品的验收入库，更新库存状况；销售部门依据库存状况完成相应的销售流程；财务部门人员完成相应的生产成本的计算及分析过程。最后，生产部门要汇总分析统计报表，报管理层审批，形成生产总结报告存档。

在没有集成的信息系统的环境下，这些部门之间的协作会出现各种状况，直接影响企业生产管理过程的效率。

4.1.2　企业生产管理与 ERP 模块对应表

下面以易飞 ERP 系统为例，介绍企业生产管理流程与 ERP 模块的对应关系，如表 4 - 2 所示。

表 4 - 2　企业生产管理流程与易飞 ERP 系统对应表

企业生产管理流程		易飞 ERP 系统	
流　程	作业内涵	系统名称	作业名称
BOM/BOM 变更	记录生产树状信息，利用"计算低阶码"作业完成正确低阶码计算	产品结构	录入 BOM；计算低阶码
基本信息设置	各项基本信息的设置	基本信息存货	录入仓库信息；录入假日表；录入品号信息
生成批次需求计划	计划依据：订单、工单 LRP 生产计划 MPS 生产计划 销售预测		
采购计划	采购流程 检核计划的正确性；执行"发放 LRP 采购单"，产生"采购管理子系统"的"录入请购单"或"录入采购单"	采购	维护批次采购作业；录入请购单；录入采购单

续表

企业生产管理流程		易飞 ERP 系统	
流　　程	作业内涵	系统名称	作业名称
生产计划 → 录入工单 → 工艺管理 (No/Yes) → 工单工艺 → 生产投料 → 工艺转移 → 完工入库 → 报工	检核计划的正确性； 将计划锁定，接着发放 LRP 工单，产生"工单/委外子系统"的"录入工单"	工单委外 工艺	维护批次生产作业； 录入工单； 锁定生产计划； 发放 LRP 工单
	工艺管理流程 指定生产工艺路线	工艺	从产品工艺自动生成工单工艺； 录入工单工艺
	投料生产	工艺	录入投产单； 从投产单自动生成领料单
	车间人员记录转移数量、转入和转出部门等信息	工艺	录入转移单
	厂内入库 委外进货 最后一道工艺完成，需将成品入库	工艺， 工单委外	录入入库单； 录入生产入库单； 录入委外进货单
	正确且即时地回报工时信息		录入报工单
领料/退料 → 厂内入库/委外进货	工作中心领料生产； 原物料退回仓库	工单委外	录入领料单； 录入退料单
	成品制造完工入库	工单委外	录入生产入库单； 录入委外进货单

4.1.3　案例公司

1. 企业背景

成功集团成立于 1998 年，其各项基本资料如下：

资本额：6 亿。

营业额：15 亿。

员工数：约 12 000 人。

组织图：如图 4 - 1 所示。

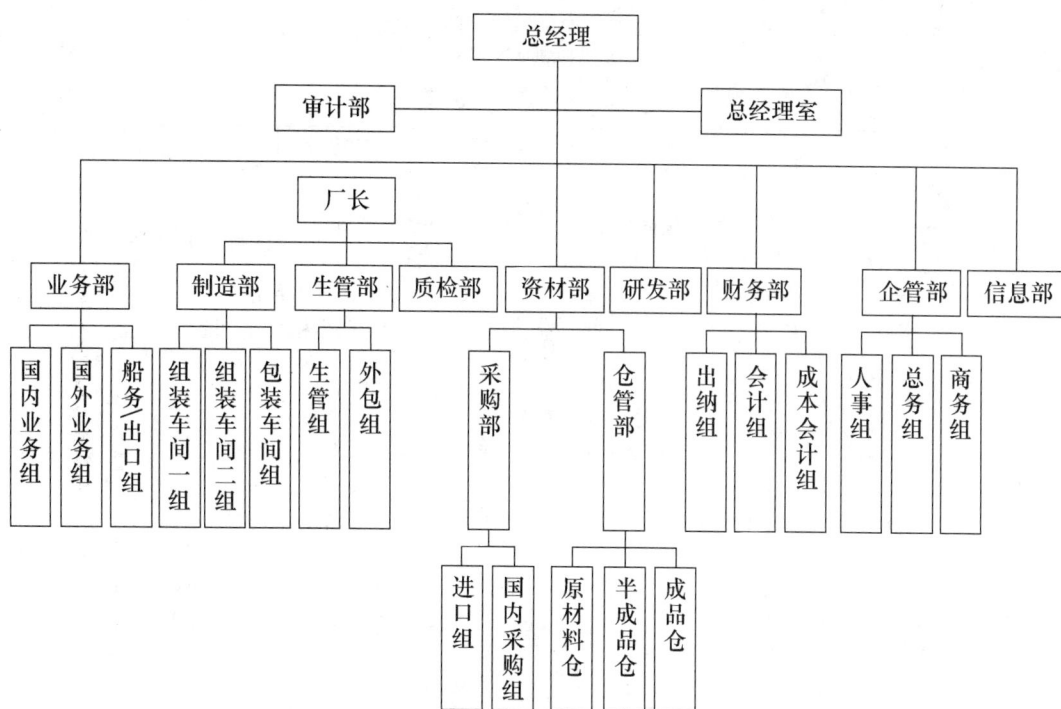

图 4-1 成功集团企业组织图

产品：数码相机及相关电子产品，产品来源包括自行生产制造及买进卖出两大渠道。

工厂：有两个工厂，分别为上海一厂与上海二厂。

仓库：原材料仓一厂，原材料仓二厂，半成品仓一厂，半成品仓二厂，成品仓一厂，成品仓二厂，不良品仓一厂，不良品仓二厂，报废仓一厂，报废仓二厂，事务品仓一厂，事务品仓二厂，借出暂存仓一厂，借出暂存仓二厂。

工作中心：上海一厂——组装车间一组、组装车间二组和包装车间，上海二厂——组装车间一组、组装车间二组和包装车间。

公司概况：设备资源充足，员工熟悉度高，设有奖励制度，工艺标准化。

2. 生产信息

成功集团最畅销的产品是代号为 410001 的"数码相机-SX 系列"，该产品是由上海一厂生产制造的。其生产制造流程为：前线的业务部接单后，生管部按研发部设置的产品用量表及生产线产能负荷状况规划出货排程，制造部再按生管部的排程表依序进行领料及生产，完工后的成品交由质检部进行成品检验，入库后的成品再于出货日期装运出货。

畅销品"数码相机-SX 系列"（代号：410001）的产品用量（BOM）如图 4-2 所示：

品号：410001（M件）
数码相机-SX系列

310001
PCBA-Assembly Main
（M件/1）

320001
PCBA-Assembly Sensor
（P件/1）

390001
相机包材组
（Y件/1）

190004
电池-AA可充式
（P件/4）

190007
驱动程序光盘-Ver1.0
（P件/1）

190009
防尘相机套-黑色
（P件/1）

190012
使用手册(简体中文)
（P件/1）

品号：310001（M件）
PCBA-Assembly Main

110001
主开关连动板
（P件/1）

110002
模式按钮
（P件/1）

110003
塑料前盖
（P件/1）

110004
塑料后盖
（P件/1）

130001
金属Logo
（P件/1）

130002
镀镍螺丝
（P件/8）

140001
LCD窗
（P件/1）

140002
显示窗
（P件/1）

140003
光学镜片
（P件/1）

140004
镜头玻璃
（P件/1）

品号：390001 (Y件)
相机包材组

150001
包装盒
（P件/1）

150002
内隔板
（P件/1）

150003
气泡袋
（P件/2）

150004
包装盒贴纸
（P件/1）

150005
产品序号贴纸
（P件/1）

150006
保修卡
（P件/1）

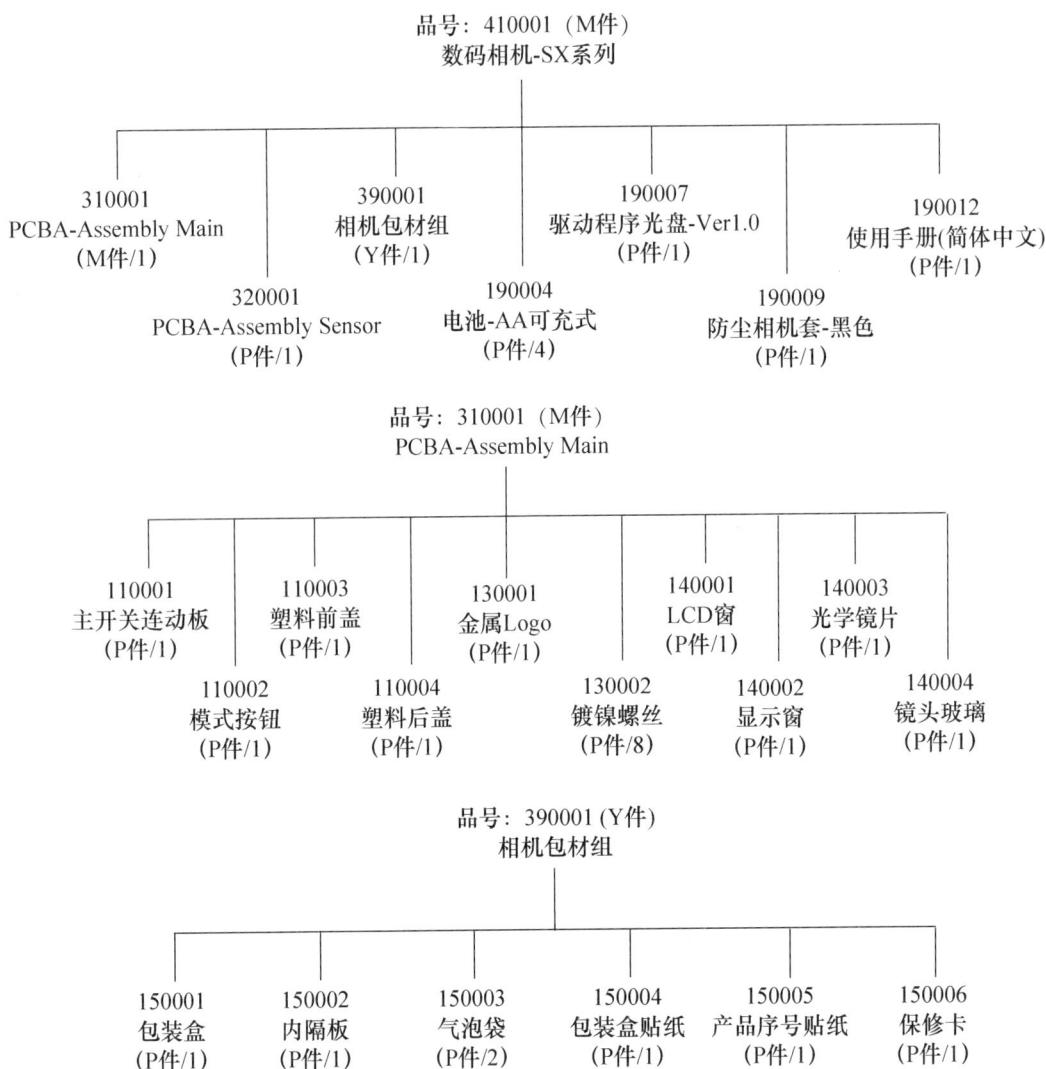

图 4 - 2　畅销品"数码相机-SX 系列"（代号：410001）的产品用量

图中：M 件——自制件；

　　　S 件——委外加工件；

　　　P 件——采购件；

　　　Y 件——虚设件。

　　例如："P 件/1"，表示该品号为"采购件"，用量为"1"。

3. 企业日常业务流程

　　研发部将所有产品用量表设置完毕后，相关部门即可顺利进行日常业务流程，简述如下：

　　（1）产品改良。为了适应市场快速的变化，研发部需致力于新产品研发与旧产品改良。

1 月份时，研发部做了两次产品改良。

第一次改良：2015 年 1 月 14 日。研发部在收到客服部反映的问题后，确定"数码相机-SX 系列"的镜头有松动的问题存在。经过一段时间的测试后，针对其中半成品"310001 PCBA-Assembly Main"进行改良，改良内容是增加 2 颗镀镍螺丝，加强镜头的稳定性，而且经过测试后，确认问题已得到改善。于是，研发部于 1 月 14 日正式变更"数码相机-SX 系列"的原产品用量表（BOM 变更-单笔）。

第二次改良：2015 年 1 月 20 日。产品会议中，客服部反映客户信息：公司大部分数码相机均未配有拉绳，以致数码相机携带不便；会议中经过各部门决议后，总经理做出最后表决，为了使相机使用者携带方便，决议在数码相机的配件中新增配元件-皮绳。于是在 1 月 20 日，产品会议结束后，研发部被赋予这项重要工作，增加一个品号为 190017 的"皮绳元件"至所有数码相机的产品用量表中（BOM 变更-批次）。

（2）组合商品促销。2015 年 2 月 14 日是春节，为了庆祝春节的到来，业务部拟定一个促销活动"相机促销礼包"，促销商品是品号 910001 的"数码相机-SX 系列"，赠送品号为 190018 的镜头刷，促销数量是 100 组，促销期间从 2 月 13 日开始至 2 月 20 日止。

2015 年 2 月 8 日，组合。业务部设计出"数码相机-SX 系列"+ 镜头刷的组合商品后，于 2 月 8 日录入组合单。审核后的组合单交由仓管部按组合内容进行备料及商品组合包装。

2015 年 2 月 22 日，拆解。春节过后，业务部统计"相机促销礼包"的销售数量后，得知尚有 2 组未销售，但促销活动已结束，需将已组合商品进行拆分，恢复个别销售。于是，将剩余"相机促销礼包"于 2 月 22 日录入拆解单，审核后的拆解单交由仓管部进行商品组合。

（3）生产排程计划及采购计划。生管部的工作职责之一是按业务部已经默认的订单及与客户共同协定的出货预测信息，做准确的生产预测，满足短交期出货的订单交期。

2015 年 1 月 6 日，生管部负责生产计划人员针某预交日订单执行生产计划及采购计划。计划产生后，针某随即发送"计划批号"电子邮件给生管部人员以检视生产计划内容，并发送给采购部人员以检视采购计划结果。生管部人员检视计划无误后，进行单据锁定，表示已检视过，后续即可将已锁定的计划发放至工单，由制造部于开工日按单领料生产。

采购部人员根据批次需求计划生成采购计划，进行调整后锁定采购计划，并将该采购计划发放至采购单，进入采购程序，保证原材料按时按量到货。

（4）手动录入工单及生产过程。生管部除了可通过客户订单或生产计划自动生成工单外，也可按状况手动录入工单。需手动录入工单的情境简述如下：

① 录入工单：2015 年 1 月 8 日。业务部接到一张来自客户"茂圣公司"的急单，订购品号 410001"数码相机-SX 型"200 台，预交货日为 1 月 26 日。因目前无库存，经过产销协调后，生管部同意插单生产。于是，按品号 410001"数码相机-SX 型"的产品结构，录入两张工单：

● 工单 1：生产成品"数码相机-SX 型"（品号：410001），厂内生产，预计产量为 200 ea①，预计开工日为 1 月 22 日。因为成品组装后需要包装，所以派工给厂内工作中心——

---

① ea 是表示数量的单位，即 each，代表个、只、件、片等意思。

"组装车间二组" 加工。

● 工单 2：生产半成品 PCBA-Assembly Main（品号：310001），厂内生产，预计产量为 200 ea，预计开工日为 1 月 12 日，派工给厂内工作中心——"组装车间二组" 加工。

② 工单变更：2015 年 1 月 9 日。收到 1 月 8 日工单的部门向生管部提出协调，仓管部反映原本委外生产的半成品库存已挪作他用了，制造部反映电阻（品号：120001）及二极管（品号：120003）的生产损耗率有所提高，建议多备料。生管部评估后，变更工单内容。

● 变更事项 1：原本工单的委外生产数量为 150 ea，将该工单预计产量增加至 200 ea。

● 变更事项 2：电阻的需领用量由原本的 1 260 PCS（生产 200 ea 半成品的用量）增加至 1 320 PCS，二极管的需领用量由原本的 400 PCS（生产 200 ea 半成品的用量）增加至 408 PCS。

变更完毕后，发送一份委外工单凭证至外包组以便于通知厂商，另发送一份至仓管部通知工单的需领用量已变更。

③ 场内领料：2015 年 1 月 11 日。仓管部于 "PCBA-Assembly Main" 工单生产前，将料件备妥交由 "组装车间二组" 进行生产。

④ 工单开工：2015 年 1 月 12 日。PCBA-Assembly Main 的工单开始于 "组装车间二组" 生产。

⑤ 工单完工：2015 年 1 月 20 日。"组装车间二组" 完成工单 "PCBA-Assembly Main" 生产，完工数量 200 ea，将剩余料件 "主开关连动板"（品号：110001）2 PCS 退回仓管部。

4.2　ERP 中生产管理的原理及资料设定

4.2.1　ERP 系统的生产管理

在 ERP 的计划层次中，涉及生产管理的内容有生产计划、主生产计划、物料需求计划、能力需求计划和最终的车间作业控制等。实际上，这也是 ERP 中生产管理的内容。下面将对主生产计划、物料需求计划、能力需求计划和车间作业计划等进行详细介绍和说明。

1. 主生产计划

（1）主生产计划概述。主生产计划是确定每一个具体产品在每一个具体时段的生产计划。它的确定过程伴随着粗能力计划的运行，即要对关键资源进行平衡。

主生产计划驱动物料需求计划，再由物料需求计划生成车间作业计划与采购计划。因此，主生产计划在 ERP 系统中起着承上启下的作用，实现从宏观计划到微观计划的过渡与连接。

同时，主生产计划是联系市场销售同生产制造的桥梁，使生产活动符合不断变化的市场需求，又向销售部门提供生产和库存的信息，起着沟通内外的作用。

（2）主生产计划的对象。主生产的对象是最终项目（end-item）。所谓"最终项目"，即具有独立需求的物料，对它的需求不依赖于对其他物料的需求而独立存在。根据产生计划环境的不同，最终项目的含义也不完全相同，如表 4-3 所示。

表 4-3　MPS 的计划对象与计划方法

响应策略	MPS 的计划对象	计划方法	附注
MTS	独立需求类型物料	单层 MPS	可同分销资源计划集成，制造 BOM、计划 BOM
MTO、ETO	独立需求类型物料	单层 MPS	ETO 环境下会用到关键路线法，制造 BOM
ATO	通用件、基本组件	多层 MPS	FAS 及可选件，计划 BOM、制造 BOM

① 按库存生产。按库存生产的产品通常是流通领域直接销售的产品，其 MPS 的计划对象通常是产品结构中的顶层。这类产品的需求量往往根据分销网点的反馈信息（分销资源计划）或预测来确定。对产品系列下有多种具体产品的情况，有时要根据市场分析各类产品占系列产品总产量的比例。此时，生产规划的计划对象是系列产品，MPS 的计划对象是按预测比例计算的具体产品。

例如："电子挂钟"是生产规划中的一个产品系列，具体的产品有大众型、功能型和艺术型 3 种。每种的需求量是用占产品系列总数的预计百分比来计算的。产品系列同具体产品的比例结构形式类似于一个产品结构图，通常称为计划物料单或计划 BOM，如图 4-3 所示。

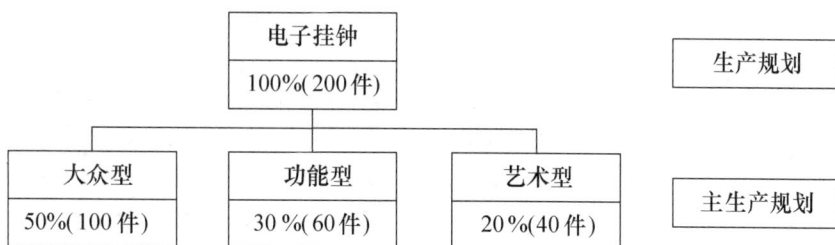

图 4-3　电子挂钟计划物料单

② 按订单生产及按订单设计。其最终成品一般就是标准定型产品或按订货要求设计的产品，通常也是产品结构中顶层的最终产品。例如，对于钢材生产这种类型的订货生产，同一种钢号的钢坯可轧制出规格繁多的钢材。这时，MPS 的计划对象可以放在按钢号区分的钢坯上（相当于 T 形或 V 形产品结构的底层），以减少计划物料的数量，然后再根据订单确定最终产品。

③ 按订单装配。对模块化产品结构，当产品可有多种搭配选择时，用总装进度安排出厂产品的计划，用多层 MPS 和计划 BOM 制订通用件、基本组件和可选件的计划。这时，MPS 的计划对象相当于产品结构中"腰部"的物料，顶部物料是总装进度的计划对象。

计划与控制方法因企业的生产类型和需求响应策略而异。企业的生产类型与计划方法的关系如表 4-4 所示。

表 4-4　生产类型与计划方法的关系

产品特点	生产类型	工艺特点	企业举例	计划方法
定制设计	单件	机群布置	造船、重型机械	关键路线法 + MRP
标准可配置	多品种小批量生产成组技术	柔性制造	机床、通用机械、工程机械	MRP + GT、MRP + JIT
可配置	大批量生产	流水生产	汽车、家电	JIT + MRP
定型	流程	连续	化工、冶金	流程 MRP

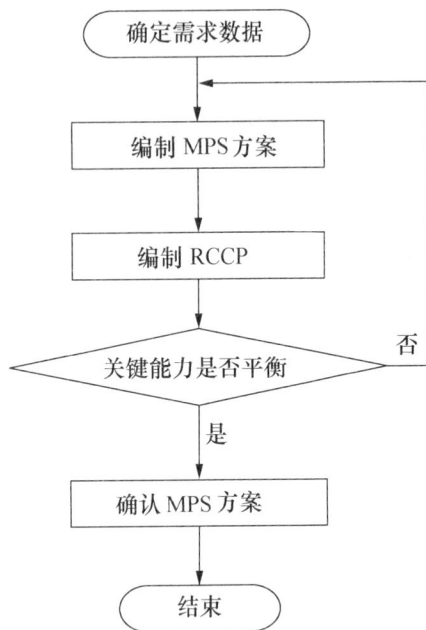

图 4-4　编制主生产计划的过程

除考虑企业的生产类型外，还应注意企业的需求响应策略。不同的需求响应策略，在基本数据设定、销售及主生产计划等方面 ERP 软件的功能还是有区别的。

（3）主生产计划的编制。编制主生产计划的过程如图 4-4 所示。MPS 的制订过程是一个不断反复的过程，需要不断地进行粗能力计划的运算，以平衡关键能力，最后审批确认，进入物料需求计划的制订过程。

（4）粗能力计划（Rough-cut Capacity Planning，RCCP）。

① 定义及作用。粗能力计划是对关键工作中心的能力进行运算而产生的一种能力需求计划。它的计划对象是设置为"关键工作中心"的工作能力，即经过对它的运算和平衡来确认主生产计划的可行性。

② 建立与运行过程。首先，建立关键工作中心的资源清单，主要包括各种计划产品占用关键资源的负荷时间（工时、台时），同时列出关键工作中心的能力清单进行对比，对超负荷的工作中心可以用不同的颜色标记。其次，寻找超负荷时段，进一步确定某工作中心各具体时段的负荷与能力，找出超负荷时段。最后，确定各时段负荷的起因，找出各时段负荷由哪些物品引起，占用资源情况如何，然后平衡工作中心的能力，同时要总体平衡 MPS 最终产品中各子件的进度。

2. 物料需求计划

物料需求计划的制订过程是一个模拟过程。它根据主生产计划、物料清单和库存记录，对每种物料进行计算，指出何时会发生物料短缺，并给出建议，以最小库存量来满足需求并避免物料短缺。以下将从物料需求计划的定义及作用、基础数据、输出信息、计算过程等方面来对 MRP 进行详细介绍。

（1）物料需求计划的定义及作用。MRP 是 MPS 需求的进一步展开，也是实现 MPS 的保证和支持。它根据 MPS、物料清单和物料可用量，计算出企业要生产的全部加工件和采购件的需求量，如图 4－5 所示。

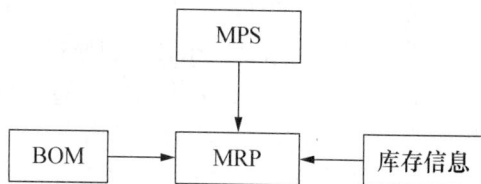

图 4－5　MRP 的运算关系图

物料需求计划主要解决以下 5 个问题：

① 要生产什么？生产多少？（来源于 MPS）

② 要用到什么？（根据 BOM 展开）

③ 已经有了什么？（根据物品库存信息、即将到货或产出信息得知）

④ 还缺什么？（计算出结果）

⑤ 何时安排？（计算出结果）

（2）物料需求计划的基础数据。由于物料需求计划是把主生产计划排产的产品分解为各个零部件的生产计划和采购件的采购计划，因此，制订物料需求计划前就必须具备以下基本数据：

① 主生产计划数据。它是制订物料需求计划时所需的一个最重要的数据。MRP 系统根据主生产计划中的项目逐层分解，得出各种零部件的需求量。

② 物料清单（BOM）数据。它指明了物料之间的结构关系，以及每种物料需求的数量，是物料需求计划系统中最基础的数据。

③ 库存记录数据。它反映各项物料的状态数据，如现有的库存量等信息。每项库存事务处理都将改变物料的状态数据，而这些状态数据在 MRP 计算过程中不断被引用。

④ 提前期数据。它决定着每种物料何时开工、何时完工。

应该说，上述这 4 项数据都是至关重要、缺一不可的。缺少其中任何一项或任何一项的数据不完整，物料需求计划都将是不准确的。因此，在制订物料需求计划之前，这 4 项数据都必须先完整地建立好，而且保证是绝对可靠的、可执行的数据。

（3）物料需求计划的输出信息。

① 下达采购订单和制造订单的通知。

② 要求提前或推迟已下达订单的完工日期的通知。

③ 撤销订单的通知。

④ 物料库存状态分析的备用数据。

⑤ 未来一段时间内的采购订单和制造订单。

根据用户的需求，MRP 系统还可以输出如下信息：数据错误、各种异常信息报告；库存量预报；需求反查报告；作业完成情况的报告等。

（4）物料需求计划的计算。

① 计算原理。在展开 MPS 进行物料需求计算时，计算的顺序是自上至下进行的，即从产品的 0 层次开始，按从低层码数字小的物料向低层码数字大的物料的顺序进行计算。例如，当计算到该产品的某一层次（如 1 层），但低层码不同时（物料的低层码为 2），只计算

层级高（低层码数字小）的物料（按顺序）；层级比计算层次低（低层码数字大于计算的产品层次）的物料的计算结果（毛需求量、净需求量）暂时存储起来，总的需求量可以汇总存储，但不进行 MRP 需求计算与原材料（或构成的组件）的库存分配。这样，可用的库存量优先分配给了处于底层的物料，保证了时间上先提出需求的物料先得到库存分配，避免了晚需求的物品提前下达计划并占用库存的情况。

② 计算步骤。一般来说，物料需求计划的制订是遵照先通过主生产计划导出有关物料的需求量与需求时间，再根据物料的提前期确定投产或订货时间的计算思路。其基本计算步骤如下：

第 1 步：计算物料的毛需求量，即根据主生产计划、物料清单得到第一层级物料品目的毛需求量，再通过第一层级物料品目计算出下一层级物料品目的毛需求量，依次往下展开计算，直到最低层级原材料毛坯或采购件为止。

第 2 步：净需求量计算，即根据毛需求量、可用库存量、已分配量等计算每种物料的净需求量。

第 3 步：批量计算，即由相关计划人员对物料生产做出批量策略决定，不管采用何种批量规则还是不采用批量规则，净需求量计算后都应该表明是否有批量要求。

第 4 步：安全库存量、废品率和损耗率等的计算，即由相关计划人员来规划是否要对每个物料的净需求量做这三项计算。

第 5 步：下达计划订单，即通过以上计算后，根据提前期生成计划订单。物料需求计划所生成的计划订单，要通过能力资源平衡确认后，才能开始正式下达计划订单。

第 6 步：再一次计算。物料需求计划的再次生成大致有两种方式，第一种方式会对库存信息重新计算，同时覆盖原来计算的数据，生成的是全新的物料需求计划；第二种方式则只是在制订、生成物料需求计划的条件发生变化时，才相应地更新物料需求计划有关部分的记录。在实际应用中选择哪一种方式计算，需要根据企业实际的条件和状况来判断。

③ 计算实例。下面结合实例说明 MRP 的运算逻辑步骤。如图 4-6 所示是产品 A 的结构图。

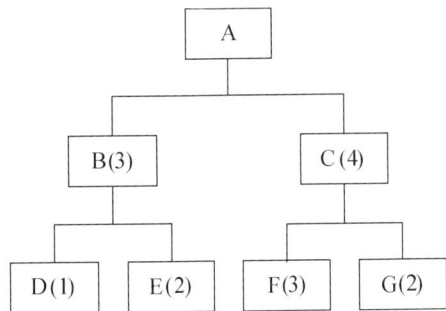

图 4-6　产品 A 的结构图

计算各个产品及相应部件的需求量。其中：

$$净需求 = 毛需求 + 已分配 + 安全库存 - 计划收到 - 现有库存$$
$$计划交付的时间 = 净需求的时间 - 提前期$$

要注意的是，由于提前期的存在，物料的计划交付时间和净需求的时间有时会不一致。另外，为了简化计算，暂时没有将安全库存量考虑在内。如表 4-5、表 4-6 所示为产品 A 的需求量和部件 B 的需求量计算过程。

表 4 – 5　产品 A 的需求量计算（产品 A，提前期 = 2，批量 = 10）

时段/周	1	2	3	4	5	6
毛需求	20	10		30	30	10
已分配						
计划收到			40			
现有库存（40）	20	10	50	20	0	0
净需求					10	10
计划交付			10	10		

表 4 – 6　部件 B 的需求量计算（部件 B，提前期 = 3，批量 = 60，B = 3A = 30）

时段/周	1	2	3	4	5	6
毛需求			30	30		
已分配						
计划收到						
现有库存（50）	50	50	20	0		
净需求				10		
计划交付	10					

这个计划下达时间和数量就是部件 B 和 C 的毛需求的时间和数量。

从这一层的分解可以看出，对于部件 B，它需要在第 1 周交付 10 个，为此还要按照产品结构展开下一层的分解。分解方法和步骤如前，这里就不一一展开。

经过了以上的展开计算后，就可以得出产品 A 的零部件的各项相关需求量。然而，现实中企业的情况远没有这样简单。在许多加工制造性的企业中，由于产品种类繁多，并不只是产品 A 要用到部件 B、部件 C，以及零件 D 和 E，可能还有其他产品也需要用到它们，也可能零件 D、E 还有一定的独立需求量（如作为服务件用的零件等）。所以，MRP 要做的工作是要先把企业在一定时段内对同一零部件的毛需求量汇总，然后再据此算出它们在各个时段内的净需求量和计划交付量，并据此安排生产计划和采购计划。这样，就完成了一个基本 MRP 的运算循环。

当然，这一切都是在计算机的帮助下，遵循分层处理原则（ERP 系统是从 MPS 开始计算的，然后按照 BOM 一层层往下进行，逐层展开相关需求件的计算，直至底层）完成的。应该说，这种借助于先进的计算机技术和管理软件而进行的物料需求量的计算，与传统的手工方式相比，计算的时间大大缩短，计算的准确度也相应地得到大幅度提高。

❓ 物料需求计划是否可以执行？是否能最终保证生产计划的切实可行呢？

3. 能力需求计划

能力需求计划（Capacity Requirement Planning，CRP）主要用来检验物料需求计划是否可行，以及平衡各工序的能力与负荷。

（1）能力需求计划的定义及作用。能力需求计划把 MRP 输出的对物料的分时段需求计划转变成对企业各个工作中心的分时段需求计划，它的对象是工作中心的能力。

它将回答以下几个问题：

① 生产什么？何时生产？

② 使用什么工作中心？负荷（即需用能力）是多少？

③ 工作中心的可用能力是多少？

④ 分时段的能力需求情况如何？

总之，能力需求计划是把物料需求转换为能力需求：它不但考虑 MRP 的计划订单，还要考虑已下达但尚未完成的订单所需的负荷。它还要结合工作中心的工作日历，考虑工作中心的停工及维修等非工作日，确定各工作中心在各个时段的可用能力。

（2）能力需求计划的输入数据。输入数据是制订能力需求计划的第一步。输入的数据包括已下达的生产订单、MRP 订单、工艺路线文件、工作中心文件和工厂日历等。

（3）能力需求计划与粗能力计划的比较。

① 关键工作中心的负荷平衡称为资源需求计划，或称为粗能力计划。它的计划对象为独立需求件，主要面向的是主生产计划。

粗能力计划是一种计算量较小，占用计算机机时较少，比较简单、粗略、快速的能力核定方法，通常只考虑关键工作中心及相关的工艺路线。

配合主生产计划运行的粗能力计划是一种中期计划，因此一般仅考虑计划订单和确认订单，而忽略在近期正在执行的和未完关键工作中心负荷小时汇总的订单，也不考虑在制品库存。

② 全部工作中心的负荷平衡称为能力需求计划，或称为详细能力计划。它的计划对象为相关需求件，主要面向的是车间。

由于 MRP 和 MPS 之间存在内在的联系，所以粗能力计划与能力需求计划之间也是一脉相承的。做好粗能力计划是运行能力需求计划的先决条件。

（4）能力需求计划的编制过程如图 4 - 7 所示。

① 将 MRP 各个时段内需要加工的所有制造件通过工艺路线文件进行编制，得到所需要的各工作中心的负荷。

② 把得到的负荷和工作中心的额定能力进行比较，提出按时段划分的各工作中心的负荷报告。

③ 管理人员根据报告提供的负荷情况及订单的优先级因素加以调整和平衡。

④ 经过反复平衡和调整，能力和负荷达到平衡后确认能力需求计划，绘制能力负荷图。

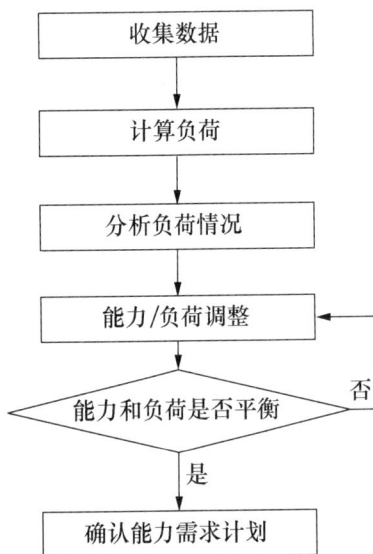

图 4 - 7 能力需求计划编制过程

（5）能力需求计划的计算。能力需求计划计算时，要求把物料需求计划的物料需求量转换为负荷小时，然后确定各工作中心在各时段的可用能力。

工作中心加工物品的负荷计算方法如下所示：

负荷 = 该物品产量 × 占用该工作中心的标准工时（或台时）

① 若能力 - 负荷 ≥ 0，则能满足加工要求，能力富裕（或刚好）。

② 若能力-负荷 <0，则不能满足加工要求，能力不足。

4. 车间作业计划

主生产计划给出了最终产品或最终项目的需求，经过物料需求计划，按物料清单展开得到自零部件开始一直到原材料的需求计划，即对自制件的计划生产订单和对外购件的计划采购订单。然后，通过车间作业管理和采购作业管理来执行计划。介绍完能力需求计划，下面详细介绍车间作业计划的原理。

（1）车间作业计划的定义及作用。车间作业计划主要根据物料需求计划（MRP）、能力需求计划及生产工艺流程等编排工序加工计划，下达车间生产任务单，并控制计划进度，最终完工入库。

在车间作业控制阶段要处理相当多的动态信息。在此阶段，反馈的都是重要的工作，因为系统要以反馈信息为依据对物料需求计划、主生产计划、生产规划甚至经营规划做必要的调整，以便实现企业的基本生产均衡。

（2）车间作业计划的内容。车间作业管理的工作内容如图 4 - 8 所示。

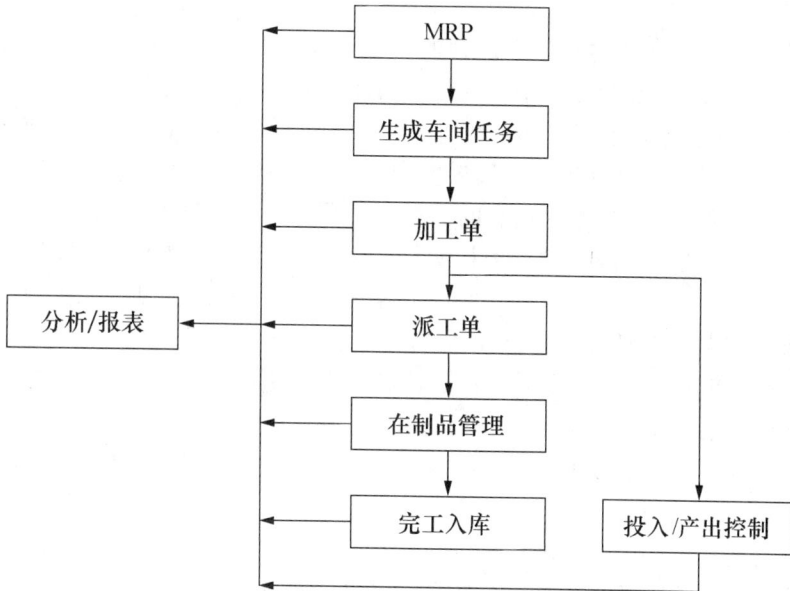

```
              ┌───────────┐
       ┌─────▶│    MRP    │
       │       └─────┬─────┘
       │             ▼
       │       ┌───────────┐
       ├──────▶│ 生成车间任务 │
       │       └─────┬─────┘
       │             ▼
       │       ┌───────────┐
       ├──────▶│   加工单   │
       │       └─────┬─────┘
       │             ▼                   │
┌──────────┐  ┌───────────┐              │
│ 分析/报表 │◀─│   派工单   │              │
└──────────┘  └─────┬─────┘              │
       │             ▼                   │
       │       ┌───────────┐              │
       ├──────▶│  在制品管理 │              │
       │       └─────┬─────┘              │
       │             ▼                   ▼
       │       ┌───────────┐      ┌────────────┐
       └──────▶│  完工入库  │      │ 投入/产出控制 │
               └───────────┘      └────────────┘
```

图 4 - 8　车间作业管理流程图

① 核实 MRP 产生的计划订单。MRP 为计划订单规定了计划下达日期，但对于真正下达给车间，这仍然是一个推荐的日期。虽然这个订单是需要的，并且做过能力需求计划的，但在生产控制人员正式批准下达车间投产之前，必须针对这些订单检查物料、能力、提前期和工具的可用性。

作为生产控制人员，要通过计划订单报告、物料主文件和库存报告、工艺路线文件和工作中心文件以及工厂日历来完成以下任务：

● 确定加工工序；

- 确定所需的物料、能力、提前期和工具；
- 确定物料、能力、提前期和工具的可用性；
- 解决物料、能力、提前期和工具的短缺问题。

② 下达生产订单。

首先，下达物料生产订单，说明零件加工工序顺序和时间。

- 生产准备工时：一台机床或工作中心从生产一种项目转换到另一种项目所需的时间。
- 加工工时：实际生产指定数量的项目所需的时间。
- 累计负荷工时：按各订单累计得到的工作中心负荷或工时。
- 优先级：订单的优先级系数（数字越小，则优先级越高）。

其次，生成工作中心派工单。当生产订单下达到车间时，这些订单送入车间文件。车间文件反映了所有已下达但尚未完成的订单状态。根据车间文件和工艺路线信息，以及所使用的调度原则，每天或每周为每个工作中心生成一份派工单，说明各生产订单在同一工作中心上的优先级。

- 车间文件用来跟踪一份订单的生产过程。
- 派工单用来管理工件通过生产过程的流程和优先级。它告诉人们现在已在工作中心的订单的优先级，以及将送到工作中心的订单的优先级。

最后，提供车间文档，包括图纸、工艺过程卡片、领料单、工票、特殊处理说明等。

③ 收集信息，监控在制品生产。如果生产进行得很正常，那么这些订单将顺利通过生产处理流程。但十全十美的事情是没有的，所以必须对工件通过生产流程的过程加以监控。为此，要查询工序状态、完成工时、物料消耗、废品、投入/产出等项的报告，控制排队时间，分析投料批量，控制在制品库存，预计是否出现物料短缺或拖期现象。

④ 采取调整措施。若预计将要出现物料短缺或拖期现象，则应采取措施，如通过加班、转包或分解生产订单来改变能力及其负荷。若仍不能解决问题，则应给出反馈信息修改物料需求计划，甚至主生产计划。

⑤ 生产订单完成。统计实耗工时和物料，计算生产成本，分析差异，进行产品完工入库事务处理。

（3）工序优先级的确定。派工单上加工的优先级一般是按照工序开始日期的顺序排列的，而工序开始日期又是以满足加工单要求的完成日期或需用日期为基准的。多数情况下，二者的优先顺序是一致的，但是也可能有例外。比如，某个工件的工序加工时间很短，虽然开始日期在前，但即使略微推后也不致影响加工单的需用日期。当在提前期上出现矛盾时，可以参考以下几种常用确定优先级的方法来判断。在使用这些方法时要注意，最直观的方法仍然是用完成或需用日期来表示优先级，用优先序号只能表示相对关系。如果盲目地一味遵照相对优先级，有可能延误加工单的需用日期，所以在应用时要注意分析。

① 紧迫系数（Critical Ratio，CR）。

$$CR = \frac{需用日期 - 今日日期}{剩余的计划提前期}$$

上述公式说明，到需用日期的剩余天数与需要加工的时间（计划提前期）对比，可出现 4 种情况：

- $CR =$ 负值，说明已经拖期；
- $CR = 1$，说明剩余时间刚好够用；
- $CR > 1$，说明剩余时间有富裕；
- $CR < 1$，说明剩余时间不够。

很明显，CR 值小者的优先级高。一个工件完成后，其余工件的 CR 值会有所变化，应随时调整。

② 最小单个工序平均时差（Least Slack Per Operation，LSPO）。时差也称缓冲时间或宽裕时间。下式中尚需加工时间是指剩余工序的提前期之和。LSPO 值越小，也就是剩余未完工序可分摊的平均缓冲时间越短，优先级越高。

$$LSPO = \frac{\text{加工件计划完成日期} - \text{今日日期} - \text{尚需加工时间}}{\text{剩余工序数}}$$

③ 最早订单完成日期（Earliest Due Date）。完成日期越早的订单，其优先级越高。使用这条规则时，对待处于起始工序的订单要慎重，有必要用 LSPO 复核。本规则比较适用于判断工艺路线近似的各种订单，或已处于接近完工工序的各种订单。

确定工序优先级的方法很多，以上三种比较简单易懂，便于车间人员使用，也是多数软件常用的几种方法。总之，确定优先级主要考虑以下几方面：

- 订单完成日期；
- 至完成日期剩余的时间；
- 剩余的工序数。

确定工序优先级的前提条件是要有一个可靠的 MPS 和 MRP。由于系统的工作日历是以日为最小时段的，所以目前多数商品软件中还极少有细化到"班计划"的。处理班计划，可以在优先级上标注。

（4）投入/产出控制。投入/产出控制（Input/Output Control，I/O）是控制能力计划执行的方法，或者说是一种衡量能力执行情况的方法。它也可以用来计划和控制排队时间和提前期。投入/产出报表要用到的数据是：计划投入、实际投入、计划产出、实际产出、计划排队时间、实际排队时间以及投入、产出时数的允差。这是一种需要逐日分析的控制方法。

投入/产出报表还可以用来分析物料流动和排队状况。排队时间相当于已下达订单但尚未完成的"拖欠量"，并不意味着一定是脱期。排队时间的变化可用下式表示：

$$\text{时段末的排队时间} = \text{时段初的排队时间} - \text{产出量} + \text{投入量}$$

如果要减少排队时间，就必须使产出量大于投入量，永远不要投入超过工作中心可用能力的工作量。当拖欠量增大时，应不加分析地采用延长提前期（放宽工时定额）的办法，如果过早地下达过多的订单，增加投入只会增加排队时间，积压更多的在制品，人为地破坏了优先级，从而造成了更多的拖欠量，形成恶性循环。能力问题造成的拖欠量只能从能力入手来解决，即加大"出水管"的口径。可见，企业的工时定额不准确是无法进行投入/产出控制的。

（5）生产作业调度。生产作业调度是依据生产作业计划，对生产作业活动进行组织、指挥、控制和协调，确保生产作业活动均衡有序的方法。生产作业监控往往是与生产作业调度关联在一起的，用于监控生产过程中发生的各种异常现象，这些异常现象有可能对生产作业活动的稳定进行产生影响。通过采取各种合理、有效的生产作业调度措施，可以及时解决这些异常问题，确保生产过程的顺利进行。

在需要压缩生产周期的情况下，一般软件提供的生产作业调度方法大体上有以下几类：

① 平行顺序作业，通过设置依次顺序作业中下道工序的排队时间 Q 为负值来实现。工件在上一个工作中心完成一定数量，不等全部加工完，就部分地传送到下一个工作中心去加工。

平行顺序作业可以缩短加工周期，但是由于增加了传送次数，传送时间增加了，搬运费用也相应增加，也就是说，成本会增加。

另外，考虑传送的批次时要注意上、下工序加工时间的比值。如果前道工序加工时间很长，或各工序加工时间呈无规律地长短相间，有些工作中心就会出现窝工等待。因此，有些工序还会在全部加工完成后再传送给下道工序，形成平行顺序作业和依次顺序作业交替使用的现象。

如图 4-9 所示为平行顺序作业（传送批量 =1/2 生产批量）。

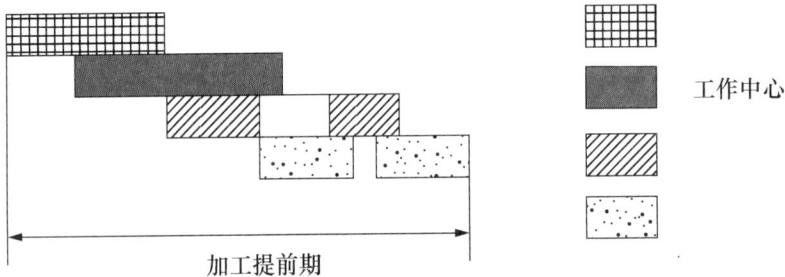

图 4-9　平行顺序作业

② 加工单分批，就是把原来一张加工单加工的数量分成几批，由几张加工单来完成，以缩短加工周期。每批的数量可以不相同。

采用加工单分批或分割，只有在用几组工作中心完成同样的工作时才有可能实现。每组工作中心都需要有准备时间，且准备时间增加了；此外，还可能需要几套工艺装备，所以成本也会增加。有时，上道工序由一台工作中心完成，下道工序由两组不同的工作中心加工，然后由一台工作中心来完成第三道工序。这种分合交替的作业经常会发生。

如图 4-10 所示为加工单分批作业。

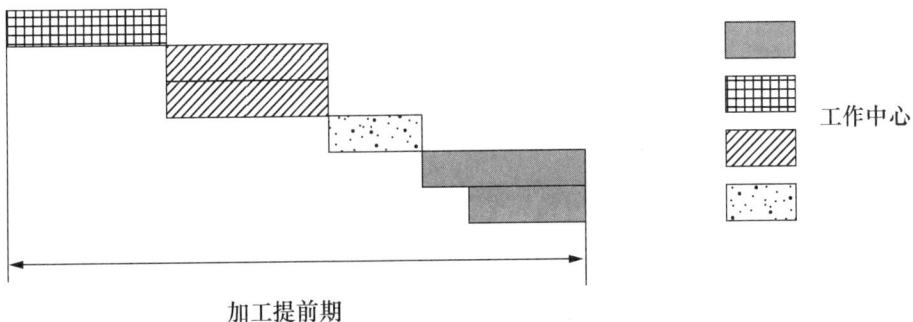

图 4-10　加工单分批作业

③ 压缩排队、等待和传送时间，有人为设定和系统按设定的比例压缩两种处理方式。

④ 替代工序或改变工艺。

⑤ 其他，如加班加点、调配人力等。

5. 其他延伸的管理

随着生产管理理论的发展，ERP 的生产管理延伸出很多管理模块，如质量管理、成本管理、工程数据管理、工程变化控制、结构管理、批量控制、工具管理等。下面将针对上述模块进行简单介绍。

（1）质量管理。企业生产管理中的所有生产环节，从中间产品一直到最终产品都存在质量控制的行为。通过质量管理体系，可以得到大量的特征参数，用来检验生产过程是否合理，提高产品质量，以及发现生产中的常见问题。

（2）成本管理。ERP 工具可以提供各种水平的成本信息，从而帮助企业管理者了解成本情况并降低成本。它们支持各种库存估价方法，因此，可以选择最适合本公司情况的成本核算方法，如后进先出法、先进先出法、加权平均成本法等。

（3）工程数据管理。缩短产品改进周期的第一步就是提高设计和开发的效率。工程数据管理系统的作用包括帮助公司改进数据，减少错误，提供工程和生产信息的自动联系，提高设计生产率。许多工程数据管理工具包允许与 CAD 工具包合并，来简化图形、项目和常规信息的更换。

（4）工程变化控制。使用工程变化控制功能，公司可以高效率地控制工程活动的次序。当公司确定改变工程顺序后，系统就会在生产的数据库上自动运行这些改变。

（5）结构管理。结构管理功能可减少长时间的工程复查，通过可行性的复查计划减少订货周期。这个功能通过有力的分析，建立一个适合于用户的可变的信息库。

结构管理数据库中包含了工程的组织结构和销售信息。分析系统翻译信息库与用户的选择联系在一起，从而保证特殊顾客的产品制造和卖出。因此，订货系统自动地使顾客和厂家交流，使本次订货数量一并加入产品的总订货信息中，包括成本和价格的信息。

结构管理过程开始于与组织结构相关的问答。系统有顺序地提出问题并列出可选项，然后把这些信息传递给产品结构。

（6）批量控制。许多系统提供了设计材料的批量，并进行有序的生产能力安排。例如，商用飞机的制造商、国防产品的供应商，以及一些在商品寿命中一直提供以零部件为主的服务的大型机械设备制造商（包括重型机械、拖拉机、重型拖车等），一直应用这种生产形式。对于那些使用批量控制的制造商，必须对前一步生产进行规划。批量控制系统为流程中的各种材料、操作都进行了编号。这个特点广泛应用在订货活动中，包括 MRP、营销现场控制、订单处理、JIT 等。许多系统允许在接受订单之前，预先将对应的需求数据输入系统之中，并且由系统来观察生产所需要的零部件。这样，当接到订单之后，就可以快速地建立需求清单，并且向上游的生产部门发出指示，从而更快地满足顾客的需求，不过也可以利用库存来完成这个目的。

（7）工具管理。ERP 系统扩展了库存管理方面的功能，增加了对这些有用资源的管理和控制。工具管理系统通过将工具看作库存的一部分，并且将工具加入了生产安排，来实现在需要的时间、地点将材料和工具同时送到的效果。利用这些系统，可以清楚地了解工具的使用情况，对工具的预期使用寿命进行估计，并且可以实现工具的循环使用和保养。

6. ERP 中生产管理的流程

生产管理运作流程如图4-11所示。

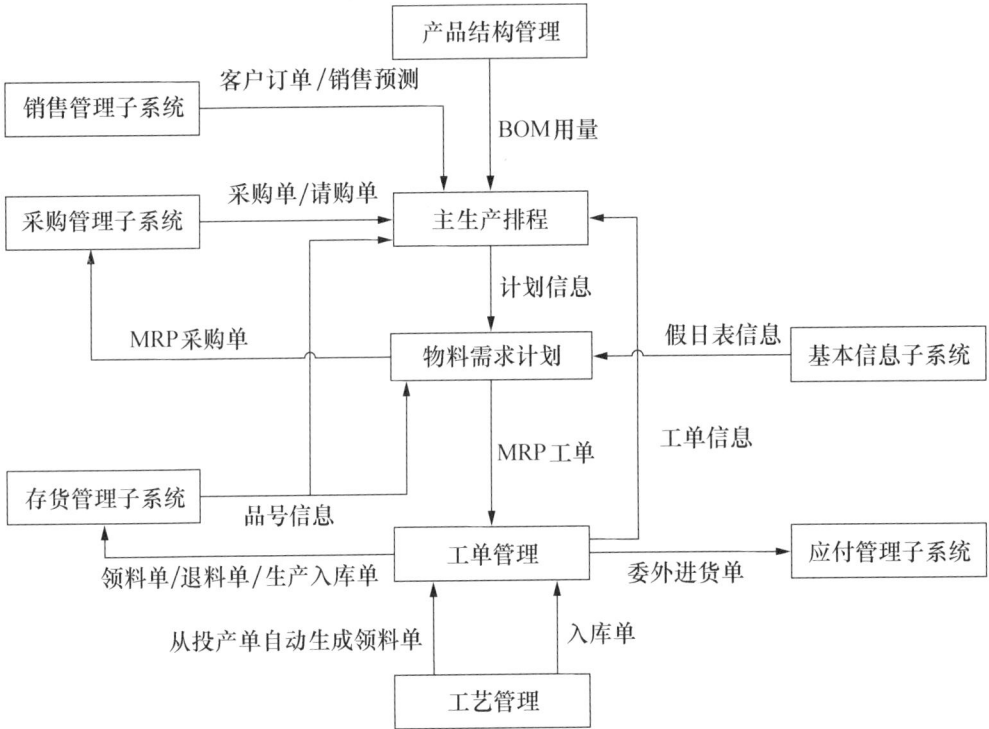

图4-11　生产管理运作流程图

在图4-11中，ERP 中生产管理的流程有以下几个环节：

（1）录入产品结构子系统的基础信息，完成产品结构的设置，主要是 BOM 表的信息。

（2）根据销售预测或者客户订单安排生产，在 MPS 的基础数据之上产生 MPS，维护 MPS。

（3）根据 MPS 的信息运行 MRP。MRP 也可以直接根据订单进行计算，生成 MRP 采购计划和 MRP 生产计划。这些计划不必再根据能力需求计划来检验，它们本身就是在信息集成的基础上通过计算得出的。

（4）将 MRP 生产计划发放成工单，成为车间作业计划，车间据此开展生产。

（5）车间生产包括开始领料、投产、在制品在工序之间的转移、生产完工入库等。

（6）ERP 中各子系统是通过信息直接集成的，因此完工入库后，各相关子系统的信息得到更新，如库存的品号信息、生产成本信息等。

4.2.2 ERP 系统生产管理业务单据介绍

1. BOM 单据

在易飞 ERP 系统中，通过"设置产品结构单据性质"界面可设定产品结构子系统会使用到的单据。从易飞 ERP 系统主界面执行"产品结构子系统"→"基础设置"项，打开"设置产品结构单据性质"界面，如图 4 - 12 所示。

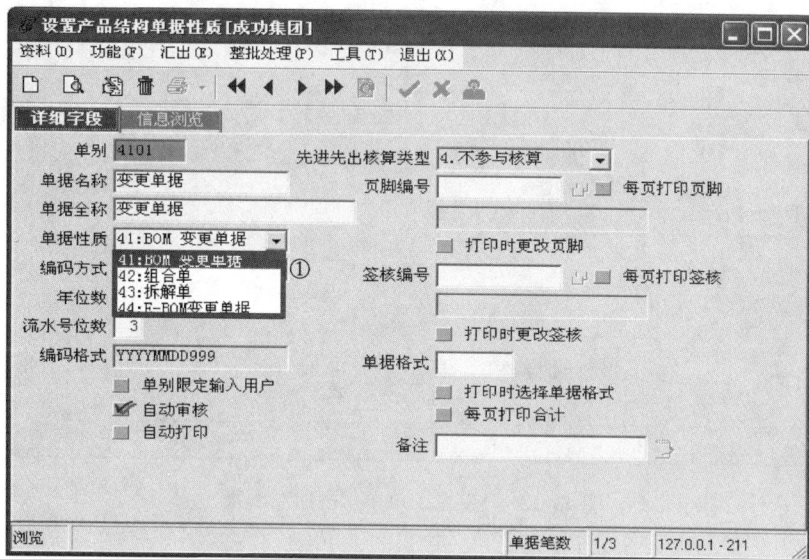

图 4 - 12 "设置产品结构单据性质"界面

在"设置产品结构单据性质"界面可以设定 4 种不同的"单据性质"，对于每种单据，系统不限制设定多少张单别。其中，"41"的"BOM 变更单据"用于日常工程变更发生时使用。公司有多种商品组合销售的需求时，可以使用单据性质"42"的"组合单"。公司组合性商品未销售完，要拆解回原单品入库时，需使用"43"的"拆解单"。"44"的"E-BOM 变更单据"是针对新产品开发，在开发过程中记录工程 E-BOM 变更时使用的单据。

2. 工单/委外单据

在易飞 ERP 系统中，执行"工单/委外子系统"→"基础设置"→"设置工单单据性质"，可进入"设置工单单据性质"界面，如图 4 - 13 所示。在此界面可检查各类单据的性质是否建立完整。

① 单别：最多可编 4 位码，建议以数字或英文字母作为单别的代号。

② 单据性质：工单/委外子系统中可以设置 11 种不同的单据性质，包括一般工单、返工工单、厂内领料单、委外领料单、厂内退料单、委外退料单、生产入库单、委外进货单、委外退货单、核价单和挪料单。

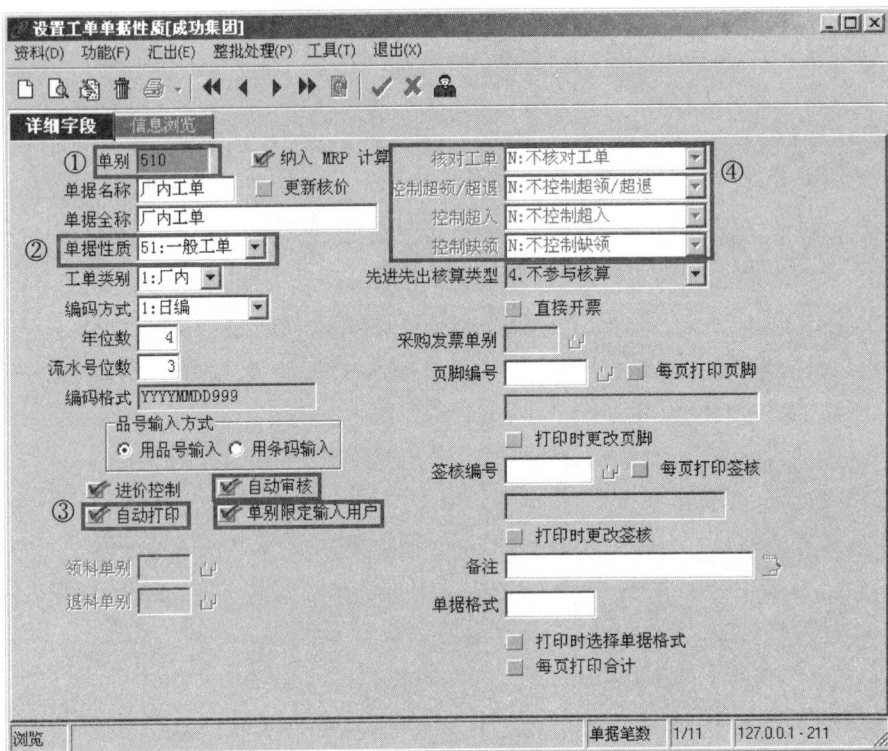

图 4 – 13 "设置工单单据性质"界面

③ 自动审核、自动打印：单别在数据输入后，要立即审核，可设定"自动审核"；单别在数据输入完毕并保存后要马上打印，可设定为"自动打印"。

④ 核对工单：管控进出库单据，如领/退料单、生产入库单、委外进退货单、挪料单，设置在输入时是否一定要输入工单的单别、单号。使用易飞 ERP 系统的"成本计算子系统"，必须设定核对工单，以确保成本计算结果的正确性。

3. 工艺单据

在易飞 ERP 系统中，执行"工艺管理子系统"→"基础设置"→"设置工艺单据性质"，进入"设置工艺单据性质"界面，如图 4 – 14 所示。在此界面检查各类单据性质是否建立完整。其中，工艺子系统所使用的单据包括投料单、转移单、入库单等。

工艺单据的性质有 4 种：

"D1：投产"：生产刚刚开始时，材料从仓库投入工作中心或委外供应商时使用。

"D2：转移"：生产过程中，材料在工作中心之间或委外供应商之间转移时使用。

"D3：入库"：生产完成后，产成品从工作中心或委外供应商送回仓库时使用。

"D4：报工"：在以工作中心为单位搜集工时的时候使用。

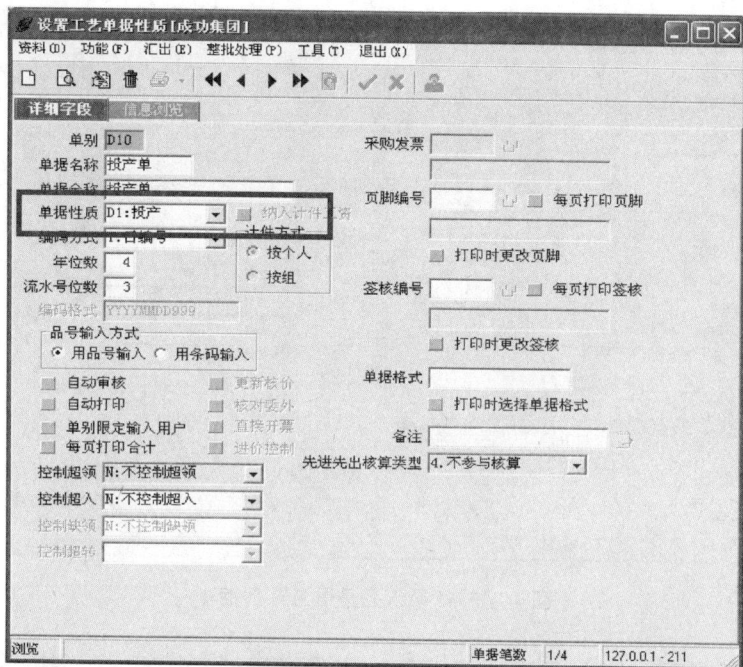

图 4 – 14 "设置工艺单据性质" 界面

4.2.3 ERP 系统生产管理业务资料设定

ERP 生产管理系统为企业的生产等操作奠定基础，即通过生产管理系统的资料设定来了解企业在进行生产之前的操作，了解不同单据的作用以及相应规则，企业通过对这些资料的设定来管理生产。

1. LRP 系统

LRP 系统的主要资料包括录入仓库信息、录入假日表、录入品号信息、录入 BOM、设置批次计划、需求计划基本信息检核表 6 块内容，本书主要对其中的录入品号信息和录入 BOM 进行操作介绍。

（1）录入品号信息。执行 "存货管理子系统"→"基础设置"→"录入品号信息"，在 "录入品号信息" 界面里录入数据，作为生产相关信息的依据与来源。

① 品号属性：执行生产或采购计划时，若 "采购件" 的需求大于供给，则系统会建议生管人员下采购单；若 "自制件/委外加工件" 的需求大于供给，则系统会建议开立工单，如图 4 – 15 所示。

② 主要仓库：产生计划信息时一并产生此默认信息，如图 4 – 16 所示。

③ 低阶码：方便计算机运算统计，用作计算生产或采购计划时展开 BOM 并控制的结束指标，须维护低阶码信息的正确性。生管人员可从作业清单执行 "产品结构子系统"→"批处理"→"计算低阶码"，如图 4 – 16 所示。

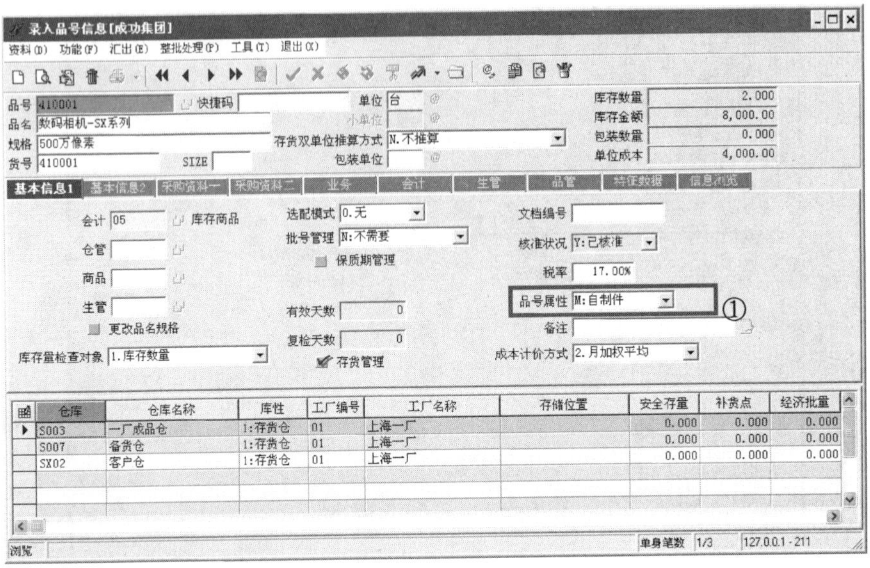

图 4－15　"录入品号信息"界面 1

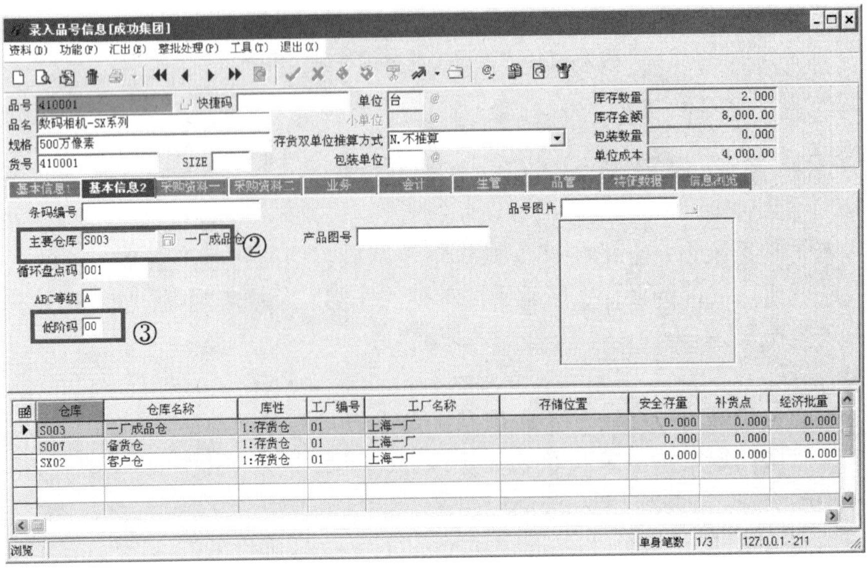

图 4－16　"录入品号信息"界面 2

④ 工作中心：若为"自制件"或"委外加工件"则需要输入，作为产生计划的默认信息，如图 4－17 所示。

⑤ 计划人员：若不同生管人员负责计划不同品号的生产或采购计划，可设定此字段，后续可作为"工单/采购发放"的条件，如图 4－17 所示。

（2）录入 BOM。执行"产品结构子系统"→"BOM"→"录入 BOM"，在"录入 BOM"界面录入数据，作为生产的信息来源依据，如图 4－18 所示。

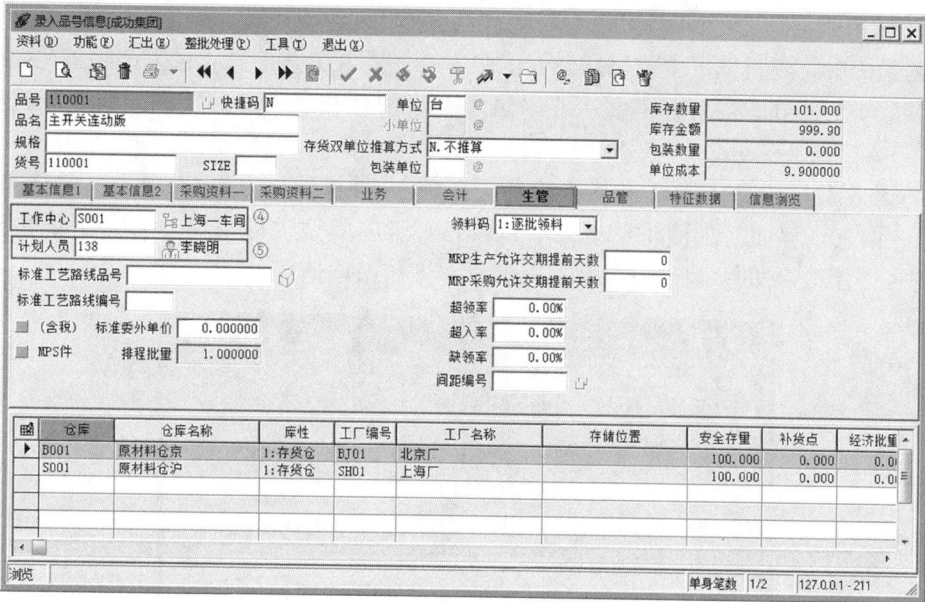

图 4-17　"录入品号信息"界面 3

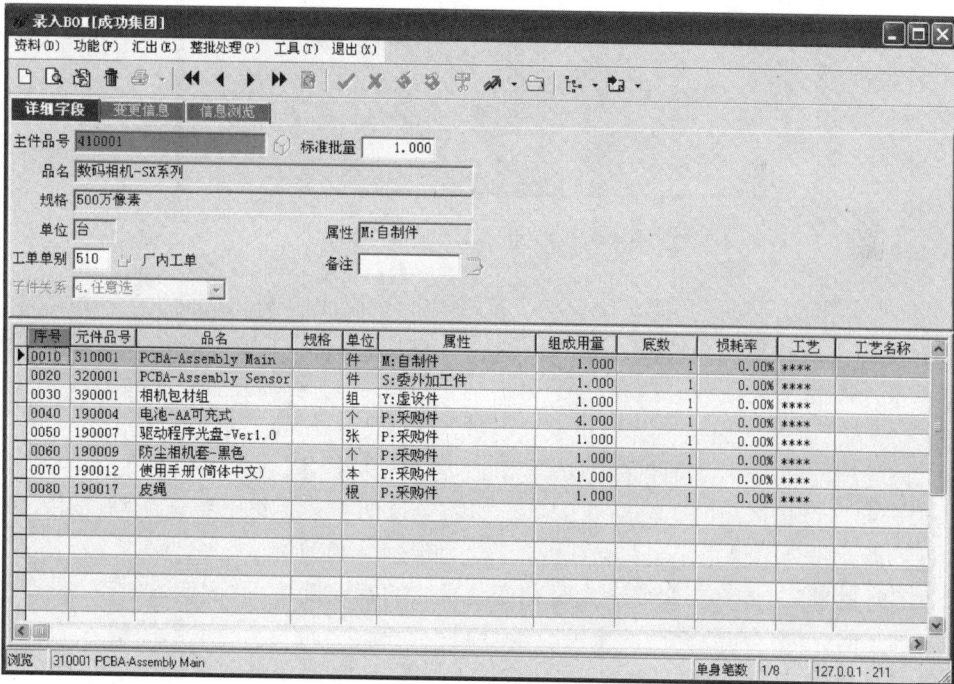

图 4-18　"录入 BOM"界面

与"批次需求计划系统"相关的信息包括标准批量、工单单别、各种用料的组成用量、底数、损耗率、生效日和失效日、投料间距等，务必检查信息是否正确。

2. 工艺系统

工艺系统中的资料设定主要包括录入工作中心、录入工艺信息、录入产品工艺路线、录入工艺参数 4 个部分的内容，本书主要以录入工艺信息和录入产品工艺路线为例进行操作介绍。

（1）录入工艺信息。执行"基本信息子系统"→"基础设置"→"录入工艺信息"，在"录入工艺信息"界面（如图 4 – 19 所示）对各种工艺类型进行校对，确认是否建立完整；日后在"工艺代号"的字段就可以开窗查询所有工作站的信息。

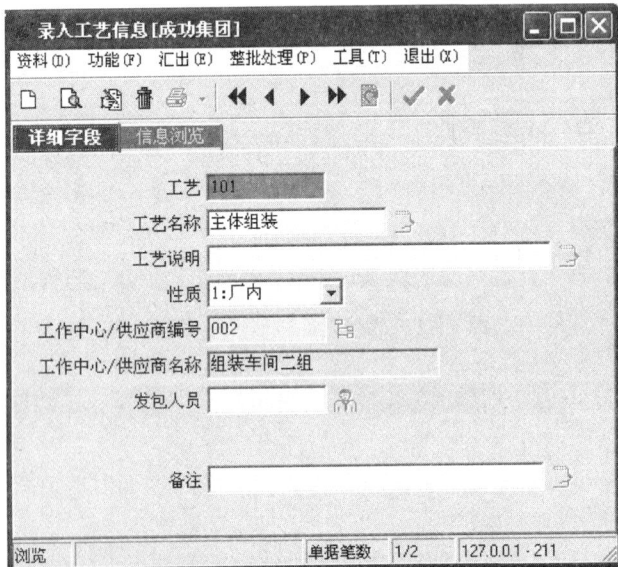

图 4 – 19　"录入工艺信息"界面

必须输入管理的厂内工艺信息。若某一工艺路线中有部分由委外供应商生产，为了管理委外的在制品数量，也必须输入"性质"为"2：委外"的工艺信息，并输入相关委外供应商数据。

（2）录入产品工艺路线。执行"产品结构子系统"→"基础设置"→"录入产品工艺路线"，在"录入产品工艺路线"界面里录入各种工艺类型。作为工单的预设工艺，可以用来计算各工艺的预计开工日、预计完工日、标准工时和标准成本。

①设定每个产出产品的工艺路线信息，如需经过的工艺、每道工艺所需耗用的标准时间等信息，后续作为工单指定工艺路线的依据，如图 4 – 20 所示。

②"工时批量"，计算工艺变动人时和变动机时的基础批量；"固定人时"，是产品在这一道工艺加工时，固定需要耗用的人工准备时间；"变动人时"，是指依照输入的工时批量计算出的需要耗用的人工时间；"固定机时"，是指产品在这一道工艺加工时，固定需要耗用的机器准备时间；"变动机时"，是指依照输入的工时批量，计算所需要耗用的机器时间，如图 4 – 21 所示。

③"转移批量"，用来计算变动天数的批量；"固定天数"，是指产品在这一道工艺加工时，固定要耗用的准备天数；"变动天数"，是指产品在这一道工艺加工时，一次转移批量

所需要耗用的天数；"落后天数"，是指落后前一道工艺的预计开工日期的天数，也就是要计算本道工艺的预计开工日，如图 4 – 21 所示。

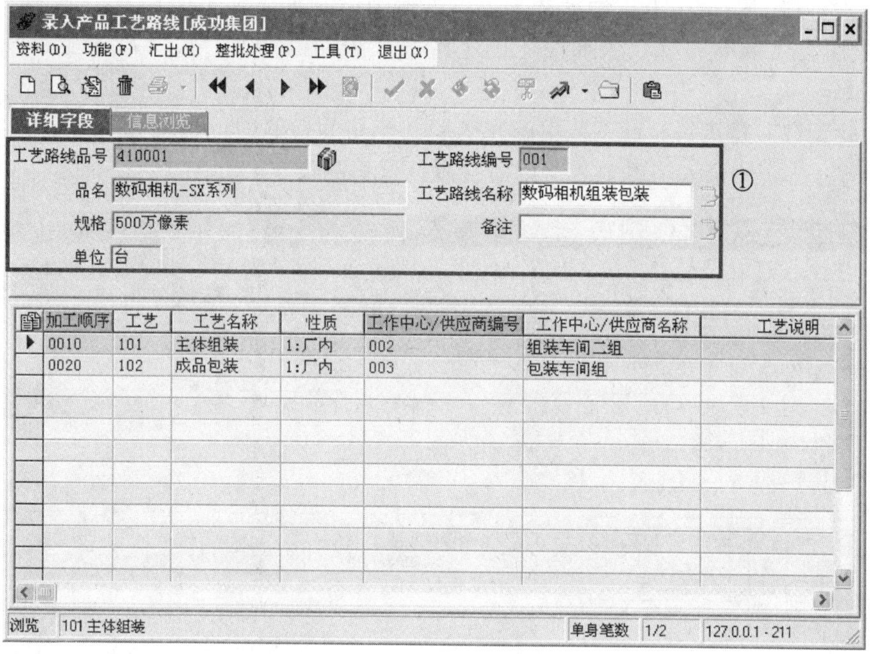

图 4 – 20 "录入产品工艺路线"界面 1

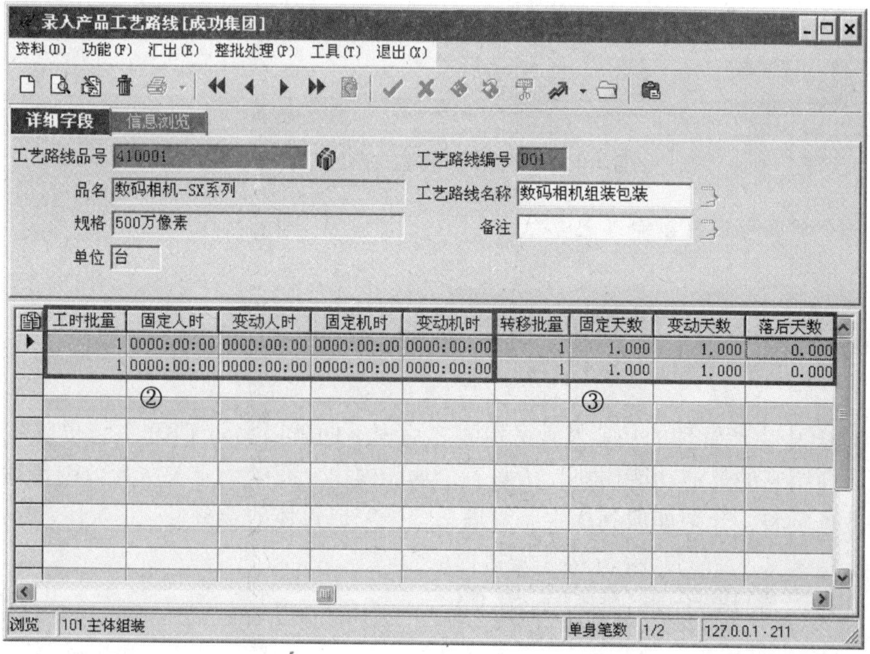

图 4 – 21 "录入产品工艺路线"界面 2

④"币种""计件单价"以及"加工单位"，在计算标准的加工费时使用，属于委外加工性质的工艺才需要输入，如图 4 - 22 所示。

⑤"检验方式"，是指可自行定义工艺的检验方式，如图 4 - 22 所示。其中，0 代表免检，1 代表抽检（减量），2 代表抽检（正常），3 代表抽检（加严），4 代表全检，可依实际的状况来设定。

⑥ 检验天数，是指每一道工艺生产完毕后，产品的检验时间需要多久。将来在"工艺管理子系统"开立"录入工单工艺"时，会默认这里的设定，如图 4 - 22 所示。

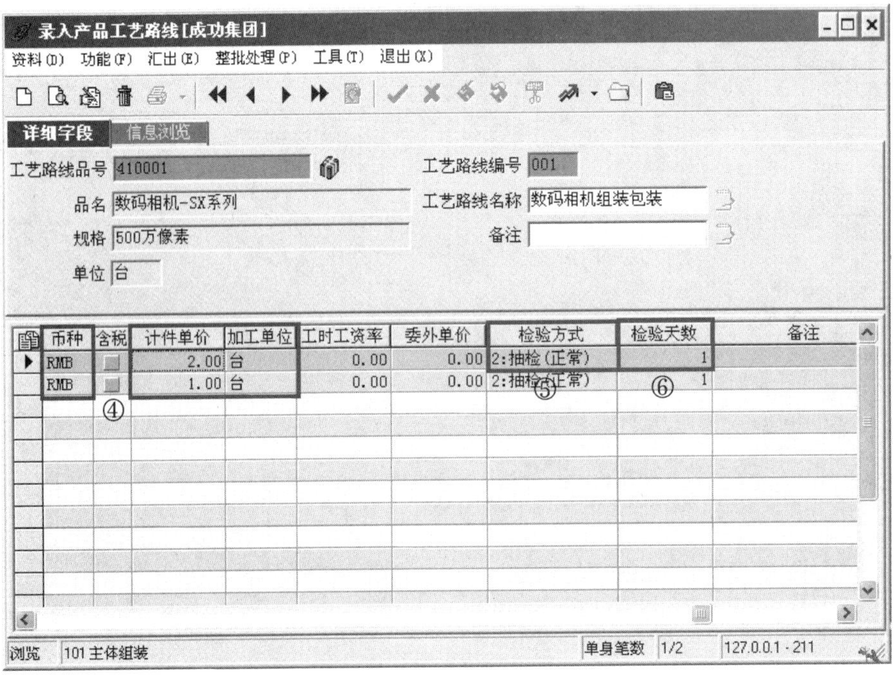

图 4 - 22 "录入产品工艺路线"界面 3

注：一个产品可以有多个工艺路线。

4.3 ERP 中生产管理的日常业务及管理重点

了解 ERP 中生产管理的功能及业务流程之后，下面就以易飞 ERP 系统里的生产管理子系统为例，介绍它的具体功能模块，了解各个功能模块之间的信息关联与数据传递，最后给出具体的业务资料，介绍如何利用生产管理系统来完成具体的业务。

4.3.1 生产管理子系统的主界面

如图 4 - 23 所示为易飞 ERP 系统中的生产管理子系统的主界面。

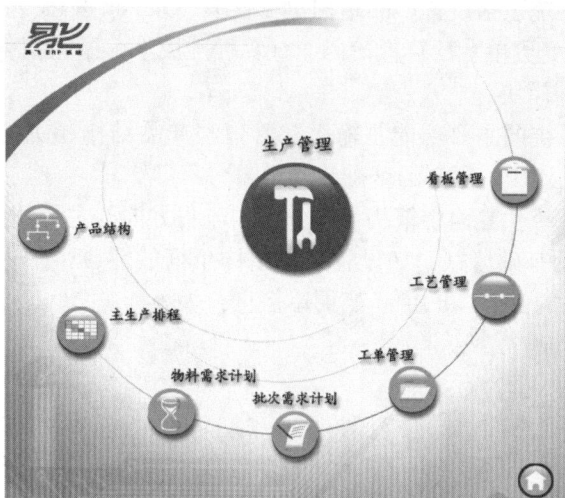

图 4 – 23 "生产管理子系统"主界面

☞ 系统界面显示了生产管理包含的 7 个子系统，有产品结构子系统、主生产排程子系统、物料需求计划子系统、批次需求计划子系统、工单管理子系统、工艺管理子系统和看板管理子系统。

4.3.2 生产管理子系统的功能及流程

1. 产品结构子系统

产品结构子系统的主界面如图 4 – 24 所示。

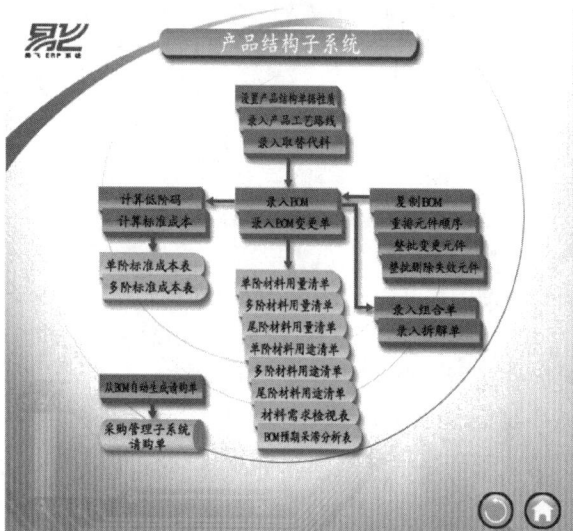

图 4 – 24 "产品结构子系统"主界面

（1）产品结构子系统包括设置产品结构单据性质、录入产品工艺路线、录入取替代料、录入 BOM、录入 BOM 变更单、计算低阶码、计算标准成本、录入组合单、录入拆解单、从 BOM 自动生成请购单等模块。

（2）产品结构子系统的主要功能是输入和管理与产品结构相关的数据。它是生产管理的基础，是运行 MPS、MRP、LRP 的基础。

（3）产品结构子系统主界面中箭头方向为操作流程方向，主要的操作有：

① 录入产品结构的基础信息，如设置产品结构单据的性质，录入产品的工艺路线，录入取替代料，录入产品的 BOM 和 BOM 变更单信息，等等。

② 计算产品的低价码。

③ 计算产品的标准成本。

④ 从 BOM 自动生成请购单。

2. 主生产排程子系统

主生产排程系统的主界面如图 4－25 所示。

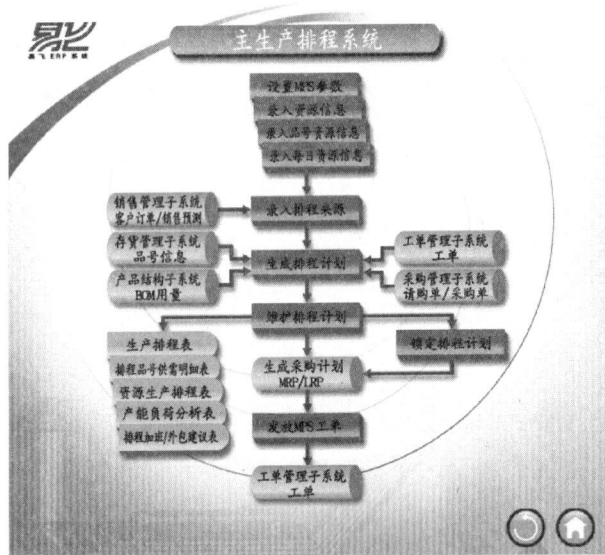

图 4－25 "主生产排程系统" 主界面

（1）主生产排程系统包括的模块及功能简述如下：

① 设置 MPS 参数、录入资源信息、录入品号资源信息和录入每日资源信息 4 个模块完成 MPS 的基础数据的输入和运行 MPS 的基础参数设置。

② 录入排程来源模块决定 MPS 的运行依据。

③ 生成排程计划模块、维护排程计划模块和锁定排程计划模块，用于生产排程计划后进行相应的维护。

④ 生成采购计划模块和发放 MPS 工单模块作为采购管理和车间生产的依据。由主生产

计划开始，经物料需求计划或批次需求计划，最后生成相应的采购计划和 MPS 工单。

（2）主生产排程系统主界面中箭头方向为操作流程方向，主要的操作有：

① 录入主生产排程计划的基础数据，包括设置 MPS 参数、录入资源信息、录入品号资源信息、录入每日资源信息，等等。

② 根据销售管理子系统的客户订单或者销售预测，确定排程计划的来源。

③ 根据品号信息、BOM 用量、工单信息、请购单/采购单信息等，生成排程计划。

④ 维护排程计划，根据影响排程计划因素的变化，对排程计划进行锁定和更改。

⑤ MRP 或 LRP 根据排程计划进行运算，生成采购计划。

⑥ 发放 MPS 工单到工单管理子系统。

3. 物料需求计划子系统

物料需求计划系统的主界面如图 4－26 所示，包括设置 MRP 参数、设置间距编号、设置计划条件、生成物料需求计划、维护生产计划、发放 MRP 工单、维护采购计划、发放 MRP 采购单等模块。

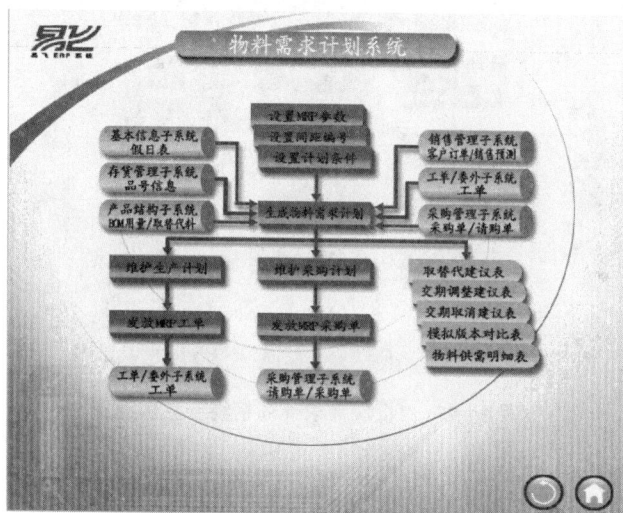

图 4－26　"物料需求计划系统"主界面

（1）物料需求计划系统中各模块的功能简述如下：

① 设置基础参数，规定 MRP 运行规则。

② 生成物料需求计划模块产生相应的物料需求计划，包括生产计划和采购计划。

③ 维护生产计划模块保证生产信息的正确性和完整性，然后发放 MRP 工单到工单系统。

④ 维护采购计划模块修正和审核采购信息，以保证采购信息的正确性和完整性，并据此发放 MRP 采购单到采购系统。

（2）物料需求计划系统主界面中箭头方向为操作流程方向，主要的操作有：

① 录入物料需求计划的基础数据，包括设置 MRP 参数、设置间距编号、设置计划条

件，等等。

② 根据基本信息子系统（假日表）、存货管理子系统（品号信息）、产品结构子系统（BOM 用量/取替代料）、销售管理子系统（客户订单/销售预测）、工单/委外子系统（工单）和采购管理子系统（采购单/请购单）生成物料需求计划。

③ 维护生产计划和采购计划，并生成相关信息。

④ 按照维护后的生产计划发放 MRP 工单到工单/委外子系统，按照维护后的采购计划发放 MRP 采购单到采购管理子系统。

4. 批次需求计划子系统

批次需求计划系统的主界面如图 4-27 所示。

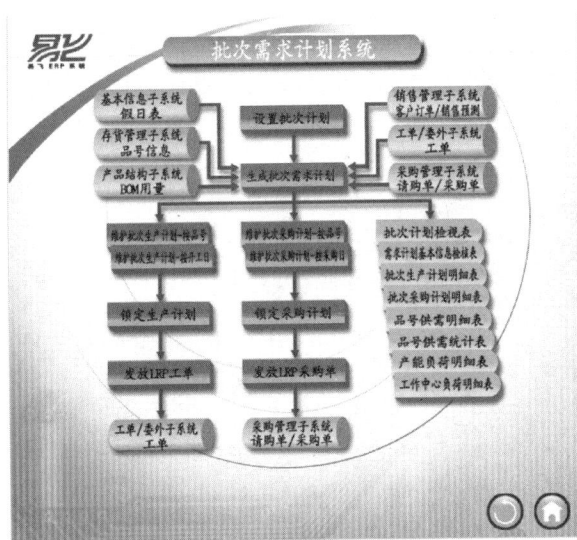

图 4-27　"批次需求计划系统"主界面

（1）批次需求计划系统包括的模块及其功能简述如下：

① 设置批次计划模块，用来设置批次需求计划的基础参数。

② 生成批次需求计划模块根据关联的信息，依据一定的计划来源生成相应的批次需求计划，包括批次生产计划和批次采购计划。

③ 维护批次生产计划模块对生产计划进行维护；对生产计划做相应的修正和审核时，锁定生产计划模块避免系统对该生产计划进行其他操作；维护完成后，发放 LRP 工单模块将该生产计划发放成工单至工单系统。

④ 维护批次采购计划模块对采购计划进行维护；对采购计划做相应的修正和审核时，锁定采购计划模块避免系统对该采购计划进行其他操作；维护完成后，发放 LRP 采购单模块将该采购计划发放成采购单至采购系统。

（2）批次需求计划系统主界面中箭头方向为操作流程方向，主要的操作有：

① 设置批次计划，作为运行批次需求计划的基础设置。

② 根据假日表信息、品号信息、BOM 用量信息、工单信息、请购单/采购单信息、客户订单/销售预测信息等，生成批次需求计划，包括批次生产计划和批次采购计划。

③ 维护批次生产计划，发放 LRP 工单到工单/委外子系统。

④ 维护批次采购计划，发放 LRP 采购单到采购管理子系统。

5. 工单管理子系统

工单/委外子系统主界面如图 4 – 28 所示。

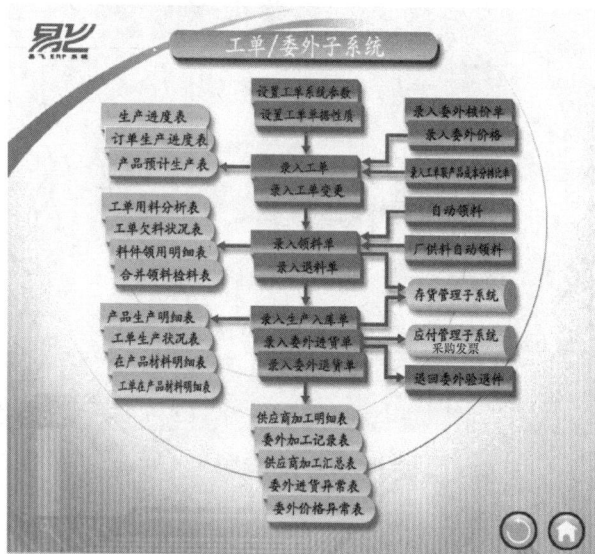

图 4 – 28　"工单/委外子系统" 主界面

（1）工单/委外子系统包含设置工单系统参数、设置工单单据性质、录入工单、录入工单变更、录入委外核价单、录入委外价格、录入工单联产品成本分摊比率、录入领料单、录入退料单、自动领料、厂供料自动领料、录入生产入库单、录入委外进货单、录入委外退货单、退回委外验退件等模块。

（2）工单/委外子系统具有实现工单基础信息的设置、完成工单的维护操作、完成根据工单的领退料操作、完成生产完工时和委外加工交货时成品入库等功能。

（3）工单/委外子系统主界面中箭头方向为操作流程方向，主要的操作有：

① 设置工单系统的基础参数，包括工单系统参数和工艺单据性质。

② 设置委外业务的基础数据，包括委外价格和委外核价单。

③ 录入工单，一般可以从前面的 MRP 或者 LRP 运算中自动生成，这里进行维护。工单可以是自制件的工单，也可以是委外加工的加工单。如果有变更情况，录入工单变更单。

④ 记录领料情况，录入领料单。如生产完工后有剩余料，要录入退料单。

⑤ 生产完工后，录入生产入库单。或者委外加工到货后，录入委外进货单和退货单，记录委外加工情况。

6. 工艺管理子系统

工艺管理子系统的主界面如图 4－29 所示。

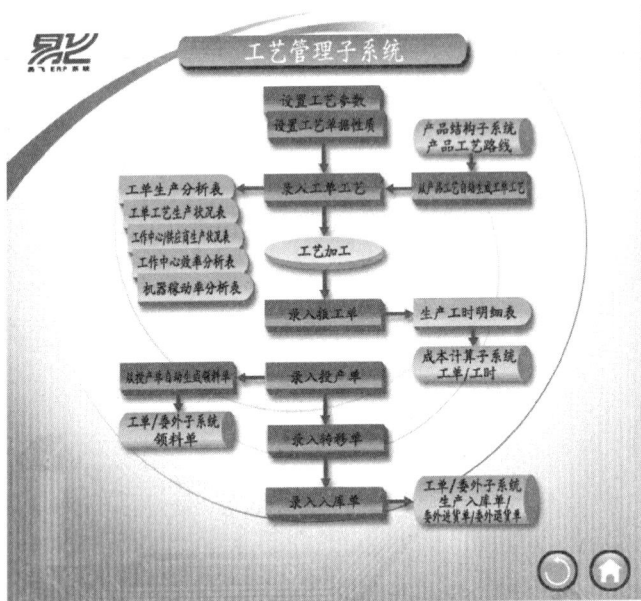

图 4－29 "工艺管理子系统" 主界面

（1）工艺管理子系统包括设置工艺参数、设置工艺单据性质、录入工单工艺、从产品工艺自动生成工单工艺、录入报工单、录入投产单、从投产单自动生成领料单、录入转移单、录入入库单等模块。

（2）工艺管理子系统主要完成工艺管理基础参数的设置，利用工单工艺来监控生产过程，生产加工过程中的投产、工序间转移、完工入库等情况的记录和处理。另外，工单管理和工艺管理联合可实现车间作业管理的功能。

（3）工艺管理子系统主界面中箭头方向为操作流程方向，主要的操作有：

① 设置工艺管理子系统参数，包括工艺参数和工艺单据性质。

② 根据产品结构子系统里的产品工艺路线信息，从产品工艺自动生成工单工艺。

③ 查看工单工艺，在生产的每一个环节，工艺都有相应的变化，可以随时查看，监控生产的环节。

④ 录入报工单，产生工时明细表，作为成本计算子系统计算工单、工时信息的依据。

⑤ 录入投产单，记录生产开工情况。

⑥ 从投产单自动生成领料单，进行领料。

⑦ 记录半成品在工序之间的转移情况，录入转移单。

⑧ 生产完工后，产品入库，录入入库单。

4.3.3　各管理子系统之间的集成关系

生产管理内部各子系统之间的信息关联，以及各系统与生产管理外部各系统之间的信息集成如图 4 - 30 所示。

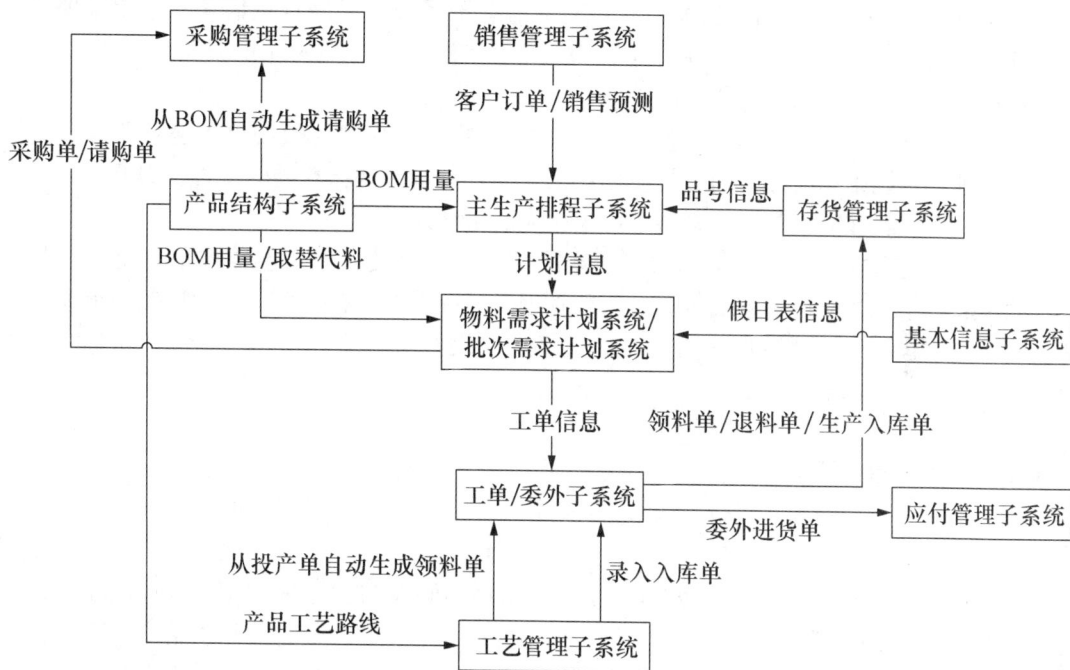

图 4 - 30　各系统之间的信息关联示意图

（1）与产品结构子系统的信息关联：从 BOM 自动生成请购单模块生成采购管理子系统的请购单。

（2）与主生产排程系统的信息关联。

① 属于生产管理内部的信息关联有：工单管理子系统中的工单信息、存货管理子系统中的品号信息、产品结构子系统的 BOM 用量信息，以及采购单/请购单信息，这些是生成排程计划的基础数据。

② 属于生产管理外部的信息关联有：采购管理中的采购单/请购单信息是物料需求计划生成的结果，销售管理中的客户订单/销售预测信息是作为录入排程来源的基础数据。发放 MPS 工单模块生成工单管理子系统中的工单。

（3）与物料需求计划系统的信息关联。

① 属于生产管理内部的信息关联有：工单/委外子系统的工单信息可作为物料需求计划的运行依据，产品结构子系统的 BOM 用量/取替代料可作为运行物料需求计划的基础数据。

② 属于生产管理外部的信息关联有：基本信息子系统中的假日表信息、存货管理子系

统中的品号信息、销售管理中的客户订单/销售预测信息、采购管理中的采购单/请购单信息等，都作为物料需求计划运行的基础数据。

（4）与批次需求计划系统的信息关联。

① 属于生产管理内部的信息关联有：工单/委外子系统的工单信息可作为批次需求计划的运行依据，产品结构子系统的 BOM 用量可作为运行批次需求计划的基础数据。

② 属于生产管理外部的信息关联有：基本信息子系统中的假日表信息、存货管理子系统中的品号信息、销售管理中的客户订单/销售预测信息、采购管理中的采购单/请购单信息等，都作为批次需求计划运行的基础数据。

（5）与工单/委外子系统的信息关联。工单/委外子系统中的领料单和退料单信息会影响存货管理子系统中相应原料的数量变化；录入委外进货单意味着委外交货，需要支付相应的费用，从而反映在应付管理子系统中产生相应的采购发票。

（6）与工艺管理子系统的信息关联。产品结构子系统的产品工艺路线信息是从产品工艺自动生成工单工艺模块的基础数据。工艺管理子系统里的从投产单自动生成领料单模块自动生成工单/委外子系统里的领料单；录入入库单模块自动生成工单/委外子系统里的生产入库单。

4.3.4　生产管理实例

【案例描述】

生管人员吴昊根据 12 月份办公椅 200 台的销售预测及与"中实集团"100 台办公椅的销售订单去组织生产，并安排主生产计划。调整并确认后，将生产计划派工给生产车间办公椅加工中心。该车间生产办公椅的关键产能资源为人力，办公椅加工中心有工人 5 人，每人每天 8 小时产能，每生产一台办公椅耗用产能 1 小时。

如何利用 ERP 系统软件进行相应的领料业务处理？何时在系统中进行操作？下面将对此业务进行分析，并给出具体的实验环境和操作步骤。本实验给出录屏演示操作过程，请参见随书附带光盘。

【实验解析】

本实验涉及主生产排程计划的制订，ERP 系统中实现如下作业：

（1）为安排本次生产，需先查询"录入资源信息""录入品号资源信息"，以获得办公椅加工中心具备的产能、办公椅耗用的产能等信息；

（2）生管人员吴昊针对产能资源、假日表等信息，将 12 月份每一天的产能状况"生成每日资源"；

（3）吴昊对本次排程的来源在"录入排程来源"中进行指定；

（4）吴昊执行"生成排程计划"，依据工作中心产能的负荷，自动依照每日资源排定办公椅的生产时程；

（5）对系统自动生成的排程结果，吴昊进行调整和确认；

（6）排程确认后，吴昊将其派工给办公椅加工中心，执行"发放 MPS 工单"。

由此设计操作步骤：生成每日资源、录入排程来源、生成排程计划、维护排程计划、发放 MPS 工单。

【实验环境】

时　　点：2014 年 12 月 5 日

操作人员：008 吴昊（生管员）

公　　司：光华家具厂

【实验步骤】

第 1 步：进入"主生产排程系统"界面。登录易飞 ERP 系统，在系统主界面中选择"生产管理"→"主生产排程系统"，进入"主生产排程系统"界面（如图 4 – 25 所示）进行相关操作。

第 2 步：生成每日资源，准备进行 MPS 排程。

（1）生成每日资源。在图 3 – 24 所示易飞 ERP 系统主界面左边树状结构中选择"生产管理"→"主生产排程系统"→"基础设置"，在其树状结构下，双击"生成每日资源"模块，进入"生成每日资源"界面，进行相关操作，如图 4 – 31 所示。

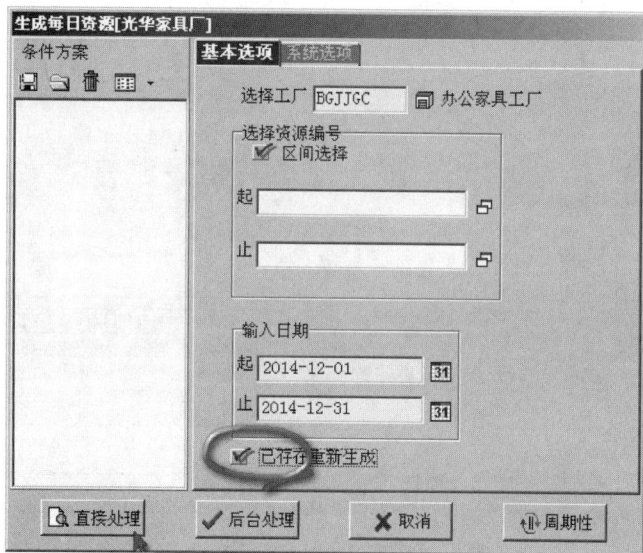

图 4 – 31　"生成每日资源"界面

☞ 如果是重复"生成每日资源"，需要将"已存在重新生成"勾选，系统会将原产能信息删除，重新生成新的信息。

此处理的目的是自动生成"办公家具工厂"在 2014 年 12 月的每一个工作日的产能，其中休息日参考"录入假日表"的设置，每日的产能信息会参考"录入资源信息""录入品号资源信息"的设置。

（2）查询每日资源信息。在"主生产排程系统"中单击"录入每日资源"模块，进入"录入每日资源"界面，单击"查询"按钮，进行相关查询，如图 4 – 32 所示。

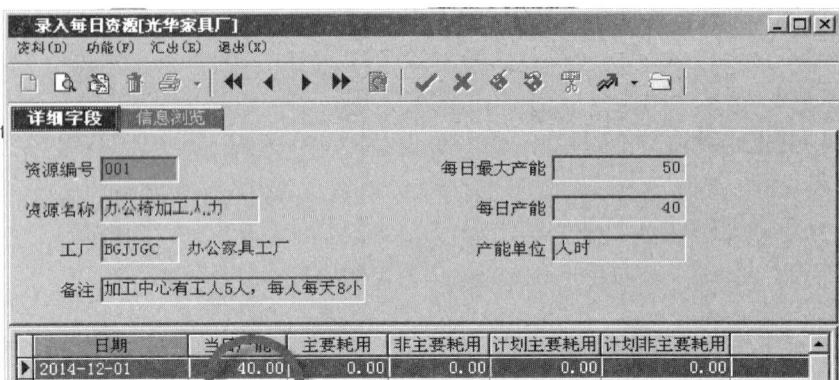

图4-32 "录入每日资源"界面

执行过"生成每日资源"处理后，可在此查询及调整每日资源信息。此信息将在后续"生成排程计划"中作为产能平衡的关键因素。

第3步：录入排程来源。在"主生产排程系统"中单击"录入排程来源"模块，进入"录入排程来源"界面，按图4-33所示顺序及内容进行排程来源的增加。

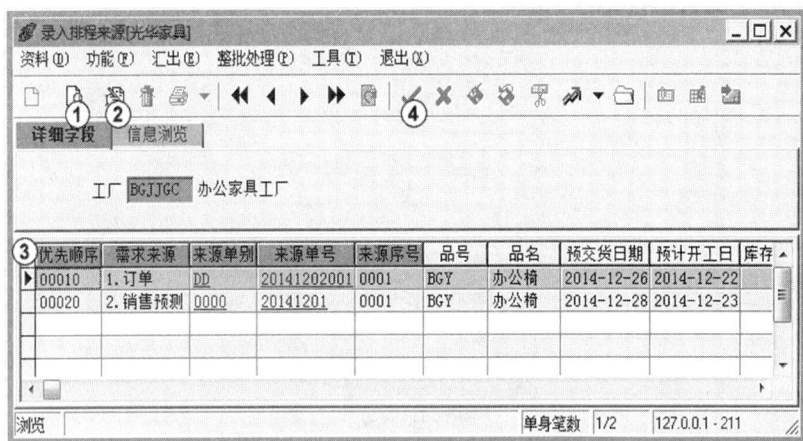

图4-33 "录入排程来源"界面

"需求来源"分为"订单""销售预测"和"独立需求"三种，本实验涉及前两种来源，"订单""销售预测"需要在"销售管理子系统"中录入。

执行"录入排程来源"处理，表示对生成"主生产计划"的来源进行确认。

第4步：生成排程计划。在"主生产排程系统"中单击"生成排程计划"模块，进入"生成排程计划"界面，依图4-34所示进行设置，单击"直接处理"即生成排程计划。

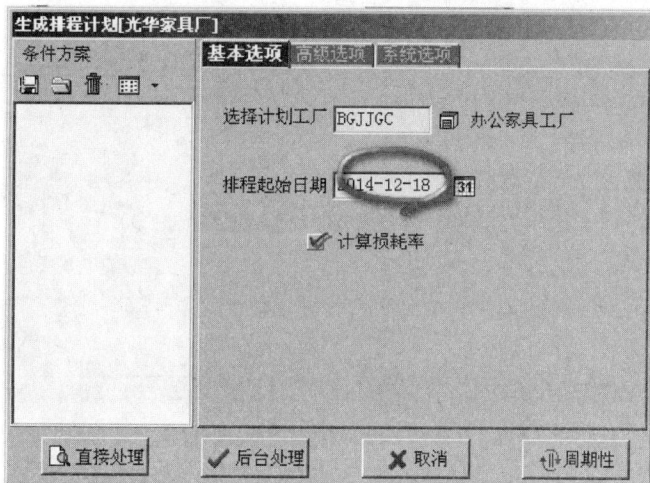

图 4 – 34　"生成排程计划"界面

☞　"排程起始日期"选择"2014 – 12 – 18"。

此处是依据"录入每日资源"的产能信息，并根据"录入排程来源"信息生成排程计划。

为了重点练习 MPS 排产环节，简化生产前的物料准备过程，本实验特意设计在 18 日有部分原材料将会采购到货，保证生产不出现缺料的状况，故本实验将排程起始日期设为"2014 – 12 – 18"。学习者可到"采购管理子系统"中查询相关的采购信息。

第 5 步：维护排程计划。在"主生产排程系统"中单击"维护排程计划"模块，进入"维护排程计划"界面，进行排程查询，排程结果显示有两个生产任务，如图 4 – 35 所示。

☞　在此界面可以查询已生成的排程计划，并以"甘特图"方式显示生产排程的预计开工日、完工日，以柱状图的方式显示产能耗用状况。

"甘特图"中如有红色节点，则其代表需求日，如果生成的排程计划超过了红色节点，代表以当前的产能状况无法按时完成生产，生管人员需要考虑加班或者委外加工等措施来保证准时交货。

如需调整排程信息，单击"修改"按钮对排程的日期、产能状况进行调整。

第 6 步：发放 MPS 工单，查询并审核工单。

（1）发放 MPS 工单。在"主生产排程系统"中单击"发放 MPS 工单"模块，进入"发放 MPS 工单"界面，依图 4 – 36 所示进行设置，单击"直接处理"即完成发放 MPS 工单。

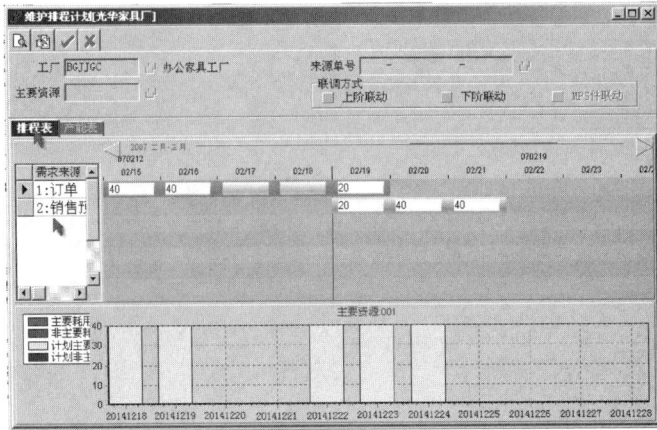

（a）维护排程计划-排程表

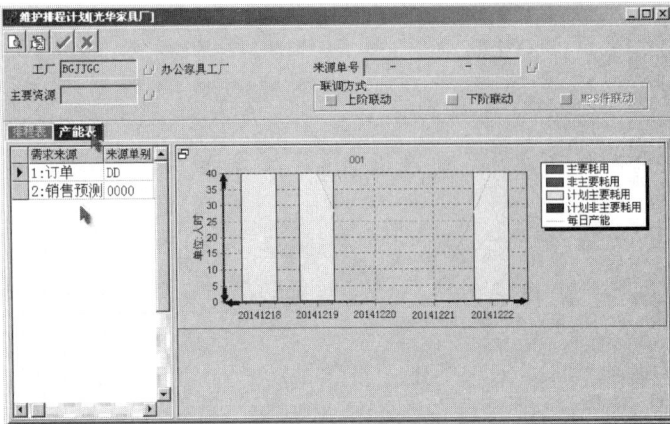

（b）维护排程计划-产能表

图 4－35 "维护排程计划"界面

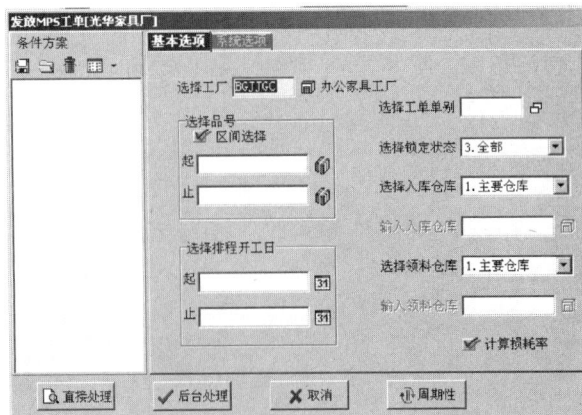

图 4－36 "发放 MPS 工单"界面

此处 MPS 工单的发放，将在"工单/委外管理子系统"中自动生成工单信息。

（2）查询并审核工单。在"工单/委外管理子系统"中单击"录入工单"模块，进入"录入工单"界面进行查询，对相应的工单进行审核，如图 4 - 37 所示。

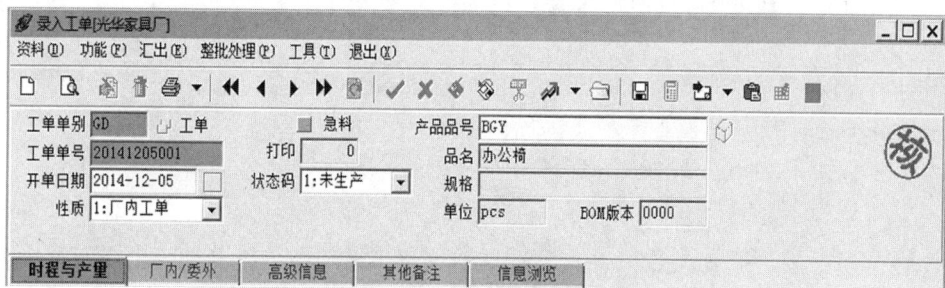

图 4 - 37 "录入工单"界面

【实验小结】

本实验完成了 12 月份办公椅的主生产计划，并将其作为生产任务发放到车间。

通过本次实验，了解了 MPS 主生产计划的逻辑为：首先完成 MPS 生产排程的前期准备，包括设置车间的资源信息以及产成品耗用资源的信息；执行"生成每日资源""录入排产来源"后，通过"生成排程计划"系统自动考虑产能平衡、排产优先顺序、需求时间等因素，制订主生产计划，并且将维护后的排程信息发放成厂内工单。

依据前面提供的 MPS 计算模型，查看本次实验数据提供的 MPS 计算的基础信息，手工进行 MPS 计算，试比较手工计算的结果和实验操作的结果，看一看它们有什么差别？

本章小结

本章主要介绍生产管理的基本内容，企业生产管理和 ERP 中生产管理的联系与区别，ERP 中的生产管理思想、ERP 中的生产管理功能和 ERP 中生产管理子系统的功能实现。首先，阐述了生产管理的职能、企业的生产类型和运作流程；其次，概要描述了 ERP 中生产管理的基本概念，对生产管理的功能进行了详细介绍，主要包括主生产计划、物料需求计划、能力需求计划和车间作业计划，逐一介绍了它们的原理；再次，介绍了生产管理和其他管理之间的关系，指出 ERP 中的生产管理通过信息关联和集成来解决传统生产管理中所存在的问题；最后，列举 ERP 软件中的生产管理系统，先介绍其功能和信息关联，然后模拟实际的业务情境使用该系统进行具体作业的实现。

[思考与练习]

1. 简述生产计划的层次及作用。

2. 生产管理子系统中时段和时区分别代表什么含义？作用和意义是什么？

3. 简述 MPS 和 MRP 的关系。

4. 完成 MRP 运算需要用到哪些量？MRP 的输出是什么？用什么形式表示？

5. 能力需求计划分为哪两种？区别是什么？

6. 易飞 ERP 系统中，生产管理子系统包含哪几个功能模块？各有什么作用？

7. 易飞 ERP 系统中，生产管理子系统与其他管理子系统之间有哪些关联？

8. 易飞 ERP 系统中，生产管理子系统中各个功能模块的流程是什么？

9. 计算题：表4-7是一家自行车生产单位的计划员制订的计划表，请按照 MRP 原理，结合表头参数及表体给定的条件，给有序号的空白处填上正确的数字。（请写清计算步骤）

表4-7 题表
需求计算

物料号：13000　　　　　现有库存量：8　　　　　日期：2014-01-31
物料名称：轮胎　　　　　安全库存量：5　　　　　计划员：×××
提前期：1 周　　　　　　批量：10

时　段	当　期	1	2	3	4	5	6
		02-03	02-10	02-17	02-24	03-03	03-10
毛需求		12	8		5	7	6
计划接收量		10					
预计可用库存	（现有量）8	①		8	⑥	⑧	⑨
净需求		②	③		⑦		5
计划产出量			④		10		10
计划投入量		⑤		10		⑩	

10. 案例题：根据 4.1.3 案例公司中提供的案例，进行如下操作：

（1）在易飞 ERP 系统中进行操作来实现案例第三部分的生产排程计划及采购计划。

（2）按照案例在 ERP 系统中实现工单录入。

（3）产品"数码相机-SX 系列"的生产工艺发生了变化，PCBA-Assembly Sensor 由采购件变成了委外件，并由委外厂商进行加工，发生如下业务，请在系统中实现：

● 2015 年 1 月 9 日，工单变更：收到 1 月 8 日工单的部门向生管部提出协调，仓管部反映原本委外生产的半成品库存已挪作他用了，制造部反映电阻（品号：120001）及二极管（品号：120003）的生产损耗率有所提高，建议多备料。生管部评估后，变更工单内容。变更事项一：原本工单的委外生产数量为 150 ea，将该工单预计产量增加至 200 ea。变更事项二：电阻的需领用量由原本的 1 260 PCS（生产 200 ea 半成品的用量）增加至 1 320 PCS，二极管的需领用量由原本的 400 PCS（生产 200 ea 半成品的用量）增加至 408 PCS，变更完毕后，发送一份委外工单凭证至外包组以便于通知厂商，另发送一份至仓管部通知工单的需领用量已变更。

● 2015 年 1 月 11 日，半成品–委外生产领料：仓管部按外包组的领料单，于委外开工生产前夕，将料件备齐送交委外厂商"达智科技"。

● 2015 年 1 月 13 日，半成品–委外工单开工：PCBA-Assembly Sensor 的委外工单开始于厂商"达智科技"生产。

● 2015 年 1 月 16 日，半成品–委外生产进货/验收/验退：委外厂商"达智科技"将完工的 200 ea 送回公司，外包组收料后，通知质检部进行验收，检验结果有 2 ea 品质不合格，退回"达智科技"重新加工，剩余的 198 ea 则办理入库。

● 2015 年 1 月 16 日，半成品–委外退料："达智科技"将工单加工完成后，剩下一些未用的材料，包含电阻（品号：120001）50 PCS 未使用、二极管（品号：120003）5 PCS 未使用，为避免零件放置过久闲置或损坏，因此将余料退回成功集团；外包组收到余料后，随即录入委外退料单，并通知质检部检验，然后余料入库存放。

● 2015 年 1 月 19 日，半成品–委外退货：仓管部发现已入库的半成品"PCBA-Assembly Sensor"，其中 5 ea 外观有脱落的现象，通知质检部前来检验，判定为加工品质不良，通知外包组将这 5 ea 不良品退回"达智科技"重修。

第 5 章　ERP 财务管理

学习内容

　　信息技术概念的前提是在合适的时候为特定的人提供准确、满足其需要的关键信息，以便他能为企业做出关键的决策。这些关键信息的绝大部分都来源于财务数据。但是，仅有财务数据是不够的，企业需要对这些数据进行一整套的处理以提供不同的视图，使之按照企业所需要的正确形式为管理者提供及时、正确的财务信息，帮助管理者做出关键的决策。

　　本章主要介绍财务资源界定、一般企业财务管理重点业务、ERP 中的财务管理的实现原理及单据、ERP 系统中业务资料的设定等内容。

学习目标

　　熟悉：一般企业财务管理重点业务；ERP 中的财务会计流程；ERP 中的管理会计流程。

　　理解：企业财务管理与 ERP 系统模块对应表。

　　掌握：ERP 系统财务管理业务单据。

引　例

　　某企业是一家大型化工企业，以有机化工、无机化工、塑料、橡胶、液体石油等 200 多种化验室原材料为主营业务。公司销售规模、年进出口额均居同行业第一位。随着企业经营规模的不断扩大，公司不断加大制度管理和创新管理的力度，成立了物流管理中心，并提出了"三流"分离的新型管理模式，即资金流、物流、商流分轨运行，实现了企业管理的精细化管理。1997 年，公司销售额突破 5 亿元。

　　然而，随着业务增长，传统的手工操作渐渐暴露出效率低下的弊端。各部门的工作越来越忙，业务处理的过程也越来越长。尤其是财务部，每天近千张单据制作和业务处理，使得财务人员的工作压力明显增长。与此同时，各种数据、报表的及时性和准确性也大大降低。公司管理层意识到，企业要想适应快速增长的需求，仅有精细化的管理是远远不够的，还必须建立一套快捷、准确、高效的管理信息系统。为此，公司决定从财务部入手，进行信息化改造，进行 ERP 的实施。

实施 ERP 后，业务运作的效率明显提高，而且业务操作的规范性也大大增强。以调单管理为例，每张调单有唯一的凭证号，只要输入系统，业务就确定了，避免了因价格波动对业务的影响。同时，调单的管理和查询也只需要通过系统即可实现。无论是财务数据还是业务信息的查询和统计，时效性和准确度都大大提高了。此外，财务系统与业务系统的对接，为财务部门核算各业务部门的成本、效益提供了很大的方便。而且，公司的成本核算已经细化到每个部分，为企业领导层的决策提供了有力的数据保障。

财务的准确和实时性对于企业管理层的决策起到了积极的作用，能够极大地推动企业在整个竞争环境中前进的速度。

思考：企业实施 ERP 的动因是什么？实施 ERP 系统后为企业带来了哪些好处？

5.1　一般企业财务管理整体流程概述

5.1.1　一般企业财务管理重点业务概述

现今空前复杂多变的经济市场给企业造成了紧迫感和奋进感。市场的所有参与者都会密切注视企业经营行为及其经济后果，以便及时做出决策。那么，根据什么来评估企业的业绩，才能做出较为可靠的决策呢？这主要是依据企业财务部门所提供的信息，即会计信息。这些信息涉及一个企业的资金（包括运用和来源）、成本和盈利，反映了指定日期的财务状况、指定期间的经营业绩和现金流量。

1. 财务资源的基本概念

会计是以货币作为反映方式，对经济业务进行核算和监督的一种管理活动。

会计业务是指由确认、计量、记录、报告、分析、预测（计划）、评估等一系列元素（环节）有机构成的集合，跟踪生产和经营的全过程，捕捉需要处理的数据，通过加工转换，使之成为可用于评估企业生产经营效率和收益、可用货币予以量化的信息。

现代会计学将向企业外部提供财务信息的会计事务称为财务会计，将为企业内部提供财务信息的会计事务称为管理会计。它们共同使用一个重要的（但不是唯一的）信息源——以复式簿记为基础的传统会计的数据，分别生成财务会计信息（表现为对外的财务报告）和管理会计信息（表现为预测、计划、评估方案等）。两者既互相配合、渗透，又互相利用。特别是成本会计，有机地将两者紧密联系在一起。虽然如此，财务会计和管理会计均有特定的目标和相应的处理程序和方法，从而形成不同的体系结构。

为此，本节将围绕财务会计和管理会计讨论其在企业经营管理中的运作。财务会计方面，以总账管理为核心，结合应收、应付账款管理探讨企业怎样制成向外界提供的信息；管理会计方面，提供成本管理、财务分析来了解企业如何进行控制和决策。

2. 财务会计的基本内容

企业是以营利为目的的经济组织，它全部的活动都是利用所有的资源获得最大的回报。企业的生产经营活动形成了一个循环。

企业先要获得需要的资本，采购所需的设备和原材料，因而要向供应商支付现金（包括银行存款），或形成应付账款，到货后偿还；企业需要雇用人力，为此需要向员工支付工资。这个过程是周而复始的，从而构成一个循环，即采购付款循环。

企业利用购入的设备、原材料和雇用的人力资源来生产产品，这是一边消耗资源、一边形成产品的过程，即生产循环。

企业生产出产品后，把产品卖出去，以获得盈利。企业卖出产品后收到现金，或形成应收账款，在以后以现金或转账的形式收回。这是销售收款循环。

企业的全部经营活动实际上是上述这些循环的不断重复，它们又构成了一个大循环。

企业的经营中，每一项经济业务都必须有原始凭证。原始凭证审核无误后可作为编制记账凭证的依据，然后根据记账凭证将经济业务活动记入相应的账目。虽然通过账目已经记录了所有经济业务的发生和完成情况，但还不能直观地从中获取有关的信息，来满足投资者、债权人、银行、供应商等企业外部的集团和个人以及企业管理者了解企业财务状况、经营成果和经济效益的需求。为此，需要编制财务报表，以改善企业的经营状况，另外还要进行财务分析。

财务会计所提供的信息来源是多方面的，如总账管理、应收应付账款管理、固定资产管理、工资管理、票据管理及多币制管理等。在此介绍其中主要的两个部分：总账管理和应收应付账款管理。财务会计的主要目的在于为企业外部提供全面反映企业财务状况、经营成果和财务状况变动的信息。

（1）总账管理。总账是会计核算的核心部分，它支持和统帅着其他各个部分，贯穿了资金流动过程中的各个环节。因此，总账的内容涵盖了会计业务流程的全过程。企业在生产经营过程中的会计流程是不断循环的，如图 5 - 1 所示：

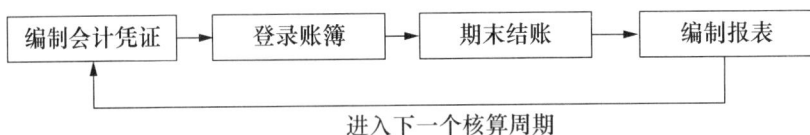

编制会计凭证 → 登录账簿 → 期末结账 → 编制报表

进入下一个核算周期

图 5 - 1　会计循环

① 编制会计凭证。会计凭证分为原始凭证和记账凭证。根据审核后合格的原始凭证，按照业务内容确定借贷方的账户和金额，然后制作记账凭证。

原始凭证是业务发生或完成时取得并填制，用以记录、证明业务已经发生或完成的原始证据，是进行会计核算的原始资料。它与记账凭证相比，具有更强的法律效力。

记账凭证是会计人员根据审核后的原始凭证进行归类、整理，按规定的会计科目和复式记账方法并确定会计分录而编制的凭证，是据以登录账目的依据。记账凭证又分为收款凭证、付款凭证和转账凭证。

② 登录账簿。根据记账凭证中的借贷方账户和金额，登录日记账、明细分类账和总分类账。从原始凭证到记账凭证，这些记录在会计凭证上仍是分散的、不系统的。为把分散在会计凭证中的大量核算信息加以集中归类反映，提供系统、完整的核算资料，并为编制财务报表提供依据，就需要设置和登记账簿。

③ 期末结账。当一个会计期间结束时，进行账目结算，关闭有关账户，确定本期净收益的有关收入和费用账户，并将本期净收益转入权益类账户，同时编制试算表。

会计期间一般实行日历制。月末进行计算，季末进行结算，年末进行决算。结账于各会计期末进行，一般可以分为月结、季结和年结。

④ 编制报表。财务报表是会计核算工作的结果，即根据结账的账户余额及本期发生额编制资产负债表、损益表等，是反映会计主体财务状况、经营成果和财务变动情况的报告。因此，财务报表必须数字真实、计算准确、内容完整、编报及时。主要财务报表包括资产负债表、损益表。

● 资产负债表是反映企业在某一特定日期资产、负债和所有者权益构成情况的财务报表。它根据"资产 = 负债 + 所有者权益"这一基本公式，依照一定的分类标准和次序，把企业在某一特定日期的资产、负债和所有者权益项目予以适当的排列编制而成。资产负债表显示企业当时的财务健康状况，这是企业债权人和所有人考虑的重要因素。

● 损益表是反映企业在一定会计期间内经营成果的财务报表。它根据"收入 – 费用 = 利润"这一公式，依据一定的标准把企业一定时期内的收入、费用和利润情况项目予以适当的排列编制而成。显示企业的销售额、销售成本和当期损益。盈利性对于债权人和所有人来说非常重要。经营者通常把利润看成是成功的标志，而把损失看作出现问题的标志。

⑤ 财务分析。财务分析的对象是财务报表，主要是资产负债表和损益表。从这两种财务报表中着重分析公司的收益性、安全性、成长性和周转性 4 方面的内容。

● 收益性——获利能力。公司利润额的大小，是判断企业是否有活力、管理效能优劣的标志。作为投资者，首先要选择利润丰厚的公司进行投资。所以，分析财务报表，先要着重分析公司当期投入资本的收益性。

● 安全性——偿还能力。分析企业的偿还能力的目的在于确保投资的安全性。具体从两方面进行分析：一是分析短期偿债能力，看其有无能力偿还到期债；二是分析其长期偿债能力的强弱。

● 成长性——扩展经营能力。分析公司的扩展经营能力，即进行成长性分析，这是投资者进行长期投资决策时最为关注的重要问题。

● 周转性——经营效率。分析经营效率，主要分析报表中各项资金周转速度的快慢，以检测公司资金的利用效果和经营效率。

⑥ 总账管理的流程。总账管理中，企业将发生的一切经济业务都按照一定的记账程序，由会计人员记入相关的账簿。

在会计手工记账程序中，有制作记账凭证、记账、算账、结账、对账、转账、制表等多项业务处理。下面就以图 5 - 2 所示的记账程序进行说明。

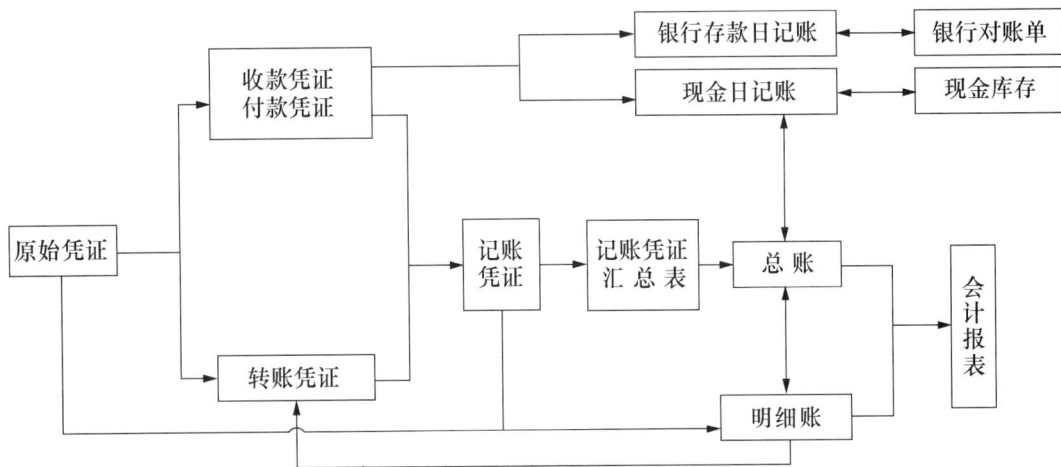

图 5 - 2　传统手工记账程序

- 根据原始凭证填制收款、付款凭证及转账凭证；
- 根据收款、付款凭证登记现金、银行存款日记账；
- 根据原始凭证或记账凭证登记明细账；
- 根据记账凭证定期编制记账凭证汇总表，根据记账凭证汇总表登记总账；
- 将日记账、明细账分别与总账进行核对；
- 月终，根据总账及明细账编制财务报表；
- 将现金日记账的余额与现金库存金额进行核对；
- 将银行存款日记账的余额定期同银行对账单的结存数进行核对；
- 根据需要，将明细账上内容进行转账，编制转账凭证。

在传统手工处理过程中，所有发生的业务事项，其数据均以各类凭证、账簿等文档形式保存并流动。在数据流动过程中，数据具有顺序关系。

(2) 应收账款管理与应付账款管理。

① 应收账款管理。应收账款是企业因销售商品、材料或服务应向客户收取的账款，一般设有应收账账户。

应收账的功能主要有两点：一是进行应收款核算；二是对客户往来账进行管理。

应收账款的处理是根据发票来处理客户付款的，可以更改存款账户余额，处理退款和借、贷款，区别逾期结算和催促付款。与客户订单、发票处理业务联系在一起，在相关事务处理中自动生成记账凭证，导入总账。

② 应付账款管理。应付账款是企业应付采购账款，即在购入商品时，按发票价格分别记入采购账户和应付账账户。在应付账的账务处理中，产生的各种应付票据要有发出和签发

处理，到期偿付处理、贴现处理、票据登记处理，还有税的处理和账龄分析。

应付账主要处理从发票审核、批准、支付一直到检查和对账的业务，与采购部门、库存部门联系在一起，并从中取得数据。

3. 管理会计的基本内容

管理会计是 20 世纪 50 年代发展起来的新学科，是现代管理学的重要组成部分。

管理会计的主要目的在于为企业内部各级管理部门和人员提供进行决策所需的各种经济信息。提供信息的范围可根据需要而有极大的伸缩性（时间单位可从小时到年），既有历史信息，也有预测信息；所遵循的约束条件是以满足成本/效益分析的要求为准，无外部的强制约束。其管理功能一般通过财务报表分析和成本管理这两个角度来实现。

（1）财务报表分析的基本概念。分析财务报表的主要目的在于考核企业生产经营计划的完成情况，评价企业财务状况的好坏，并对企业的发展做出决策和规划。

① 比率分析法的定义。比率分析法是把同一张财务报表内的不同项目或不同类别进行比较，或把不同报表之间存在关联的项目加以比较，计算出比率，用比率来反映它们之间的关系，据以评价企业的财务状况和经营业绩，并查找出经营中存在的问题和解决办法。

② 财务比率分析的类别。

- 资本结构分析又可分为资本结构类别比率分析和资本结构项目类别比率分析。
- 偿债能力分析又可分为短期偿债能力分析和长期偿债能力分析。
- 经营效率分析。
- 获利能力分析。

（2）成本管理的基本概念。

① 成本的含义。《工业企业会计制度讲解》中给出了成本的定义："成本，即生产成本（或制造成本），是企业为生产商品和提供劳务所发生的各种耗费和支出。"这里所说的成本是一个狭义的概念，只是指生产成本，是从会计角度来研究如何把为生产商品和提供劳务所发生的耗费和支出归集、计算出生产成本。这个定义主要是为成本核算服务的。

② 成本要素。制造成本是制造业企业在生产过程中制造产品所花费的成本，包括以下几个要素：

- 直接材料，是指产成品的原料及其零件部分，是构成产品的基本因素。
- 直接人工，是指直接改变原料的形态或性质所用的人工。直接人工成本包括各种工人工资。
- 制造费用，又称为间接成本，是指制造业所发生而不能作为直接材料和直接人工的工厂成本。

直接材料和直接人工的成本总和称为主要成本；直接材料、直接人工和制造费用通常称为成本三要素，即料、工、费。

③ 标准成本体系。标准成本体系（Standard Costing System，SCS）是 20 世纪诞生的一种成本管理制度。由于标准成本体系的应用在会计记录中反映出预测成本和实际成本的差

额，所以在成本发生过程中，可将实际发生的成本同标准成本进行对比，把对比的差异和汇总信息提供给管理人员，作为分析企业经营生产活动和进行决策的依据；同时，通过差异数据的研究，找出预测和业绩的差异原因。

采用标准成本有利于以下几方面的工作：

- 编制企业预算和成本计划；
- 确定销售价格，方便投标和报价；
- 估算企业利润；
- 控制成本，跟踪库存价值的变化；
- 简化成本计算程序，及时提供成本报告；
- 评价目标完成情况和经营业绩，分析原因，明确责任；
- 制定经营决策和降低成本的措施。

用通俗的话说，标准成本是"算了再干"，而传统的成本核算是"干了再算"，两者之间有本质不同。

财务会计和管理会计是企业面向不同的角度所做的财务管理。表 5 - 1 给出了财务会计和管理会计的区别。

表 5 - 1　财务会计和管理会计的区别

对比项	财务会计	管理会计
对象	向外界用户提供信息	向内部用户提供信息
范围和目的	生成企业整体经营业务的财务报表；高度综合、真实，但详细程度不能完全满足决策需要	生成部分的或有特定目的财务报表；可以不综合，但详细程度可供计划、控制与决策采用
时间性	提供较长的、规定时期的信息（如年、季、月），报告已发生的情况	提供信息的时间范围有伸缩性（如从几小时到数年），包括历史信息和预见信息
约束	遵照外部强制的标准、会计原则、方法和程序	无强制和约束，以满足成本/效益分析要求为准

4. 财务业务的特征及运作流程

（1）财务业务的特征。企业的财务作业旨在提供正确、及时的会计信息给企业内外的信息用户，供其作为决策参考。因此，一般企业的财务作业有以下 4 项特色：

① 财务作业是所有企业的必需业务。

② 财务作业是企业内部唯一需要遵循外部用户数据处理规范要求的流程。

③ 财务作业的数据处理量非常大。

④ 财务作业以处理真实数据为主。

（2）财务会计的业务流程。各企业的财务作业流程彼此之间虽不免有些许小差异，但大致上都会遵循公认的会计原则来设计其作业流程的一般模式。下面以图 5 - 3 来说明财务会计作业流程的一般模式。

一般财务作业流程是一连串企业对其所营运的经济事件或交易加以确认、分类、记录与汇总的全部过程。可以将其分为以下 7 个阶段：确认、记录分录、过账、试算、调整、结账和编制报表。

① 确认阶段。交易事件发生后，先确认是否为财务所处理的经济事务，并同时将交易事件加以分类，分类到合适的会计科目及账号。

② 记录分录阶段。确定交易事件是财务系统应该处理的事件后，将之分类到合适的会计科目及账号，决定其会计分录的借贷方向与借方、贷方金额，根据交易的时间顺序，分别记入日记账。

③ 过账阶段。因为分录是根据交易的先后顺序记载的，所以只能提供每日交易情况的信息，无法显示个别会计科目的变化情形。因此，过账阶段将按时间先后顺序记录的分录转为按会计科目记录的分类账。

④ 试算阶段。为检查记录分录或过账是否正确无误，在试算阶段，可将分类账各科目总额与余额汇总到一处，检查借方金额与贷方金额是否相等。

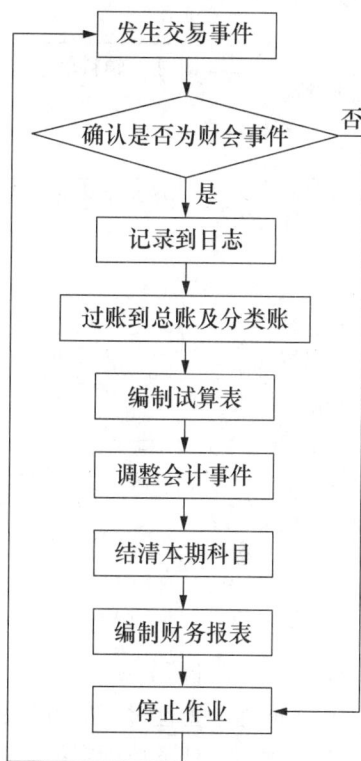

图 5 - 3　财务会计作业流程的一般模式

⑤ 调整阶段。通常在会计期间完成时，必须将会计分类账内各分类账户所记录的金额，根据期间内发生的事实状况加以调整。

⑥ 结账阶段。为分清各会计期间的销货收益、费用及成本等绩效权责，在会计期间完成时，将各项收入、费用科目结清，并将资产、负债及所有者权益等科目的期末余额结转为下期的期初余额。

⑦ 编制报表阶段。结账完毕或用户要求财务作业输出信息时，财务作业汇总信息并编制各财务报表。

这 7 个阶段的作业主要是将在会计期间内发生在企业内所有经济或会计事件依发生的先后顺序经确认后加以记录，再将类似的交易以累积或求和的方式处理，于期末以标准化的格式汇报给组织内外的所有用户。当企业长时间经营下去时，交易事件不断发生，财会作业便不断地重复确认、记录、过账、试算、调整、结账及编制报表的作业，成为一个周而复始的循环周期，这一循环称为会计循环。

（3）管理会计的业务流程。管理会计主要是对成本部分进行比较，做出财务分析报表，提供给企业的管理层以辅助决策。在此主要介绍管理会计中成本管理的业务流程。

为加强成本管理控制，需要进行成本预测、决策，并按照管理需要对成本管理结果进行分析处理。图 5 - 4 描述了成本管理的日常业务过程。

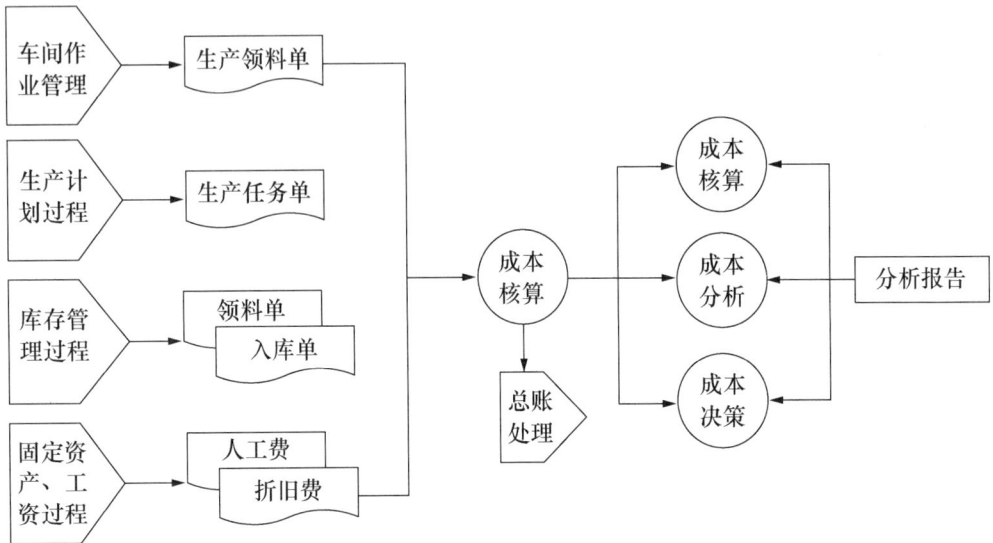

图 5-4　成本管理的日常业务过程

成本管理的流程解析：

① 车间作业管理过程的生产领料单数据传递到成本环节。

② 根据生产任务单确定投入产量，并将数据传递到成本环节。

③ 根据产品入库单确定完工产品数量，并将数据传递到成本环节。

④ 采集废品产量、劳务耗用量和在制产品量等数据。

⑤ 从固定资产、工资等环节获得折旧费用、人工费用和其他费用等数据。

⑥ 计算成本，将成本核算结果通过凭证定义生成转账凭证，并传递到总账处理。

⑦ 依据历史成本数据和未来成本目标进行成本预测，生成分析报告。

⑧ 成本分析，主要从成本结构、成本类型、不同期间成本三个角度对成本升降原因进行分析，生成分析报告，为企业的成本决策提供重要的信息。

⑨ 利用本量利分析模型等进行盈亏临界点分析、目标利润分析和产品定价决策，生成分析报告。

5.1.2　企业财务管理与 ERP 模块对应表

下面以易飞 ERP 系统为例，介绍企业财务管理流程与 ERP 模块的对应关系，如表 5-2 所示。

表 5 – 2 企业财务管理流程与易飞 ERP 系统对应表

企业财务管理流程		易飞 ERP 系统	
流　程	作业内涵	系统名称	作业名称
进货／退货	记录向供应商进货情况，或者由于某些原因而退回货品时使用	采购	录入进货单；录入退货单
发票请款 成立应付账款	记录原物料的进退货、委外进退货或杂项等应付账款的发生	应付	录入采购发票
审核／付款	记录发生支付货款的业务	应付	录入付款单
生产流程 销货／销退	记录客户销货情况，或者由于某些原因而退回货品时使用	销售	录入销货单；录入销退单
开立发票 成立应收账款	记录发生或需要结算成立的应收账款	应收	录入销售发票
税控接口	根据企业性质，开具税务局要求的发票	应收	自动生成销项发票底稿；维护销项发票底稿；汇出销项发票底稿；汇入销项发票信息
审核／收款	记录发生收取货款的业务	应收	录入收款单
自动分录	生成财务使用的会计凭证	自动分录	自动生成分录底稿；还原分录底稿；维护分录底稿；自动生成会计凭证；还原会计凭证
会计凭证	记录财务结算使用的凭证	会计总账	录入会计凭证；录入常用凭证
过账／月结 发票请款 成立应付账款	审核过的凭证做过账处理，并计算当月的损益结转到下月	会计总账	整批过账；会计月结

5.1.3 案例公司

1. 公司背景

成功集团的财务部计划始于 2015 年 1 月 1 日，记录集团内与应收、应付账款，税控处理，会计处理有关的事务，企业财务信息如表 5 – 3 至表 5 – 8 所示。

表 5 – 3　供应商交易条件资料

供应商编号	名　称	开票方式	结账日	结算方式	付款条件
1001	三星公司	随货附发票		票据	逢 20 日付款，票期 30 天
1002	大进公司	月结发票，按公司统一开票日	每月月底	票据	次月 20 日付款，票期 2 个月
1003	达智科技	月结发票，按厂商统一开票日	每月 25 日	电汇	次月 20 日付款，票期 1 个月

表 5 – 4　客户交易条件资料

客户编号	名　称	开票方式	结账日	结算方式	付款条件
1001	第一公司	随货附发票		票据	次月 20 日付款，票期 30 天
1002	茂圣公司	月结发票，按客户统一开票日	每月 25 日	电汇	次月 20 日付款，票期 1 个月
1003	标竿公司	月结发票，按公司统一开票日	每月月底	票据	逢 20 日付款，票期 2 个月

表 5 – 5　开账资料

类　别	负责部门	开账资料	导入系统
应付账款类	会计组	截至 2014 年 12 月 31 日的应付款余额	应付管理子系统
应收账款类	会计组	截至 2014 年 12 月 31 日的应收款余额	应收管理子系统
会计总账类	会计组	截至 2014 年 12 月 31 日的会计科目期末余额	会计总账子系统

表 5 – 6　2014 年 12 月应付账款期末余额

供应商编号	名　称	应付账款日期	应付金额/元	税额/元
1001	三星公司	2014 年 12 月 31 日止	10 000	500
1002	大进公司	2014 年 12 月 31 日止	20 000	1 000
1003	日升公司	2014 年 12 月 31 日止	30 000	1 500

表 5 – 7　2014 年 12 月应收账款期末余额

客户编号	名　称	应收账款日期	应收金额/元	营业税额/元
1002	茂圣企业	2014 年 12 月 31 日止	40 000	6 800
1001	第一公司	2014 年 12 月 31 日止	50 000	8 500
1102	统一公司	2014 年 12 月 31 日止	60 000	10 200
1103	佳佳企业	2014 年 12 月 31 日止	80 000	13 600

表 5 – 8　2014 年 12 月科目余额收集表

会计科目	科目名称	方　向	余额/元	币　种
1001	现金	借	5 200	人民币
1002	银行存款	借	160 000 000	人民币
…	…	…	…	…

2. 企业日常业务

成功集团的日常业务主要包括记录会计凭证、财务报表/账簿管理、应收应付管理与催收、税控处理。2015 年 1 月份，会计组处理了几笔与进货、销货有关的账款与凭证。

（1）应付账款开票及账务处理。会计组从采购部那里收到三笔进货资料，对应的进货商分别是三星公司、达智科技和大进公司；收到资料后，开始处理供应商账款。

① 开票-随货发票：2015 年 1 月 14 日。这一天，供应商三星公司按 2015 年 1 月 10 日的采购单送交 100 台"数码相机-SL 系列"，采购人员已维护进货单及发票信息。商品在通过质检部验收后直接入库，该批商品的发票金额为 400 000 元，预计付款日为 1 月 20 日。由于是随货附发票请款，系统自动开票，因此会计人员于系统中找出该笔应付账，核对后审核。

② 付款：2015 年 1 月 20 日。按与三星公司的交易条件，这一天要支付三星公司账款，于是出纳组收到会计组准备好的付款资料后，开立一张应付支票送交供应商三星公司，金额为 400 000 元。会计组再录入付款单，核销 1 月 14 日的应付账款，金额为 400 000 元。

③ 月结发票：2015 年 1 月 31 日。向大进公司 2015 年 1 月 11 日进货 50 台"数码相机-SL 系列"，金额为 200 000 元。1 月 31 日，收到供应商寄来的发票。会计人员在系统中录入采购发票信息。

④ 应付账款月结：2015 年 2 月 1 日。1 月结束时，会计组进行 1 月的应付账款月结作业，将还未结算的应付账款结转到 2 月初每家供应商的应付账款期初值。

（2）应收账款开票及账务处理。会计组 1 月份在处理应收账务方面，除了于年初时需完成坏账准备计提作业外，还从业务部那里收到两笔销货单，对应的客户分别是标竿公司和茂圣公司。收到资料后，开始处理客户账款，并通过税务局的"增值税防伪税控系统"协助销售发票的开票作业。

① 坏账计提：2015 年 1 月 2 日。成功集团使用"应收账款余额百分比法"作为坏账准备计提基准，于年初针对 2014 年 12 月 31 日前未收回的应收账款余额计提 5% 的坏账准备金额。

② 开票-随货附发票：2015 年 1 月 14 日。会计组收到业务部送来的一张销货单，显示出货"数码相机-SX 系列"150 台及"数码相机-SL 系列"20 台给标竿公司。于是，会计组先按销货单成立应收账款，总金额为 995 050 元；同时，因为标竿公司采用随货附发

票的开票方式，所以到"增值税防伪税控系统"将销售发票开出，打印后连同货品一起送交客户。

③ 收款-支票：2015 年 1 月 21 日。会计组收到客户"标竿公司"寄来的支票，金额为 995 050 元，要冲销 1 月 14 日的账款。

④ 收款-电汇（到款核销）：2015 年 1 月 27 日。会计组收到客户"茂圣公司"银行汇款 70 200 元，但是这并未说明冲销账款来源，需在系统中先录入收款信息。

⑤ 应收应付对冲：2015 年 1 月 28 日。会计组收到一笔来自客户"日升公司"的电汇，金额 31 500 元。因为日升公司既是公司的供应商，也是客户，在 2014 年 12 月 31 日有一笔应收账款 34 650 元，同时还有一笔应付账款 3 150 元未付款。所以应收应付对冲后，还剩下应收账款 31 500 元，正好与收到的款项完全冲销。

⑥ 应收账款月结：2015 年 2 月 1 日。1 月结束时，会计组进行 1 月的应收账款月结作业，将还未结算的应收账款结转到 2 月初每家客户的应收账款期初值。

⑦ 坏账收回：2015 年 2 月 2 日。会计组收到一笔来自客户"佳佳企业"的汇款。因佳佳企业的账款于年初时已做坏账损失处理，所以要做坏账收回处理。

⑧ 坏账损失：2015 年 2 月 2 日。2 月 5 日，业务部带来了一个坏消息，客户"阳顺企业"倒闭了，之前未收回的账款确定无法收回了。会计组收到消息之后，在系统中做坏账损失处理。

5.2 ERP 中财务管理的原理及资料设定

5.2.1 ERP 系统的应收、应付、总账管理原理

如何设计一套有效率的财务数据处理流程，使得企业内外所有信息用户能够及时得到正确信息以及各项财务资源的应用成效，作为其从事各种经济活动的决策依据呢？本节针对此问题介绍 ERP 系统的财务会计管理模块的内容和流程，以及 ERP 中财务作业流程的一般模式，并说明在集成作业流程与数据流程的 ERP 系统中财务模块与其他模块的流程关系。

1. 财务会计管理的内容

一个好的财务会计管理，其目的是为企业提供进行广泛控制和战略决策所需的综合财务信息。ERP 系统中的财务会计管理模块为具有多个分公司、多种语言、多种货币环境、多种会计规则的跨国公司提供了综合的财务数据的追踪能力。

从图 5－5 所示的财务管理模块图中可以看到，财务会计管理主要分为如下模块：总账管理、应收账管理、应付账管理、现金管理、工资管理、固定资产管理、成本管理、账簿报表管理和自动分录管理。

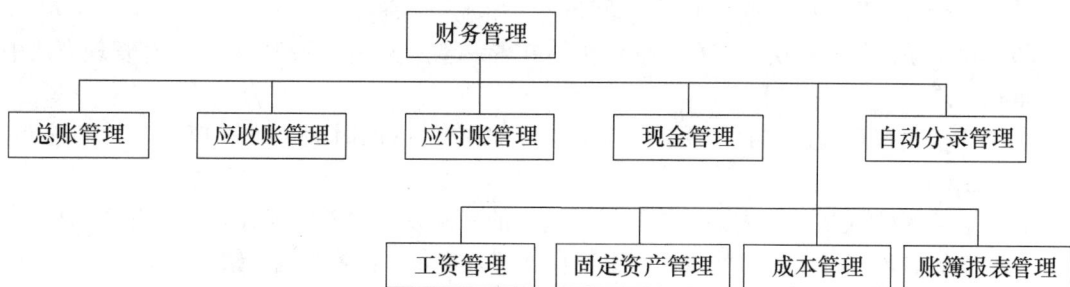

图 5 – 5　财务管理模块图——按内部功能划分

（1）总账管理模块。这是财务会计管理的核心，应收账、应付账、固定资产核算、现金管理、工资核算等模块都是以总账模块为核心来传递信息的。同时，与传统的总账管理相比，为适应企业集团会计核算的需求，ERP 中的总账管理还提供了合并报表的功能。

总账管理模块的功能包括：

① 定义会计核算单位；

② 定义会计科目、会计期间；

③ 定义使用货币、使用税率、银行账号；

④ 通过手工输入及自动方式，制作各类记账凭证；

⑤ 记账凭证过账；

⑥ 建立日记账、明细分类账及总分类账；

⑦ 进行试算平衡，产生试算平衡表；

⑧ 计算费用分摊；

⑨ 编制资产负债表、损益表及现金流量表；

⑩ 提供多公司账务合并和公司内部往来账务处理。

（2）应收账管理模块和应付账管理模块。这两个模块的功能除了包含传统应收应付管理的基本功能外，还包括与互联网的一体化处理、文件管理、自动完成现金管理、运用顾客和销售商的信息进行汇总报告等。此外，这两个模块还为企业提供了存款管理与工作流程管理的一体化等功能。

① 应收账管理模块。应收账款是企业由于销售商品或提供服务而产生的应当向客户收取的款项。ERP 系统中，应收账管理模块包括了以应收账款为主的所有应收款项的管理业务，具体功能包括发票管理、客户信息管理、收款管理、账龄分析、借贷通知单管理、建立会计分录。

ERP 中应收账管理的作用在于：改善发票和付款处理的精度，及时提供客户对账单，改善客户查询响应，减少处理应收账的时间，改进现金收入的控制。

② 应付账管理模块。应付账款是企业由于购买商品和服务而应当付给供应商的款项。ERP 系统中，应付账管理模块包括了以应付账款为主的所有应付款项的管理业务，具体功

能包括发票管理、供应商信息管理、支票管理、账龄分析等。

该模块与采购管理模块、库存管理模块集成在一起，从采购管理模块和库存管理模块中取得数据。

ERP 中应付账管理模块的作用在于：减少处理应付款的时间，改进现金支付的控制，提高商业信用。

（3）现金管理模块。其主要功能是对现金流的控制以及对零用现金和银行存款的核算，具体包括票据管理和打印、付款维护、银行存款清单打印、付款查询、银行查询、支票查询等和现金有关的功能。该模块和应收账、应付账、总账等模块集成在一起，可以自动生成凭证，导入总账。

（4）固定资产管理模块。该模块对固定资产的增减变动以及折旧的计提和分配进行核算。其功能包括登录固定资产卡片和明细账、计提折旧、编制报表以及自动编制转账凭证，并转入总账。该模块和应付账、成本、总账等模块集成在一起。

（5）工资管理模块。该模块负责处理对企业员工的工资结算、分配、核算以及各相关费用。其功能主要有工资核算和工资管理。该模块和总账、成本等模块集成在一起。

（6）成本管理模块。该模块依据物料清单、工作中心、工艺路线、采购管理等方面的信息对产品的成本进行核算。由于成本管理模块是 ERP 系统中最核心的部分，因此会单独另行阐述。

（7）账簿报表管理模块。ERP 系统中的财务报表功能允许从单个报表到合并报表进行直接数据转换，减轻了工作负荷，减少了数据的整体错误。此外，合并财务报表要合法，依法合并模块允许企业建立多角度的合并数据。该模块主要是以定期编制财务报表（Financial Statements）的方式提供财务信息。一般而言，财务报表用于说明企业运营的获利能力（profitability）及偿债能力（solvency）。

ERP 系统中常见的财务报表如下：

① 损益表（Income Statement），主要显示企业营运的获利能力，利用"净利 = 收益 - 费用"的格式报告企业在一定期间的经营损益，是一种动态报表。

② 保留盈余表（Statement of Retained Earnings），是一个连接损益表和资产负债表的财务报表。其主要显示企业在一定时间内保留盈余的变动情形，也是一个动态报表。保留盈余表的主要报告格式为"期初保留盈余 + 本期净利 - 本期发放的股利 = 期末保留盈余"。

③ 资产负债表（Balance Sheet），主要显示企业在特定时期的资产、负债所有者权益等财务状况，是一个特定时间的组织财务静态报表。资产负债表的主要报告格式是"资产本期净利 = 负债 + 所有者权益"。

④ 现金流量表（Statement of Cash Flow），主要显示在一特定期间内，企业的营业、投资及理财活动的资金流入流出情形。现金流量表可帮助评估企业未来产生净现金流入的能力、企业偿还负债、支付股利的能力及企业需要向外融资（借钱）的程度，还能评估纯利与营业活动的现金流量产生差异的原因等情况。

（8）自动分录管理模块。从工作机理来看，一般的财务软件只是单纯地针对企业的业务进行财务核算和管理。财务人员大部分时间仍然要面对烦琐的财务凭证录入工作而无法将时间用在财务管理上。ERP 中财务模块通过自动分录功能将这些流程紧密集成在一起，针对不同的业务类型自动触发会计事件，这些会计事件对应的凭证已经预先定义了会计科目。当业务类型发生时，系统自动产生会计凭证，更新到分类账和总账。财务人员的工作内容就是对这些凭证进行审核或由系统自动审核，从而大量减轻了财务人员单笔记账的繁重任务。自动分录与过账实现了对收入与费用的配比，将时间集中在财务管理的工作内容中，为公司提供更多决策依据。

2. 财务会计管理的流程

如前所述，企业的经营活动融合在企业的财务管理活动中，构成一个"会计凭证—会计账簿—财务报表"循环。ERP 系统财务管理的功能就是这个业务循环的模拟。

利用 ERP 系统的财务管理功能进行对账和结账，以及编制财务报告，与传统的手工操作相比，大大提高了效率，可以更准确、及时地完成这些重要的财务活动。以下主要介绍总账和应收应付账两大管理流程。

（1）总账。总账既是财务会计管理的基础，也是战略性决策的基础。通过与进销存管理模块和自动分录的动态集成，总账作为财务数据的综合，为企业提供财务报表，也可用于其他财务领域。同时，ERP 系统对这些数据的原始出处进行实时监控。

通常，ERP 中的总账模块具有比传统的总账管理更多的功能，举例如下：

① 自定义数据表格。

② 做会计期间、期初准备，进行前期结算的开户作业。此时，各资产、负债及所有者权益的会计总账科目都有期初余额，各收益及费用等会计总账科目的期初余额都归零。

③ 会计期间的交易按照先后顺序将会计科目记录在总账科目及明细分类账科目下。

④ 编制财务报表时，随时调整分录及过账，调整在实际运作中产生的折旧费用等一系列费用，再编制及时而准确的报表。

⑤ 会计期间终了时，调整已发生的费用以反映真实状况，将各项收入、费用科目结清，并将资产、负债及所有者权益等科目的本期期末余额结转为下期的期初余额。

每一会计期间的期末结算后，即进入下一会计期间的期初开户阶段。

（2）应收应付账的处理。除了与传统的应收应付操作相同的基本功能外，在应收应付账处理中，ERP 系统为企业提供了一个全球化业务的财务概述。子账目与总账、销售分销、物料管理这些模块产生的原始财务数据进行结合，当与之相关的过程在其他模块中发生时，应收应付账务就自动执行处理。

① 应付账款管理。应付账款是企业的一项流动负债。组织应付账款管理的绩效在很大程度上影响企业财务的流通能力，因此，财务会计作业非常重视应付账款的付款计划与执行。

一般 ERP 系统中的应付账款管理模块处理流程有以下三个步骤：

● 编制应付款建议单。

● 执行付款交易及财务分录记录、过账。

● 打印相关文件及表单。

② 应收账款管理。与应付账款管理的工作流程相似，按照预先设定好的条件，依照

账款到期日来自动催缴。当财务收到客户寄来的支票或是转入公司的账款时，按照客户要求来结算明细分类账中客户指定的应收账款内容、余额，以及会计总账应收账款科目余额。

在期末对应收账款进行汇总分录，抛转至总账，同时更新会计总账的会计科目以及明细分类账中各供应厂商的明细科目。

3. 管理会计的内容

（1）核心流程，包括成本收入要素处理、成本中心分析与处理、作业类型计划与处理、内部订单处理、销售与利润计划、成本核算与结算、成本与作业分配、一般管理费用核算、盈利性分析、全面预算与绩效考核等。

（2）主要业务对象，包括成本要素、作业类型、收入要素、内部订单、控制文档、成本对象、成本核算估计、盈利性分析维度、业务计划与预算表以及绩效考核卡等。

（3）主要的组织单元，包括逻辑系统、运作企业、控制领域、成本中心、利润中心、考核单元等。

（4）与其他模块的接口，主要包括与财务管理、销售与分销管理、物料管理、生产计划和人力资源管理等模块的接口。ERP 中的管理会计模块渗透到 ERP 的各中心模块，实现了多个功能模块的有机集成，能够提供各种成本信息、计划与控制的信息以及决策的信息。因此，可以将其看成 ERP 系统中的一个虚拟的独立模块，如图 5-6 所示。

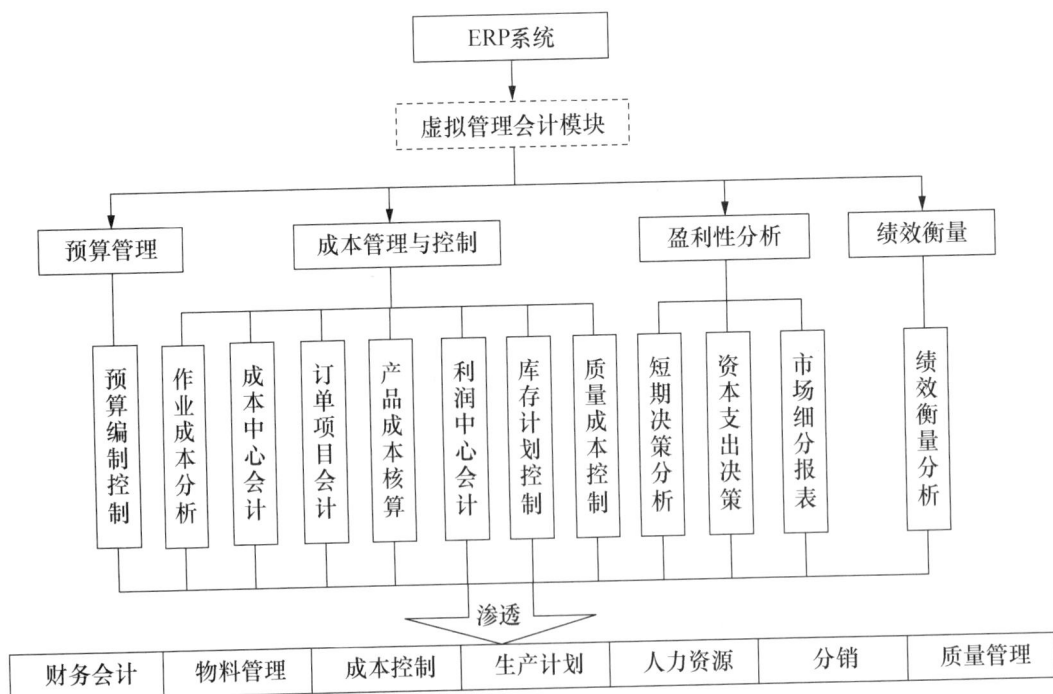

图 5-6　ERP 中管理会计模块

4. 管理会计的流程

管理会计模块提供了计划预算控制、责任中心的考核、成本管理、资金管理等内容，为内部经营决策提供会计信息。管理会计模块一般包括以下 5 个功能，预算管理，成本管理（划分为 4 个子模块：成本中心会计管理、订单及项目会计、产品成本核算、利润中心会计），成本差异分析，盈利能力分析，绩效衡量。

这些功能之间通过信息流、资金流、物流的流动而互相关联，它们之间的关系可通过与业务流程的集成以及内外部会计的沟通来实现，如图 5 - 7 所示。

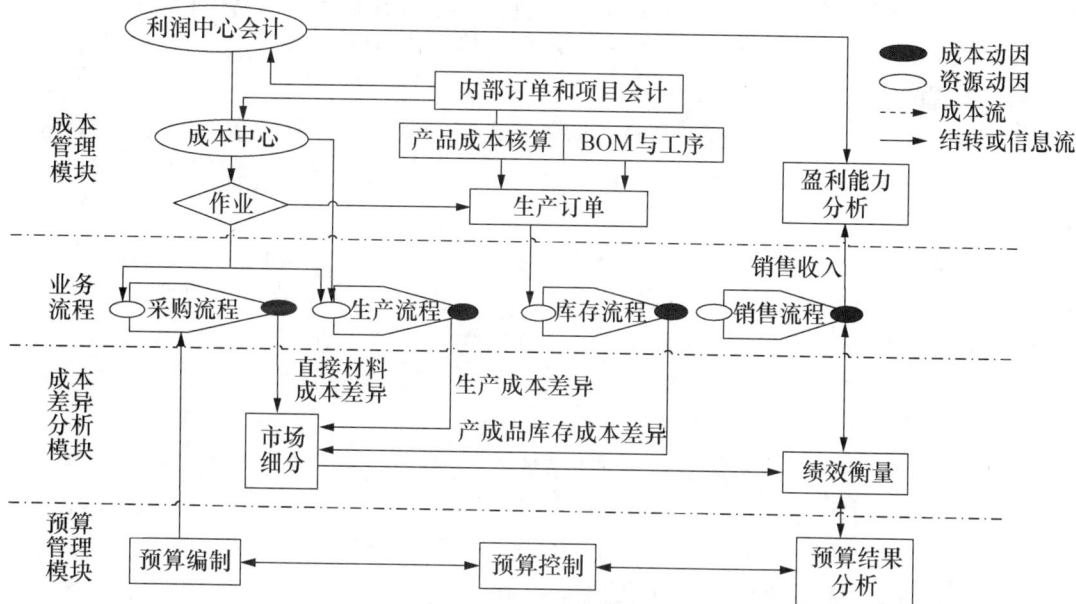

图 5 - 7　基于流程分析的管理会计模块划分

（1）预算管理。ERP 系统中的预算管理提供了预算编制、预算控制和预算结果分析的功能，并支持企业"销售计划→生产计划→采购计划→费用计划→投资计划→资金计划→损益计划→资产负债计划"的全面预算编制过程，最后将得出的预算结果分析与实际的绩效进行比较，以支持企业决策。

（2）成本管理。管理会计模块的主要功能是对各种成本的分析。它将成本分解成标准成本和各种差异。通过对成本流的分解与追踪，ERP 中的管理会计模块可以向管理者提供更详细的成本信息，而对成本与收入的监控可贯穿所有职能部门，一旦发现有差异或有问题的项目就能将其分离出来，并可采取措施去纠正。

具体来说，典型的 ERP 管理会计里的成本管理流程涉及以下几方面：

① 成本中心，用于确定成本产生于企业内何处，包括支持标准成本的确定、标准成本与实际成本之间的差异对比、成本报告与分析等。该流程主要与采购流程和生产流程中产生的成本费用挂钩，有关成本发生都记录到相应的成本中心以分别核算，相关数据同时或定期成批地传送到产品成本模块以及盈利能力分析模块待进一步处理。

② 内部订单和项目会计，用于收集成本，与利润中心和成本中心联系在一起，并用计划与实际结果之间的对比来协助对订单与项目的监控。ERP 系统提供备选的成本核算及成本分析方案，有助于优化企业对其业务活动的计划与执行。

③ 产品成本核算，用于对成本结构、成本要素及运营过程进行监控，并生成对单个对象或对整个一段时期的预测。它还能进行基于价值或数量的成本模拟估算，成本模拟得出的信息可用于对企业运营过程进行优化。ERP 中成本计算采用滚加法，按物料清单规定的物料间的层次、需求关系和制造过程，从产品结构的最低层次开始，向高层逐层累加。成本的发生和累计与生产制造过程同步，随着生产的进行，在材料和生产计划信息动态产生的同时，成本信息也随之产生，使得在计划、控制物流的同时，控制了资金流，做到了物流、信息流和资金流的统一。

④ 利润中心会计，面向需要对战略经营进行定期盈利能力分析的企业。该功能使用期间会计技术来收集业务活动成本、运营费用以及结果，从这些信息确定业务领域的盈利效能。

（3）成本差异分析。实际成本与标准成本之间的差额，称为成本差异。实际成本低于标准成本的差异，称为有利差异，即成本节约，用负数表示，记在有关账户的贷方；反之，称为不利差异，即成本超支，用正数表示，记在有关账户的借方。不论差异是正值还是负值，只要超过了规定的容差限度，都要进行差异分析。成本差异分析主要包括直接材料成本差异、直接人工成本差异、制造费差异、可变制造费差异、计算固定制造费差异。

ERP 的成本管理可以真正使企业做到事前计算、事中控制、事后分析，可以从根本上改变企业为填写成本数据而在产品总成本产生后再反摊到各个组成物料上去的做法。

（4）盈利能力分析。ERP 系统中的盈利能力分析子模块使用销售成本会计技术提供有关效益的最新数据，利用销售与利润计划程序来增进决策的有效性，同时以成本估算来衡量所有业务活动的效能。企业据此能判断它目前在市场中的位置，并对新市场的潜力进行评估。成本与收入都完全集成到整个控制系统中，其分摊的不仅是各个产品，还是各个责任领域。

（5）绩效衡量。ERP 系统中的绩效衡量与责任中心会计联系在一起，通过将企业的总体目标按各责任中心的可控范围进行分解，制订各责任中心的责任预算，及时、准确地核算各责任中心责任预算的执行情况，以便发现其脱离责任预算的差异。

通过 ERP 中的管理会计模块，可以查看企业内外价值流的流动情况，方便地查询企业的成本构成和各种影响因素，帮助管理者分辨出可降低成本的高价值活动，提供管理决策依据。

5.2.2 ERP 系统财务管理业务单据介绍

1. 应付系统

在易飞 ERP 系统中，可通过"设置应付单据性质"界面，设置"应付管理子系统"所要使用的交易单据，包括单据性质、编码方式、编码格式等，如图 5-8 所示。

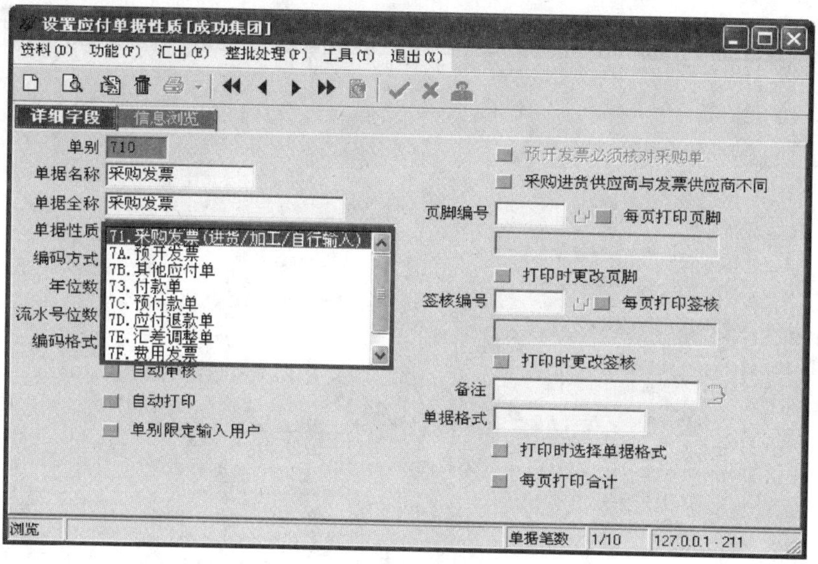

图 5-8 "设置应付单据性质"界面

其中可以设定 9 种不同的"单据性质"。针对每种单据，系统不限制设定多少张单别。

（1）"71.采购发票"，用于记录和建立采购进/退货或委外进/退货的应付账款信息。

（2）"7A.预开发票"，用于先开票再发货的情况，记录预开票的账款信息。

（3）"7B.其他应付单"，用于记录一些不涉及存货内容、不计税的账款，如应付管理费、租赁费。

（4）"73.付款单"，用于货款或委外加工费用的支付款项的记录。

（5）"7C.预付款单"，用于货款或委外加工费用的预付款项的记录，通常是订金。

（6）"7D.应付退款单"，用于退回已经支付出去的款项。

（7）"7E.汇出调整单"，用此单据来调整因汇率变动而造成的本币损益。

（8）"7F.费用发票"，用于记录由采购进货而发生的运费、保险费、保价费。

（9）"7G.暂估成本核算单"，是用于月末发票未到但需暂估成本的核算单据。

2. 应收系统

在易飞 ERP 系统中，可通过"设置应收单据性质"界面，设置"应收管理子系统"所要使用的交易单据，包括单据性质、编码方式、编码格式等，如图 5-9 所示。

其中可以设定 10 种不同的"单据性质"。针对每种单据，系统不限制设定多少张单别。

（1）"61.销售发票"，用于记录和建立销售货品或销退货品的应收账款信息。

（2）"6A.预开发票"，用于先开票再发货的情况，记录预开票的账款信息。

（3）"66.多角贸易销售发票"，用于多角贸易业务时，记录和建立销售货品或销退货品的应收账款信息。

（4）"6B.其他应收单"，用于记录一些不涉及存货内容、不计税的账款，如应收管理费、租赁费。

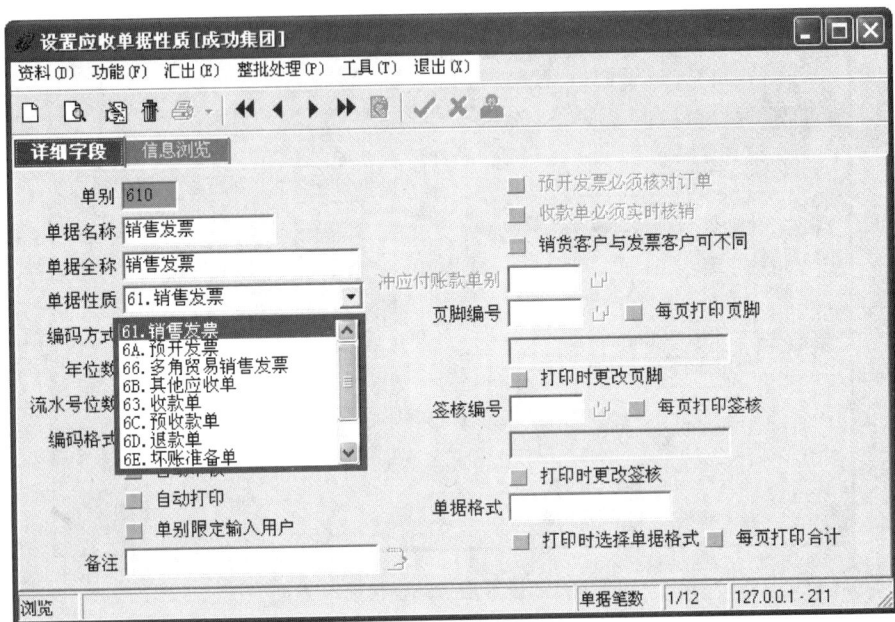

图 5 - 9　"设置应收单据性质"界面

（5）"63. 收款单"，用于收取销售或销退货款的记录。

（6）"6C. 预收款单"，是用于记录收取客户订金的单据。

（7）"6D. 退款单"，用于退回已经收取进来的款项。

（8）"6E. 坏账准备单"，是用于计提客户坏账准备金时所使用的单据。

（9）"6F. 坏账损失处理单"，用此单据来处理客户应收账款成为坏账的情况。

（10）"6G. 汇差调整单"，用此单据来调整因汇率变动而造成的本币的损益。

3. 会计总账系统

在易飞 ERP 系统中，可通过"设置会计单据性质"界面，设置"会计总账子系统"所要使用的凭证单别，如图 5 - 10 所示。

（1）可以设定 3 种不同的"凭证种类"。针对每个种类，系统不限制设定多少张单别。

① "91. 转账凭证"，是非现收、现支的转账凭证开立时所使用的凭证。

② "92. 现收凭证"，于现金收入凭证开立时使用。输入会计凭证时，借方必须有现金类科目。

③ "93. 现支凭证"，于现金支付凭证开立时使用。输入会计凭证时，贷方必须有现金类科目。

（2）金额允许输入负数，是指该凭证在输入金额时，是否允许输入负值的金额。

（3）凭证性质共分一般、预提、预提回转及结转 4 种。

① 一般凭证，是指一般普通的交易凭证。

② 预提凭证，是指发生预提费用时所使用的凭证性质。

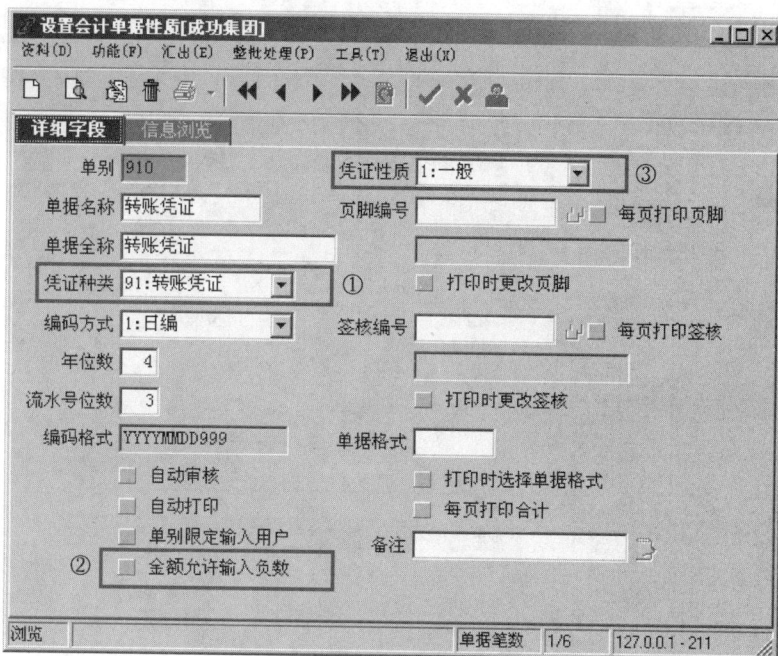

图 5 – 10　"设置会计单据性质"界面

③ 预提回转凭证，是指预提凭证发生后，当实际交易发生时，用于冲回的凭证。

④ 结转凭证，是指在系统结转科目余额或本期发生额时使用的凭证。

5.2.3　ERP 系统财务管理业务资料设定

ERP 财务管理系统是企业进行财务管理的基础，财务管理业务资料的设定可以保障企业财务方面执行的效率和准确性。

1. 应付系统

应付系统主要资料设置包括录入付款条件、录入会计科目、录入科目/部门限制、录入供应商信息、设置应付子系统参数 5 块内容。本书主要对其中的录入会计科目和录入供应商信息进行操作讲解。

（1）通过"录入会计科目"界面，将要使用的会计科目信息预先设置好，如图 5 – 11 所示。

录入会计科目作业建立在应付账款的日常处理中，涉及会使用到的和与应付账款、预付账款等相关的会计科目。

（2）通过"录入供应商信息"界面，设置各供应商的基本资料，如图 5 – 12 所示。

① 结算方式：需在"录入结算方式"作业中设定，随后可在此开窗挑选。

② 付款条件：选择与供应商商定好的付款条件来建立。

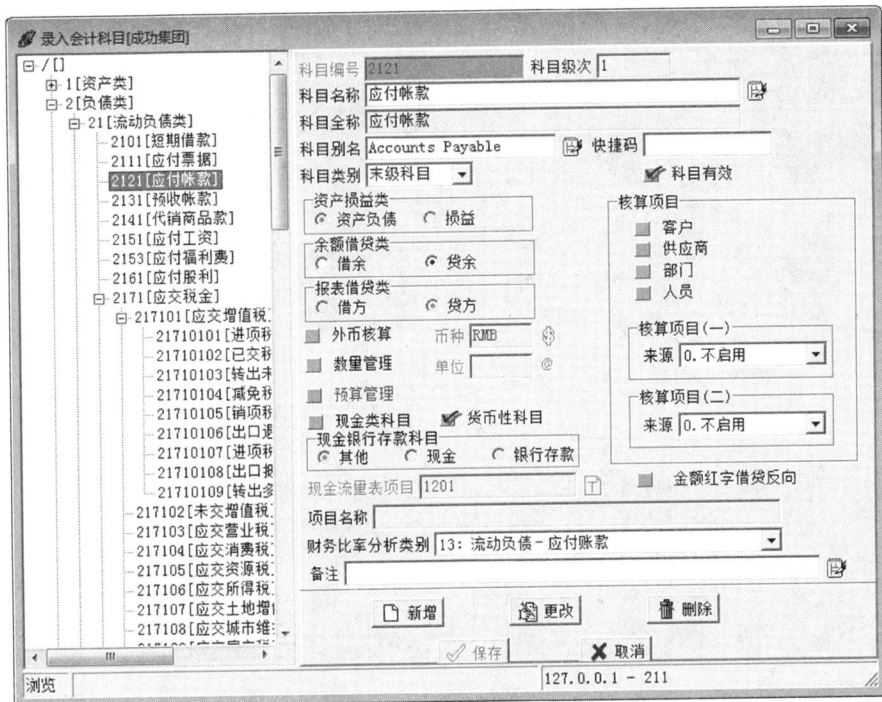

图 5 - 11 "录入会计科目"界面

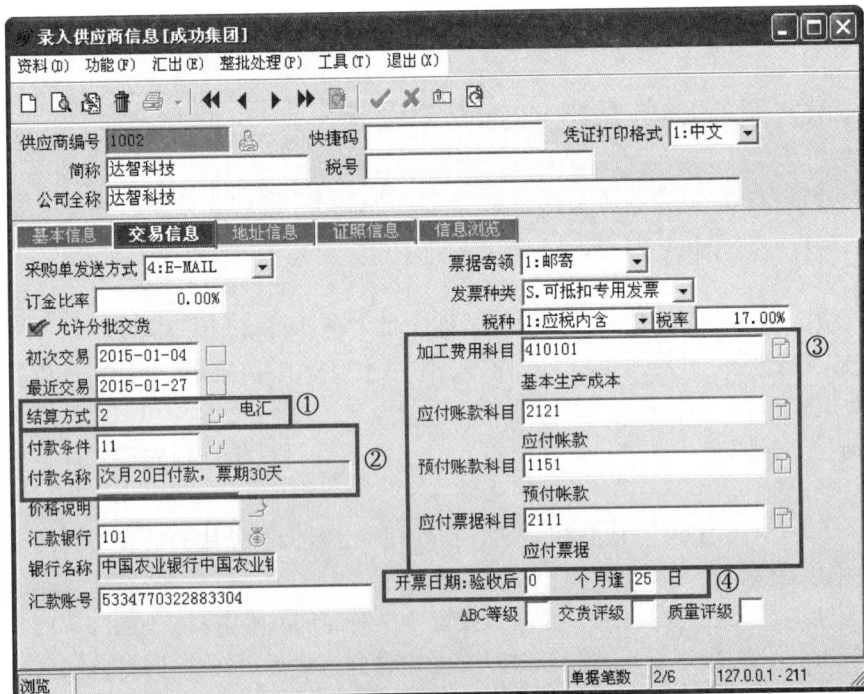

图 5 - 12 "录入供应商信息"界面

③ 加工费用科目、应付账款科目、预付账款科目、应付票据科目：若不同供应商使用不同的会计科目时，可在此设定该供应商所使用的会计科目；若所有供应商使用同一个汇总科目，这里可不用设置。

④ 开票日期：设定该供应商自己的开票日期。当使用"自动生成采购发票"时，供应商开票日期就是依据这里设定的日期。

2. 应收系统

应收系统主要资料设置包括录入收款条件、录入会计科目、录入科目/部门限制、录入客户信息、设置应收子系统参数 5 块内容。本书主要对其中的录入会计科目和录入客户信息进行操作讲解。

（1）通过"录入会计科目"界面，将要使用的会计科目信息预先设置好，如图 5 - 13 所示。

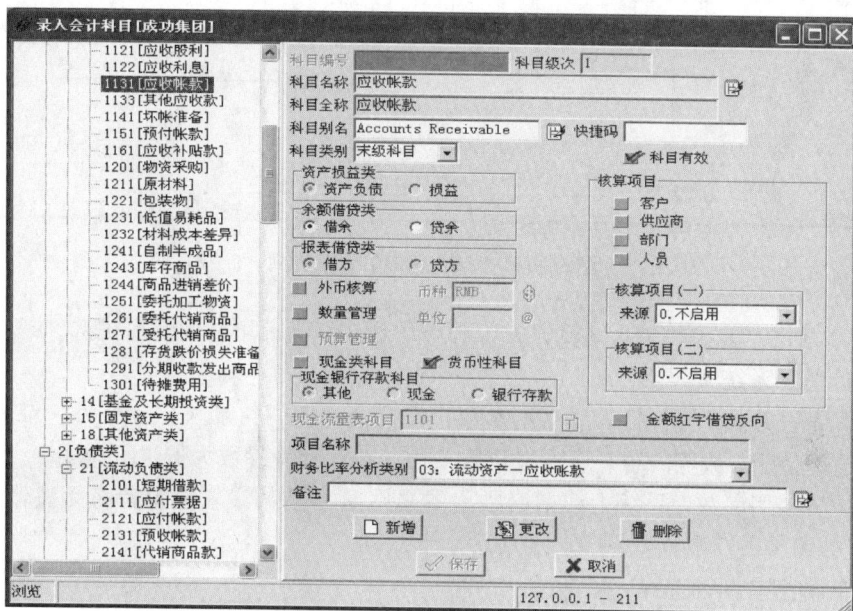

图 5 - 13　"录入会计科目"界面

录入会计科目作业建立在应收账款的日常处理中，涉及会使用到的和与应收账款、预收账款等相关的会计科目。

（2）通过"录入客户信息"界面，设置各客户的基本资料，如图 5 - 14 所示。

① 开票日期：设定该客户自己的开票日期。当使用"自动生成销售发票"时，客户开票日期就是依据这里设定的日期。

② 付款条件：选择与客户商定好的付款条件来建立。

③ 账款科目、预收科目、票据科目：若不同客户使用不同会计科目时，可在此设定该客户所使用的会计科目；若所有客户使用同一个汇总科目，这里可不用设置。

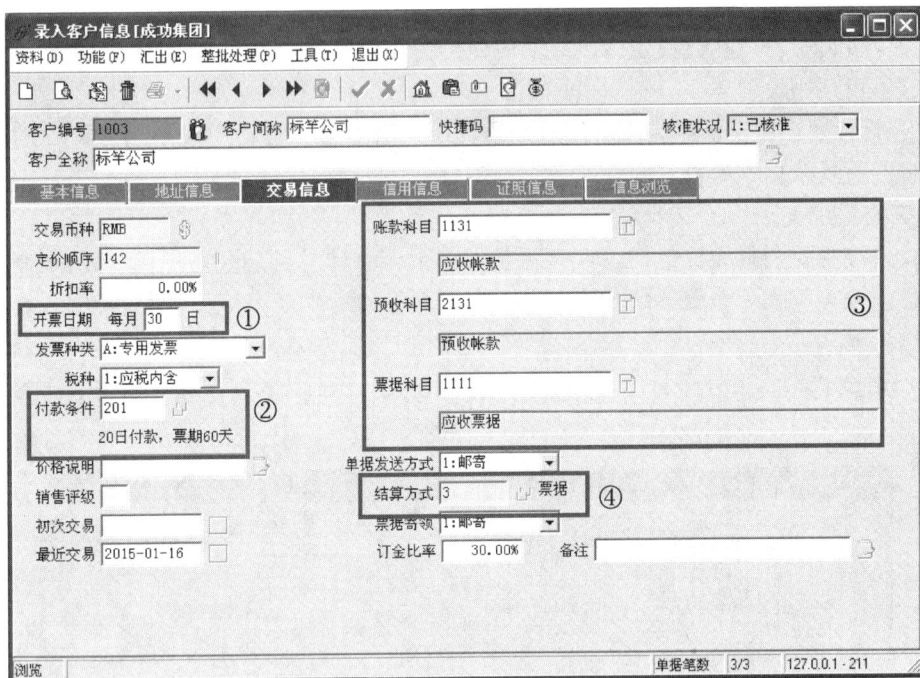

图 5 - 14 "录入客户信息" 界面

④ 结算方式：需在 "录入结算方式" 作业中设定，随后可在此开窗挑选。

3. 会计总账系统

总账系统的资料设置包括设置共用参数、设置会计期间、录入会计科目、录入科目/部门设置、设置会计参数等内容。下面以设置共用参数和会计参数为例进行说明。

（1）设置共用参数。系统上线前必须设置总账基本参数，未设置者将无法输入异动信息。"设置共用参数" 界面如图 5 - 15 所示。

① 期间类型有两种选择：12 期和 13 期。

- "12 期" 是指根据自然月划分，一年有 12 个月，则一年有 12 期。
- "13 期" 是指以 4 周为一期来划分，一年工作 52 周，则一年有 13 期。

② 会计总账子系统的实际现行年度，由 "会计月结" 作业来进行更新。

③ 关账年月前的总账资料不可以再进行修改，由 "指定关账" 作业来更新。

（2）设置会计参数。"设置会计参数" 是指设置 "会计总账子系统" 的财务结转方式、期末调汇信息、预算管理等参数，以及会计凭证控制的一些参数。"设置会计参数" 界面如图 5 - 16 所示。

① 财务结转方式：系统提供表结法和账结法两种结转方式。

- 表结法：各损益类科目于每月月末，只结算出当期发生额和期末累计余额，不结转科目余额；在年末时，才将全年累计结转入 "本年利润" 科目。

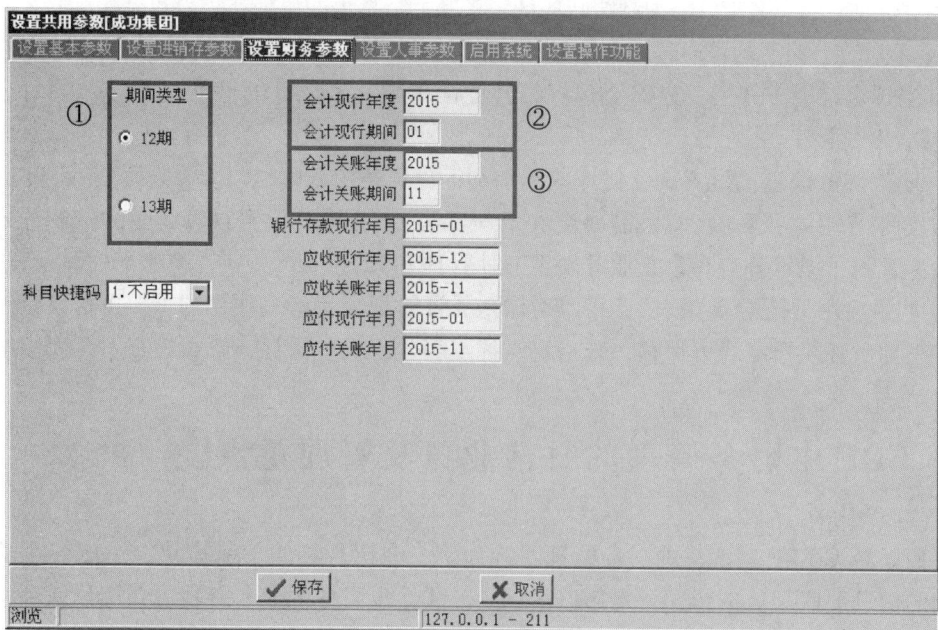

图 5－15　"设置共用参数"界面

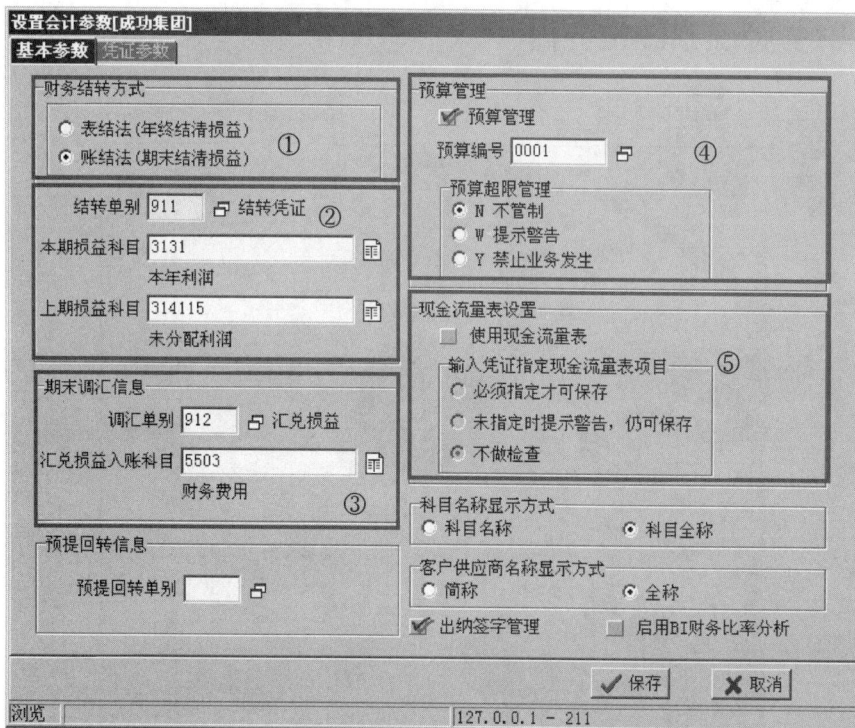

图 5－16　"设置会计参数"界面

● 账结法：每月月末，需编制结转凭证，将账上结算出的各损益类科目余额结转入"本年利润"科目。在各月，均可通过"本年利润"科目提供当月及本年累计的利润或亏损额。

② 当选定结转方式后，还需要选择结转凭证单别；若凭证的性质是结转，同时还要设置损益结转科目。

③ 期末调汇信息：设置调汇凭证的单别和汇兑损益的入账科目。

④ 如果启用"预算管理"，需要输入"预算编号"，还要设置预算超限的控制方式，系统提供不管制、提示警告和禁止业务发生三种管理方式。

⑤ 如果启用"现金流量表"，可以对输入凭证时现金流量表项目的管控进行设定。设定方式有三种：必须指定才可保存；未指定时提示警告，仍可保存；不做检查。

5.3 ERP 中财务管理的日常业务及管理重点

下面以易飞 ERP 系统里的财务管理系统为例，介绍其具体功能模块，了解各个功能模块之间的信息关联与数据传递，最后以案例的形式给出具体的业务资料，介绍如何利用财务管理系统来完成具体的业务。通过学习本节，希望学习者能够对实际的 ERP 系统有所了解，更感性地认识并理解 ERP 系统中财务管理系统的运作模式。

5.3.1 财务管理系统主界面

财务管理系统的主界面如图 5 - 17 所示。

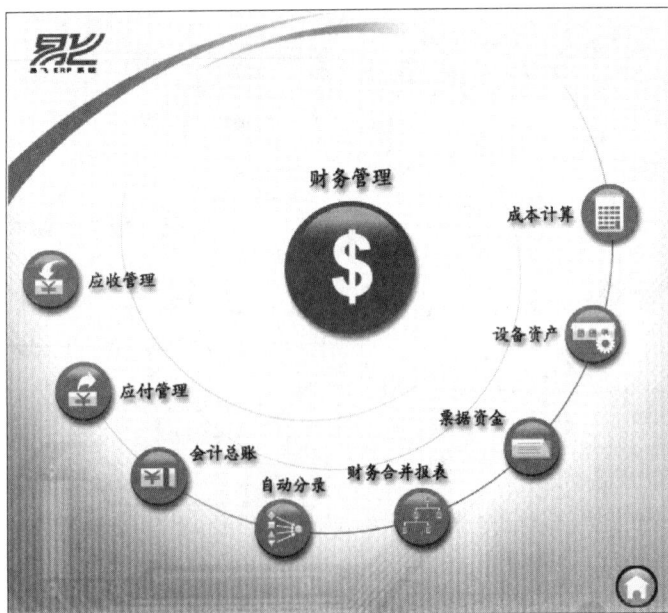

图 5 - 17　财务管理系统主界面

☞ 该系统界面显示了财务管理包含的子系统，有应收管理、应付管理、会计总账、自动分录、成本计算、设备资产、票据资金、财务合并报表共 8 个子系统。

5.3.2　各管理子系统的功能及业务流程

财务管理提供财务分析资料给各级决策者，支持多套账的合并账务处理；自动形成记账凭证。易飞 ERP 系统财务管理系统包含图 5－17 所示的 8 个子系统，在此主要介绍应收管理子系统、应付管理子系统、自动分录子系统、会计总账子系统和成本计算子系统。

1. 应收管理子系统和应付管理子系统

应收管理子系统和应付管理子系统采用多币种管理，支持多币种核销，以解决不同币种的账务管理，有效达成收款与付款的自动化；能够自动生成进货价差成本调整单，自动调整应收、应付账款汇率。随着企业业务的变化，会计总账子系统中各部门的设置和科目设置都可以做出相应调整。由于应收管理子系统、应付管理子系统的功能和业务流程类似，故在此只介绍应付管理子系统。如图 5－18 所示为应付管理子系统的主界面。

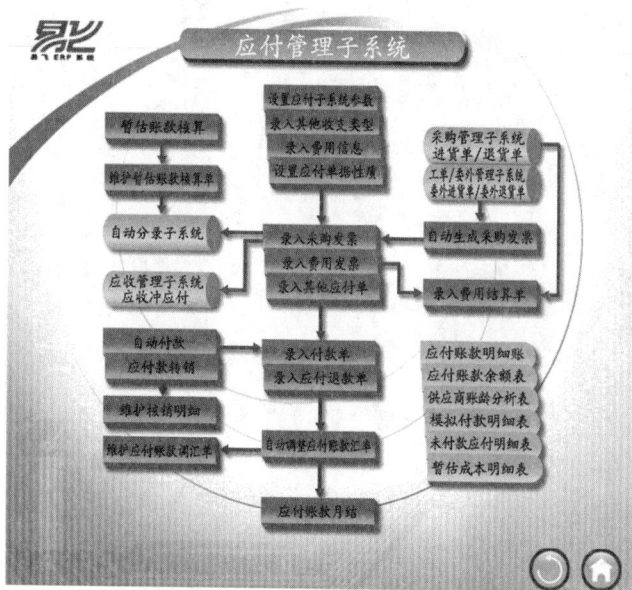

图 5－18　"应付管理子系统"主界面

☞ 各管理子系统界面中的箭头代表操作流程；长方体代表模块；圆柱体代表与其他子系统的接口；文档代表本系统可以产生的各种报表。该系统界面的中间列为主流程。

应付管理子系统主要业务流程：

（1）录入应付管理的基础信息，如设置应付子系统参数、应付单据性质。

（2）根据"采购管理子系统"进货单或"工单/委外子系统"委外进货单录入采购发票。

（3）当发生付款业务时，需要录入付款单。

（4）自动生成进货价差成本调整单，自动调整应付账款汇率。

（5）应付账款月结。

2. 自动分录子系统

易飞 ERP 系统的财务管理系统提供自动分录子系统，如图 5 – 19 所示。每一笔业务单据都能向财务管理系统抛转凭证，灵活地依照企业所需汇总或明细的方式，由系统将研发、生产、分销等作业所发生的各项单据、凭证，自动形成会计凭证分录，提升人员的操作质量，并确保资料的一致性。

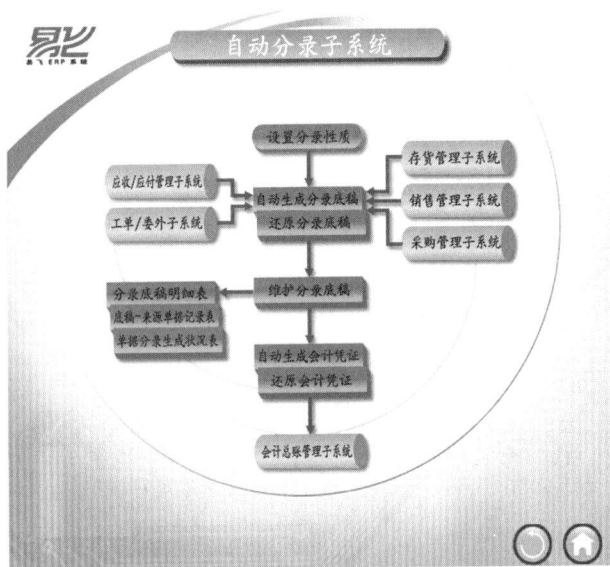

图 5 – 19　"自动分录子系统"主界面

根据企业自身特性设置自动分录参数，通过自动分录子系统将"应收管理子系统"和"应付管理子系统"中的收款单和付款单，以及"销售管理子系统""采购管理子系统""存货管理子系统""工单/委外子系统"中生成的各种业务单据凭证抛转为会计凭证，并汇总到会计总账子系统。

自动分录子系统主要业务流程有：

（1）录入自动分录的基础信息。

（2）根据"应收管理子系统""应付管理子系统""工单/委外子系统""存货管理子系统""销售管理子系统""采购管理子系统"中各类业务单据凭证，自动生成分录底稿或还原分录底稿。

（3）维护分录底稿。

（4）抛转会计凭证或还原会计凭证。抛转会计凭证是指将维护过的分录底稿转入会计总账子系统，反之即为还原会计凭证。

3. 会计总账子系统

会计总账子系统（如图 5 – 20 所示）具有高度的灵活性，能够适应企业组织运作变动的需要。对采用利润中心经营模式的事业部，其费用分摊方式可自行设定，无论设定的组织架构如何，均可轻易获得单一事业部的财务信息，也可合并不同部门的财务报表。

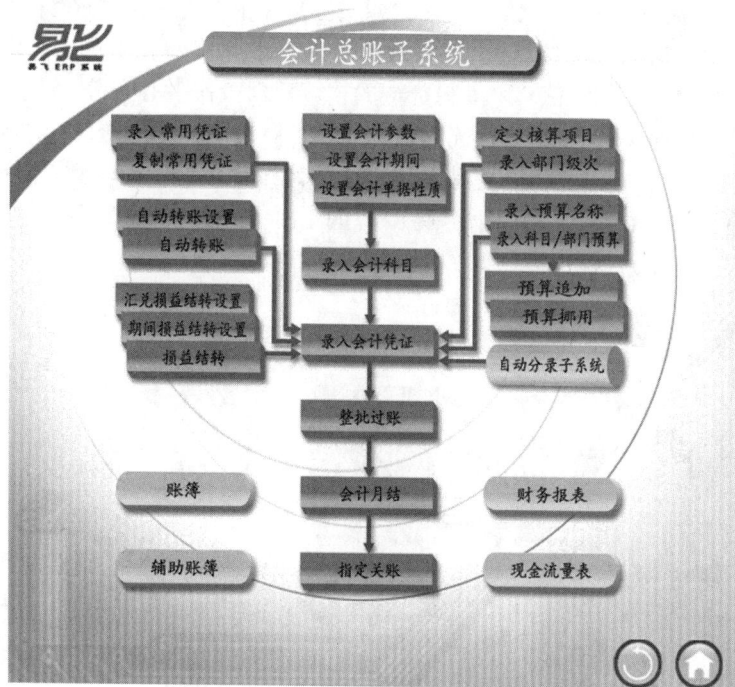

图 5 – 20　"会计总账子系统"主界面

在会计总账子系统中，将从自动分录子系统抛转过来的会计凭证整批过账，并进行反复核对并审核，在确认没有其他未审核单据之后进行会计月结，完成一个会计期间的结算。

会计总账子系统的主要业务流程有：

（1）设置基础信息，如设置会计参数、会计期间和会计单据性质。

（2）录入会计科目。

（3）录入会计凭证并可查询"自动分录子系统"转入的会计凭证。

（4）整批过账、会计月结及指定关账。

除以上功能外，易飞 ERP 系统中会计总账子系统还能进行项目管理，如在建工程、研发项目等。

易飞 ERP 系统采用的是"人财物""产供销"一体化的系统架构。财务部门的各种单据信息都是由前端业务模块抛转而来的。这样做的好处主要有两点：一是数据准确可靠，企业不用担心数据对不上账；二是有效减少财务人员的劳动强度，财务人员可以专心进行各种财务数据分析的工作，为企业领导做出决策提供辅助。

由于最终实现了财务、进销存、生产的完全集成，财务的数据将会更加准确、及时、有效。

4. 成本计算子系统

易飞 ERP 系统的成本计算子系统属于以制造为中心的成本管理系统，各种数据分别来自于生产管理模块、采购模块、库管模块、销售模块，而非由财务模块中填写获得，这保证了核算数据的真实、有效，也减少了财务核算人员的劳动强度。

易飞 ERP 系统提供多种成本核算模式，如实际成本和标准成本。在此基础上，支持分批法、品种法、分步法等成本核算模式。例如，工单领料根据每张工单来操作，系统自动计算每张工单的材料成本；"人工"和"制费"的核算根据工作中心来分摊，这样就能保证准确计算产品成本。同时，易飞 ERP 系统的自动分录子模块能自动抛转各种成本计算的单据。

易飞 ERP 系统中，成本核算模块是在生产管理系统中的，而不是在财务模块中，这是区别以制造为中心的 ERP 软件和以财务为中心的 ERP 软件的标准。图 5 - 21 所示为易飞 ERP 系统的成本计算子系统主界面。

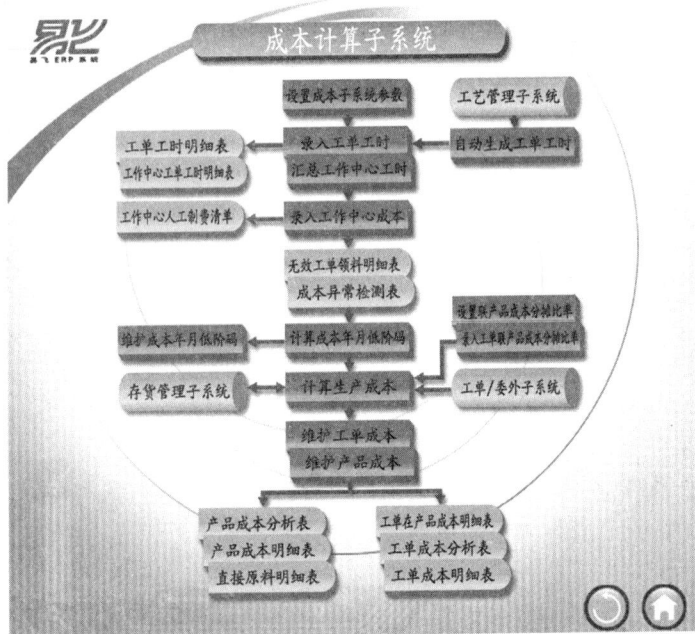

图 5 - 21 "成本计算子系统"主界面

成本计算子系统的业务流程简述如下：

（1）根据"工艺管理子系统"的生产计划自动生成工单工时，并汇总工作中心工时。

（2）根据生产产生的耗用录入工作中心成本。

（3）根据"工单/委外子系统"和"存货管理子系统"中的工单工时和工作中心成本计算出生产成本。

（4）对计算出的工单成本和产品成本进行维护。

（5）生成产品成本分析表、明细表等成本计算分析报表，以供管理人员查看，辅助决策。

5.3.3 各管理子系统之间的集成关系

财务管理系统中的数据大多数是从其他各业务子系统中直接调用过来的，与 ERP 中的其他子系统之间都有密不可分的关系；同时，财务管理系统对其内部数据也进行了体系化重构。

1. 内部子系统之间数据的关系

财务管理系统中各模块功能之间有密切的联系，数据之间实现了频繁的传递和共享，如图 5 - 22 所示。

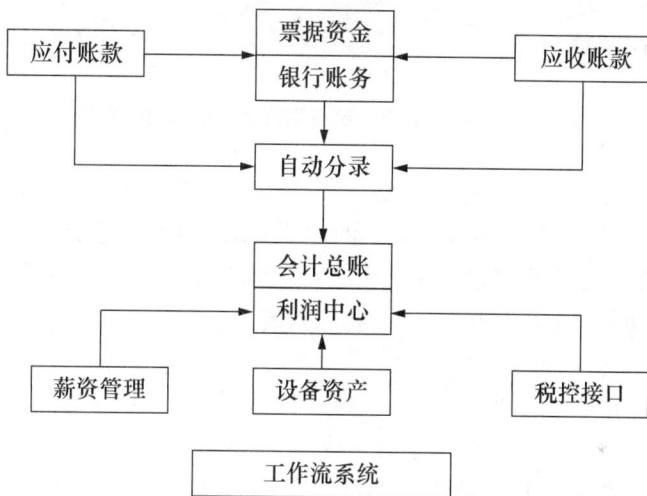

图 5 - 22　财务管理系统内部关联图

（1）ERP 系统根据票据资金和银行账务的设置，将应付账款子系统和应收账款子系统中采购产生的付款单和销售产生的收款单通过自动分录功能抛转到会计总账子系统。

（2）薪资管理子系统将计算出的员工工资自动转给会计总账子系统；设备资产子系统将设备的成本、折旧、维修等费用凭证转给会计总账子系统；税控接口子系统将税收进行统计计算转入会计总账子系统。

（3）会计总账子系统和利润中心子系统通过对抛转过来的凭证进行审核和核算，建立日记账、明细分类账及总分类账，进行试算平衡，产生试算平衡表，计算费用分摊，编制资产负债表、损益表及现金流量表，提供多公司账务合并和公司内部往来账务处理，计算汇兑损益。

2. 财务管理系统与其他子系统之间的集成关系

财务管理系统的信息数据基本都是从其他各子系统之间的原始凭证获得的，通过科学的计算对企业的经营活动进行分析并提供决策依据。财务管理系统与其他子系统之间的联系如图 5 - 23 所示。

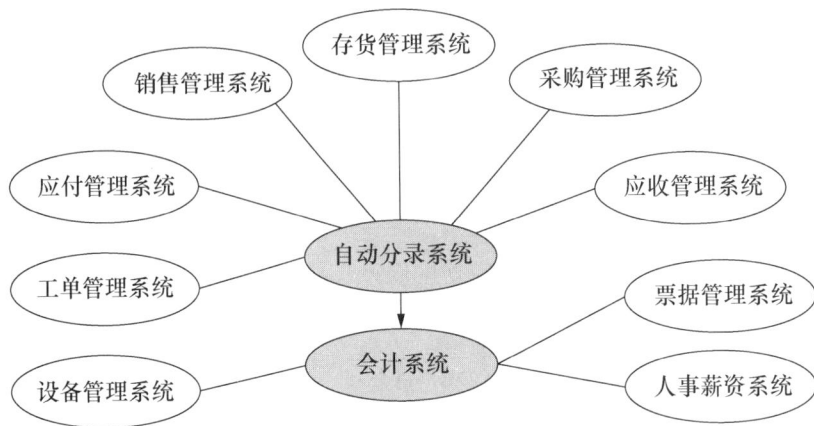

图 5 - 23 财务管理系统与其他子系统之间的联系

（1）"存货管理系统"的"库存交易单"作为存货进出单据，通过"自动分录系统"抛转至"会计系统"，即"存货管理系统"的凭证信息传递到"会计系统"。

（2）"采购管理系统"的"进货单"和"退货单"作为采购进货和进货成本等存货进出单据，通过"自动分录系统"抛转至"会计系统"，即"采购管理系统"的凭证信息传递到"会计系统"。

（3）"销售管理系统"的"销货单"和"销退单"作为销售发票和产成品出库核算依据，通过"自动分录系统"抛转至"会计系统"。

（4）"应收管理系统"的"销售发票"和"收款单"作为应收账款单据，通过"自动分录系统"抛转至"会计系统"，即"应收管理系统"的往来款凭证信息传递到"会计系统"。

（5）"应付管理系统"的"采购发票"和"付款单"作为应付账款单据，通过"自动分录系统"抛转至"会计系统"，即"应付管理系统"的凭证信息传递到"会计系统"。

（6）"工单管理系统"的"领/退料单""生产入库单""委外进货单"和"委外进货退回单"作为账目进货或进货成本存货进出单据，通过"自动分录系统"抛转至"会计系统"。

（7）"票据管理系统"将应收/应付票据新增、票据变动等资料检核处理后，生成会计凭证，直接传递至"会计系统"。

（8）"人事薪资系统"将职工薪资、人事培训等人员管理费用的信息直接传送至"会计系统"中进行成本核算。

（9）"设备管理系统"将维修保养工时和费用凭证信息直接传递至"会计系统"中进行成本核算。

3. 成本管理系统与其他子系统之间的关系

基于全面信息化的成本核算管理是企业管理一体化系统的一部分。核算需要的原始数据都来源于其他业务过程，日常业务处理的结果最终要在总账处理中反映。成本核算与其他业务流程之间的关系如图 5 – 24 所示。

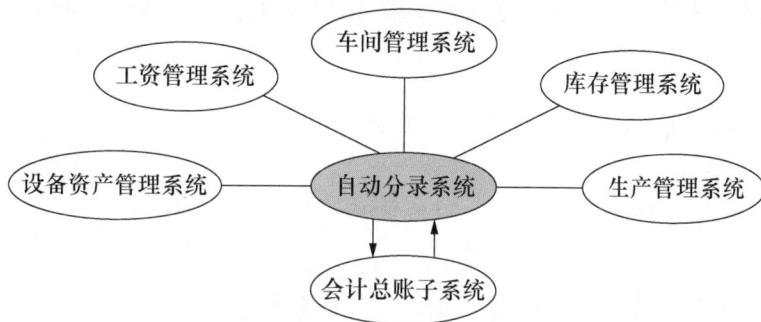

图 5 – 24 成本管理与其他业务流程之间的关系

（1）从会计总账子系统调用需要的折旧费用、人工费用、其他费用凭证等数据，作为成本核算的折旧费用、人工费用、其他费用的数据来源，并将结转制造费用、结转辅助费用、结转盘点损失、结转工序产品耗用等业务处理结果传递到会计总账子系统处理。

（2）从工资管理系统获取各部门的人工费用中属于成本开支范围的分摊数据。

（3）从设备资产管理系统获取各部门折旧费用数据。

（4）库存管理系统中的生产领料单是成本核算的材料费用数据来源，产品入库单是成本核算的完工产量数据来源。

（5）从生产管理系统获取与 BOM 相关的数据和信息；从生产计划管理处获取投入产量、废品产量信息。

（6）从车间作业管理过程获得工时耗用和计时计件工资信息。

5.3.4 实例

1. 应收应付对冲管理

【案例描述】

2014 年 12 月 20 日供应商嘉禾加工厂确立了一笔应付账款 4 000 元，12 月 21 日客户中实集团确立了一笔应收账款 4 000 元，所以 12 月 23 日会计将应付账款 4 000 元和应收账款 4 000 元进行收付款处理。

如何利用财务管理系统实现相应的应收应付的处理？下面将对此业务进行分析，并给出具体的实验环境和操作步骤。本实验给出录屏演示操作过程，请参见随书附带光盘。

【实验解析】

通过实验资料，在 ERP 系统中实现如下操作：

（1）应付会计李丽根据采购进货业务，确认应付账款，"录入采购发票"；

（2）应收会计秦国庆根据销售出库业务，确认应收账款，"录入销售发票"；

（3）应收应付进行对冲，应收会计秦国庆"录入应收应付对冲单"；

（4）应付会计李丽在应付系统的"录入付款单"中进行确认。

由此设计操作步骤：录入采购发票、录入销售发票、录入应收应付对冲单、审核付款单。

【实验环境】

时　　点：2014 年 12 月 23 日

操作人员：005 李丽

公　　司：光华家具厂

【实验步骤】

第 1 步：录入采购发票。12 月 23 日应付会计李丽确认嘉禾加工厂的应付账款 4 000 元。

在"应付管理子系统"界面，单击"录入采购发票"模块，进入"录入采购发票"界面，单击"新增"按钮，进行录入，如图 5 – 25 所示。录入完成单击"保存"按钮，并关闭该界面。

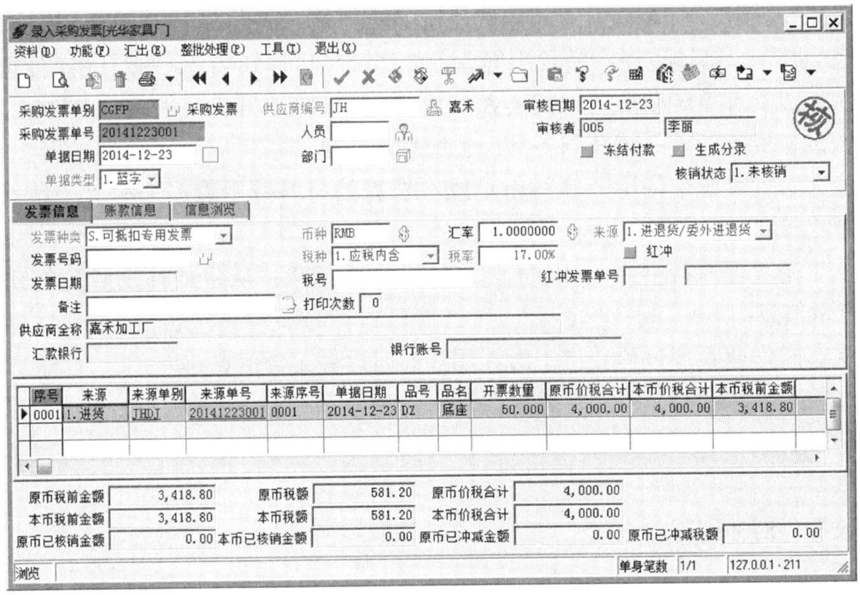

图 5 – 25　"录入采购发票"界面

第 2 步：录入销售发票。

（1）切换用户。12 月 24 日，以 004 账号（应收会计秦国庆）选择"光华家具厂"，重新登录系统。

（2）录入销售发票。12 月 24 日应收会计秦国庆确认中实集团的应收账款 4 000 元。在"应收管理子系统"界面，单击"录入销售发票"模块，进入"录入销售发票"界面，如图 5 – 26 所示。单击"新增"按钮，进行录入，录入完成单击"保存"按钮并关闭该界面。

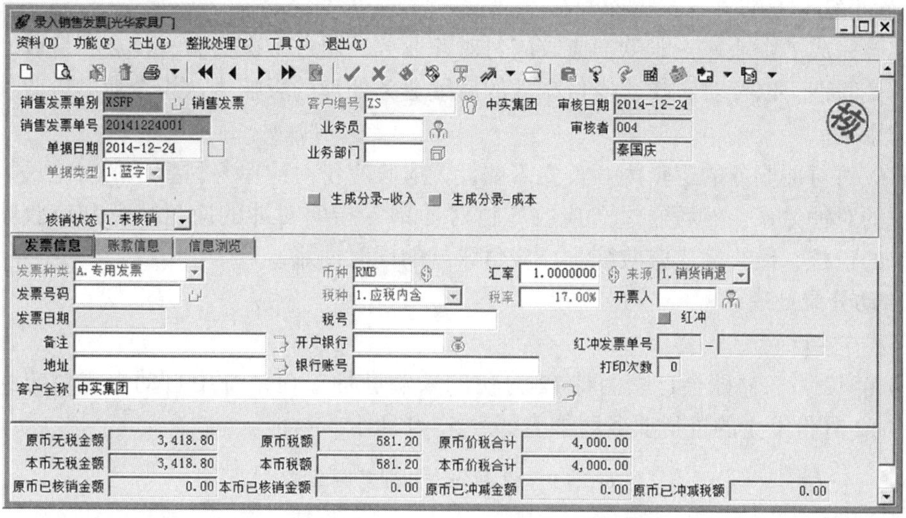

图 5 – 26　"录入销售发票"界面

第 3 步：录入应收应付冲账单。12 月 26 日，光华家具公司的应收会计秦国庆将供应商嘉禾加工厂的应付账款 4 000 元与客户中实集团的应收账款 4 000 元进行对冲销账。

在"应收管理子系统"界面单击"应收冲应付"模块，进入"录入应收应付冲账单"界面（如图 5 – 27 所示），单击"新增"按钮进行录入，录入完成单击"保存"按钮并关闭该界面。

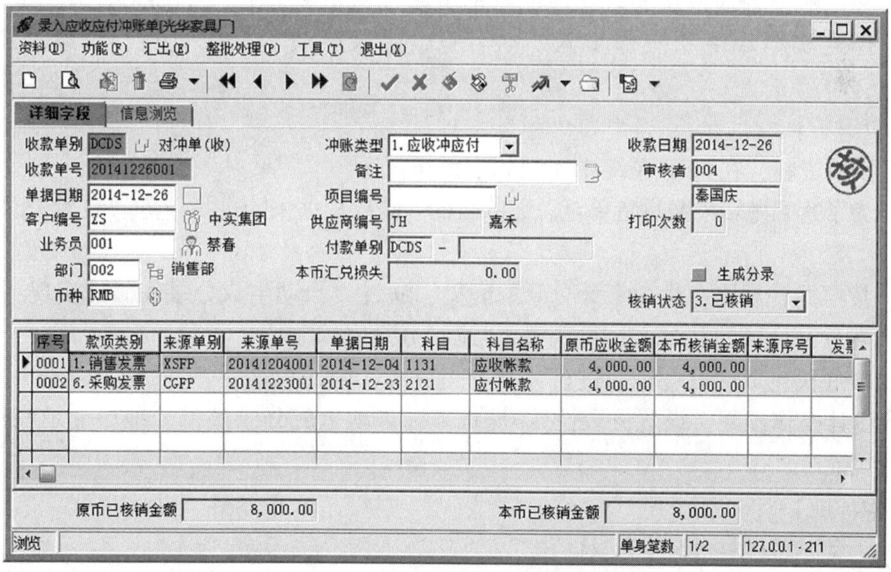

图 5 – 27　"录入应收应付冲账单"界面

【实验小结】

本实验完成了企业往来账款的应收应付对冲业务。通过本次实验，体会了应收、应付账款对冲的关联性，以及对应收、应付账款的后续业务处理的影响，认识企业中应收、应付账款对冲的意义。

应收应付对冲业务的逻辑为：首先需要设置应收应付对冲单与付款单的对应关系和供应商、客户的对冲关系，然后通过"应收应付对冲单"指明对冲的应付账款和应收账款，通过对冲单的审核，最终完成应收账款、应付账款的同时冲账。

2. 自动分录处理

【案例描述】

2014 年 12 月，总账会计李丽将 12 月份的采购进货单在系统中自动生成对应的会计凭证。其中 12 月份发生的进货业务明细表如表 5 – 9 所示。

表 5 – 9　12 月份进货业务明细表

进货单别	单别名称	进货单号	日　期	供应商	本币金额/元	本币税额/元	本币货款/元
JJJH	紧急进货单	20141223001	2014 – 12 – 23	嘉禾	4 000.00	581.20	3 418.80
JJJH	紧急进货单	20141223002	2014 – 12 – 23	元技	12 000.00	0.00	12 000.00
JJJH	紧急进货单	20141226001	2014 – 12 – 26	嘉禾	1 500.00	217.95	1 282.05
FPJH	随发票进货	20141229001	2014 – 12 – 29	嘉禾	19 500.00	2 833.33	16 666.67

如何利用财务管理系统实现相应的自动分录业务的处理？下面将对此业务进行分析，并给出具体的实验环境和操作步骤。本实验给出录屏演示操作过程，请参见随书附带光盘。

【实验解析】

通过实验资料，在 ERP 系统中实现如下操作：

（1）为了达到抛转采购进货单至总账的目的，需要根据采购进货业务"设置分录性质-进货单"；

（2）按照抛转规则，生成会计分录的底稿，通过"自动生成分录底稿"实现；

（3）在分录底稿的基础上进行调整，"维护分录底稿"；

（4）按底稿生成会计凭证，进行"自动生成会计凭证"。

由此设计操作步骤：设置分录性质-进货单、自动生成分录底稿、维护分录底稿、自动生成会计凭证。

【实验环境】

时　　点：2014 年 12 月 31 日

操作人员：005 李丽（总账会计）

公　　司：光华家具厂

【实验步骤】

第 1 步：进入系统。登录易飞 ERP 系统，在系统主界面中选择"财务管理"→"自动分录子系统"，进入"自动分录子系统"界面，如图 5 – 28 所示。

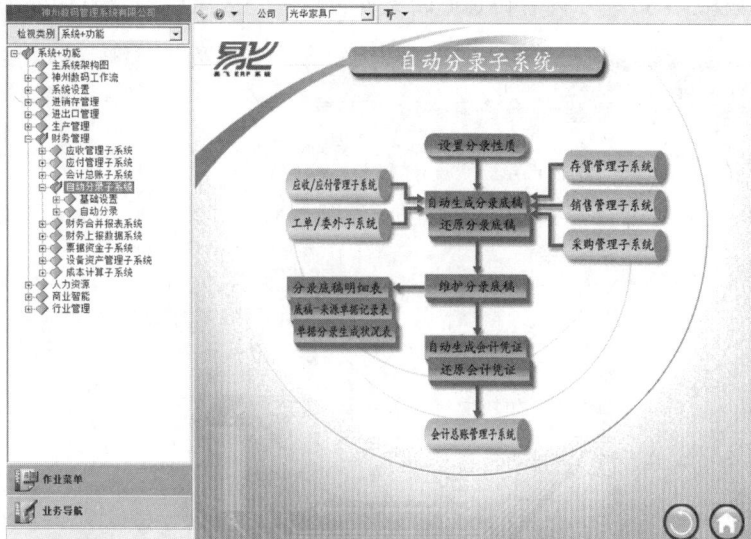

图 5 – 28　"自动分录子系统"界面

第 2 步：设置分录性质-进货单。在"自动分录子系统"界面，单击"设置分录性质-进货单"模块，进入"设置分录性质-进货单"界面，单击"查询"按钮，查看相关设置，如图 5 – 29 所示。

（a）基本信息页签　　　　　　　　　（b）科目信息页签

图 5 – 29　"设置分录性质-进货单"界面

第 3 步：自动生成分录底稿。总账会计李丽将 12 月份发生的采购进货业务抛转成分录底稿。

在"自动分录子系统"界面，单击"自动生成分录底稿"模块，进入"自动生成分录底稿"界面，按图 5 - 30 所示内容设置抛转条件，设置完成后单击"直接处理"。

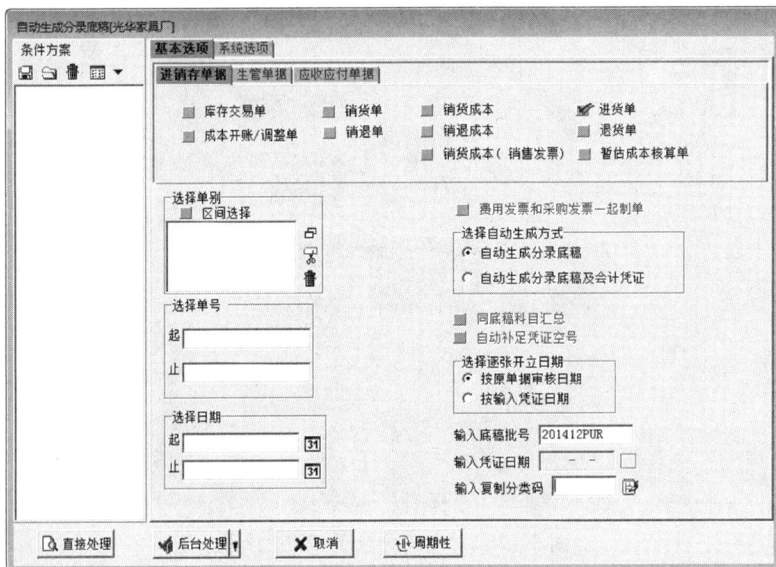

图 5 - 30　"自动生成分录底稿"界面

第 4 步：维护分录底稿。在"自动分录子系统"界面，单击"维护分录底稿"模块，进入"维护分录底稿"界面，单击"查询"按钮，依据底稿批号"201412PUR"，查询底稿列表，如图 5 - 31（a）所示。在"信息浏览"页签中，双击底稿序号为"0001"的记录，查询到 0001 号底稿的详细信息，如图 5 - 31（b）所示。

（a）信息浏览页签

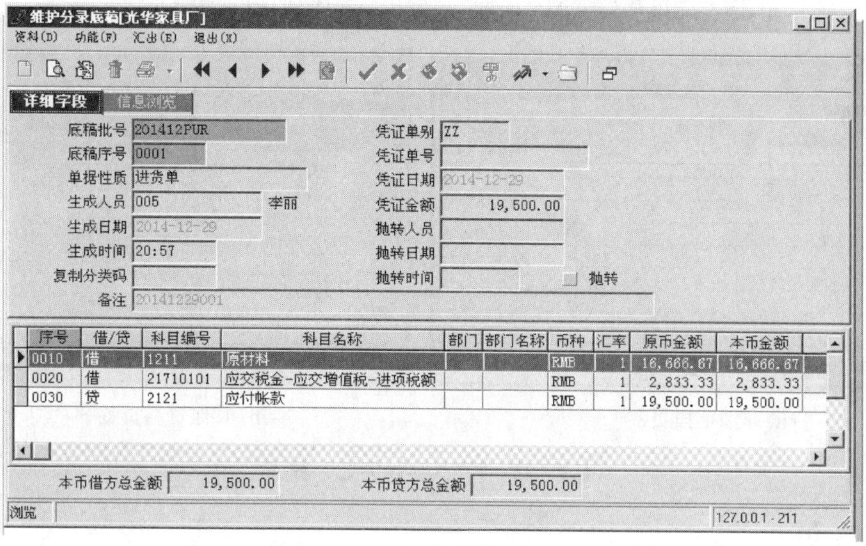

(b) 详细字段页签

图 5 -31　"维护分录底稿"界面

第 5 步：自动生成会计凭证。总账会计李丽将分录底稿抛转成会计凭证。在"自动分录子系统"界面，单击"自动生成会计凭证"模块，进入"自动生成会计凭证"界面，如图 5 -32 所示。设置抛转条件后，单击"直接处理"。

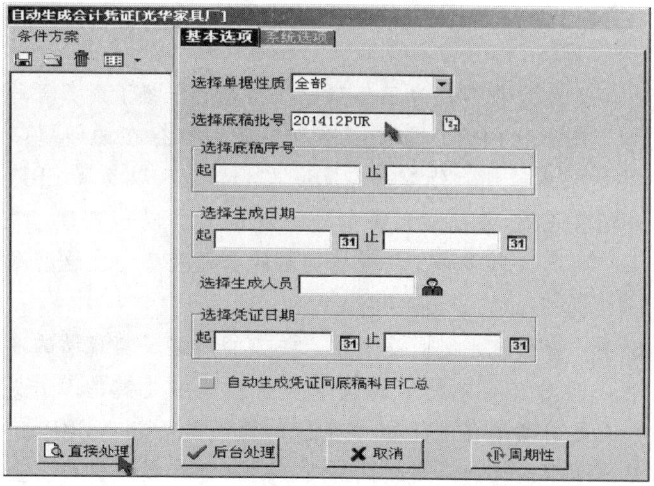

图 5 -32　"自动生成会计凭证"界面

第 6 步：查询并过账会计凭证。总账会计李丽查询 2014 年 12 月采购进货业务对应的会计凭证，并进行确认和记账。在系统主界面中选择"财务管理"→"会计总账子系统"→"录入会计凭证"，进入"录入会计凭证"界面，如图 5 -33 所示。单击"查询"按钮，查询对应的会计凭证，单击"凭证单笔过账/还原"按钮，完成凭证的记账。

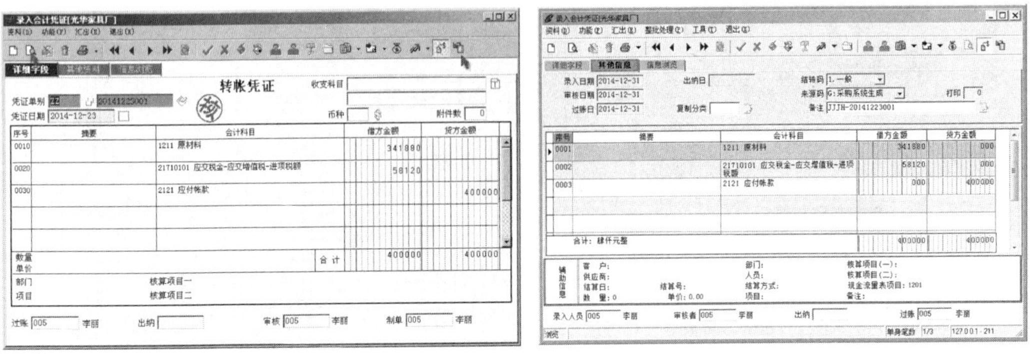

(a)详细字段页签   (b)其他资料页签

图 5 - 33 "录入会计凭证"界面

【实验小结】

本实验完成了业务系统单据向会计总账子系统的自动抛转。通过本次实验，进一步了解了业务系统和财务系统之间的关联和集成性。会计分录的抛转逻辑为：首先，设置业务单据的分录性质，确定抛转分录的原则；然后，依次抛转分录底稿、会计凭证至会计总账子系统。如要修改会计凭证内容，需依次还原会计凭证、分录底稿，然后修改原始的业务单据。

本章小结

    本章对于财务管理的介绍分为三个部分：首先，介绍了财务管理的一般原理及相应的基本概念及未使用 ERP 之前企业在财务管理中存在的问题；其次，介绍财务管理在 ERP 中的基本原理、业务内容及流程；最后，以易飞 ERP 系统的财务管理系统为例，介绍在 ERP 系统中财务管理系统的具体功能实现、主作业流程图，以及与其他子系统间的信息传递，并模拟实际的企业业务，在这些系统里实现具体的操作。

    在企业运营中，资金流一直是企业重点关注的对象。其流动的通畅与否，直接影响企业的兴衰；而对其有效的控制也是企业管理中关键的工作。ERP 系统中，通过会计总账子系统，实现了企业对资金流的处理和控制。ERP 是一个集成的系统，在会计核算处理中，将通过模块间的接口对其他各模块引用、查询有关资金的信息，最终实现信息共享。

{思考与练习}

1. 简述企业经营活动的循环过程。

2. 财务会计和管理会计的基本内容是什么？它们的区别又是什么？

3. 简述财务业务特征及运作流程。

4. ERP 系统中主要的财务管理模块有哪些？

5. 简述 ERP 系统中财务管理业务流程。

6. 简述财务管理与其他管理模块的关系。

7. 在财务管理系统中，各管理子系统间的信息关联有哪些？

8. 计算题：

下面是某生产商于 2007 年 7 月 18 日签下的销售订单，向 A 客户销售 P1 产品 10 000 盒，售价为 2 元/盒；销售 P2 产品 5 000 盒，售价为 3 元/盒；销售 P3 产品 6 000 盒，售价为 4 元/盒；销售 P4 产品 2 000 盒，售价为 6 元/盒。产品的加工零件以及成本如表 5 – 10、表 5 – 11 所示。

表 5 – 10　产品生产成本

产　品	工作中心	需用量	制造成本/(元/件)	间接成本/(元/件)	加工提前期/天
P1	W1	1	0.1	0.1	1
P2	W2	1	0.2	0.2	1
P3	W3	1	0.3	0.2	2
P4	W4	1	0.5	0.5	2

表 5 – 11　原材料成本

零　件	单　位	采购成本/元
R1	个	0.2
R2	个	0.05
R3	个	0.01
R4	个	0.01
R5	个	0.01

其中，P1 由 1 个 R1 和 1 个 R2 组成；P2 由 1 个 R1 和 1 个 R3 组成；P3 由 1 个 R1、1 个 R4 和 1 个 R2 组成；P4 由 1 个 R1、2 个 R4、10 个 R5 和 1 个 R2 组成。

请按照财务原理手工计算：所签订销售订单为企业带来的毛利润是多少？（请写清计算步骤）

9. 案例题：

根据 5.1.3 案例公司中提供的案例，进行如下操作：

(1) 在易飞 ERP 系统中进行操作来实现案例中应付账款的财务业务。

(2) 在易飞 ERP 系统中进行操作来实现案例中应收账款的财务业务。

第6章　ERP系统的实施

学习内容

　　ERP软件系统为数字化企业提供了一个基本的通用框架，通过对企业实际需求的分析，将企业的个性化特征填充于ERP企业模型之中，建立企业的ERP管理系统。ERP系统的实施是一个庞大而艰巨的系统工程，科学的项目管理方法保证其能够按期、按质、按预算完成。本章主要介绍ERP系统实施方法论以及影响实施的关键因素，在此基础上描述了ERP选型及实施步骤。

学习目标

　　了解：ERP实施失败的原因；ERP软件试实施时的项目组织运作模式。
　　理解：成功实施ERP系统的关键因素及项目决策。
　　掌握：ERP系统项目实施步骤。

引　例

　　1998年3月20日，北京三露厂与联想集团签订了ERP实施合同，在合同中，联想承诺6个月内完成实施，否则违约金按项目佣金的5‰赔偿。其中，实施的ERP系统是联想集团独家代理瑞典Intentia公司的MOVEX系统。合作双方，一方是化妆品行业的著名企业，当年销售额超过7亿；另一方是国内IT业领头羊的直属子公司。但是，由于MOVEX软件产品汉化不彻底，造成了一些表单无法正确生成等问题，虽经再次实施、修改和汉化等补救，依然未能彻底解决汉化、报表生成等关键问题，最终导致项目失败。在经历15个月的官司之后，三露厂向联想退还MOVEX系统，并获得200万元的赔偿。

　　像上述ERP实施失败的案例很多，并且原因各不相同。按照前面章节的介绍，可以说，ERP系统的工作原理是科学的，但是ERP系统的实施过程是否科学就不一定了。怎样科学地实施ERP系统一直是业界人士研究的内容。

　　思考：三露厂ERP实施失败的主要原因何在？应采取什么措施来避免失败的结果？

6.1 ERP 系统实施方法论

6.1.1 ERP 系统的实施原则

ERP 系统的实施原则是大量 ERP 系统实施项目的经验和教训的知识结晶，是贯穿于整个实施过程的指导思想和实施过程中应该遵循的行为规范，是降低实施项目的管理风险、提高实施结果质量和加快实施进度的有效工具。

这些实施原则包括目标原则、计划原则、个性化方案原则、用户参与原则、投入产出分析原则和风险防范原则等。

1. 目标原则

不论工作如何艰苦复杂，ERP 系统实施工作应该满足给定的目标，即按照预定的期限在预定的预算内完成预定的任务。

无论是项目延期，还是项目开支超过预算，都是实施失败的标志。如果在实施过程中，ERP 系统实施项目的计划、预算发生了重大失误，或实施范围发生了重大变化，应该及时调整项目原定的计划和预算，并且通过协议来确认。

目标原则本身是不能改变的，但是，目标原则中的目标可以根据项目的进展情况，通过协商进行适当的调整。

2. 计划原则

ERP 系统实施是非常复杂的项目，详细的、可操作的工作计划是非常重要的。

计划是对工作任务更加深入的理解、细化和落实。在对工作任务理解的基础上可以将其细分成容易执行的活动，执行和完成这些细粒度的活动恰是工作任务落实的表现。

计划是实施团队工作安排的依据。如何合理地安排实施团队每个成员的日常工作，是项目经理考虑的头等大事。有效的工作任务下达和检查是项目顺利进行的保障。所以，工作计划是项目经理给各成员下达任务的主要依据。

计划是项目进度和资金等资源的合理安排方式。项目进度是否正常、资金预算能否满足实际需要，这些问题的回答离不开合理的工作计划。需要注意的是，制订计划本身需要耗费一定的时间、人力和资金。

3. 个性化方案原则

利用 ERP 系统，可以向客户提供适合客户需求的解决方案。每一个企业的领导风格、组织结构、企业文化、业务流程及人员状况都是不相同的，因此，各个企业实施的 ERP 系统解决方案都不可能完全相同。即使是同一个 ERP 系统、同一个实施团队，他们在不同企业采取的实施方案都应该是个性化的实施方案。通用的实施方案是指导性的，不具备普遍操作的意义。

4. 用户参与原则

用户方面须派出业务人员参与 ERP 系统的整个实施过程，使业务人员更加熟悉业务流程。他们加入实施团队之后，可以使实施团队制定的具体的实施方案更贴近企业业务实际。

但是，在用户派出人员参与实施团队时，应该遵循以下基本要求：

（1）参与的人员数量不宜超过实施团队总人数的 10%；

（2）参与的人员应该包括有丰富经验的业务人员和技术人员；

（3）参与的人员应该是实施团队的正式成员，应按照对实施团队成员的管理标准要求他们。

5. 投入产出分析原则

ERP 系统的投资和实施，应该进行项目评估。项目评估中的其中一项就是进行投入产出分析。如果投入小于产出，那么该 ERP 系统实施项目是有价值的。如果投入远远大于产出，对 ERP 系统实施项目就应该非常慎重。实践证明，没有效益的项目是很难持续进行下去的。

6. 风险防范原则

在 ERP 系统的整个实施过程中，实施风险无处不在。必须采取严格的控制和防范措施，进行风险管理。通常情况下，ERP 系统实施过程由多个阶段组成，每一个阶段都存在诸多风险因素。

风险因素识别、评估和管理是风险管理的基本内容。针对每一个风险因素的发生概率、破坏程度，以及对每一个风险因素的控制、转移及接受等，都应该有明确的风险预案。

6.1.2 ERP 系统的实施战略

ERP 系统的实施战略是系统实施目标、实施工作原理和采取的操作方法的总称。不同的企业，即使实施同一个 ERP 系统，也可能采用不同的实施战略。同一个企业，也可能采用同一种实施战略实施不同的 ERP 系统。

经过长时间的 ERP 实施实践，逐渐形成了一些有指导意义的实施战略，其中较为常见的是 Big Bang 实施战略、面向模块的实施战略和面向流程的实施战略。

1. Big Bang 实施战略

（1）基本原理。在这种实施战略中，企业制订了整个 ERP 实施计划，包括所有模块的系统安装都是在整个企业范围内一次性完成的。

（2）特点。

① 采用 Big Bang 实施战略需要彻底、仔细地执行实施计划，才可以降低 ERP 系统的集成成本。

② Big Bang 实施战略的前提是把 ERP 系统作为一个巨大的信息系统分级实施，一般多采用自顶向下法或由底向上法。

（3）缺陷。

① ERP 系统的实施比传统信息系统实施复杂得多，因为 ERP 系统涉及的业务功能模块众多，并且 ERP 系统的实施要连续地调用各种业务流程，使得相关的业务流程相连接。

② 参与 ERP 系统的许多部门和人员并不都是信息技术方面的专家。与传统的信息系

统相比，ERP 系统更多地自动化现有业务流程，驱动这些业务流程传递信息、执行业务操作。

（4）适用范围。基础数据比较完整、管理制度比较健全、组织机构比较稳定、业务流程比较规范以及工作岗位职责定义比较明确的企业，且有一定的计算机技术运行基础的企业，或者规模不是特别大的企业，适合采用这种类型的实施战略。

2. 面向模块的实施战略

（1）基本原理。面向模块的实施战略采用一次一个模块的方式。一般情况下，这种实施战略被限制在一个职能部门。

（2）特点。面向模块的实施战略适合有不共享的多个跨部门的通用业务流程的企业。在每个部门安装一个独立的 ERP 系统模块，项目后期阶段集成各个模块。这是 ERP 系统实施战略中最常使用的方法。

（3）优点。面向模块的实施战略通过缩小实施范围降低系统安装、定制和运行的风险。一个模块的成功实施有助于推动整个 ERP 系统实施项目的成功。

（4）适用范围。面向模块的实施战略特别适合各个业务部门之间比较独立的大企业。

3. 面向流程的实施战略

（1）基本原理。这种实施方法将重点放在支持一个或几个涉及多个业务单元的关键业务流程上，系统的初始化定制局限于与业务流程关联的功能方面，因此可能最终导致一个不断膨胀的 ERP 系统。

（2）适用范围。面向流程的实施战略适合业务流程不是特别复杂的中小企业。在这些业务流程比较单一的企业中，采用面向流程的实施战略极易获得成功。

6.1.3　ERP 系统实施的关键因素

ERP 系统为什么实施效果不理想？除了前面讲到的没有坚持正确的实施原则和使用合适的实施战略外，还需要确定实施的关键因素。下面先给大家列举一些引起实施效果不理想的常见问题，在此基础上，提出实施的关键因素，并做简要的分析。

1. 实施失败的常见问题

对于实施 ERP 未能获得成功的企业，究其原因，大多在人。真正由于软件系统的问题而招致失败的极少。以下列出实施未能成功的企业中常见的 7 个问题：

（1）基础数据不准确；

（2）企业员工对 ERP 系统缺乏热情；

（3）缺乏实施计划；

（4）关键岗位人员不稳定；

（5）员工不愿放弃传统的工作方式；

（6）教育和培训不足；

（7）领导不重视。

2. 实施 ERP 的关键因素

实施 ERP 的关键因素有人、培训、软硬件和数据。

（1）人。从上述问题可以看出，人是最关键的因素。企业各级人员对 ERP 有充分理解，是实施 ERP 系统获得成功的关键所在。高层管理人员的参与程度、中级管理人员的积极性以及企业员工的态度，已被公认是 ERP 系统实施能否获得成功的最重要的因素。

有些企业实施 ERP 系统未获成功或未能充分发挥 ERP 系统的作用，其原因是企业把 ERP 作为一个计算机系统而不是作为一个人的系统来对待。他们花了许多时间和精力去选择软件系统，然而，成功的 ERP 用户和不成功的 ERP 用户之间的差别绝不是由软件系统的差别造成的。

人的因素解决不好，不可能建立好的 ERP 系统。优秀的人员可以使系统越来越完善。

（2）培训。ERP 的实施对企业的各层人员来说都是一个全新的课题，因此实施组织要及时组织各种相关的培训，并对培训的效果进行考核。如此才能保证企业人员在实施过程中理解和贯彻 ERP 系统的实施原则、方法和行动要素。培训的过程是不可逾越的、简略的重要实施过程。

（3）软硬件。软件是 ERP 的思想灵魂，其重要性不言而喻。硬件作为软件的物理支撑，影响软件的稳定运行及运行速度。受硬件的困扰而影响业务人员的兴趣与工作，是实施人员讨厌的"低级问题"。企业要按软件的运行要求与管理数据流量的要求配置硬件体系。

（4）数据。在 ERP 系统正式运行前，系统与业务数据必须保证一定的正确性。另外，计算机系统是处理数据的系统，不正确的数据将导致产生无效益的系统，甚至是负效益的系统。数据的完善、正确性依赖于管理的完善和提高。因而，ERP 业界流行一句话："三分软件、七分实施、十二分数据"，充分体现了数据的重要性。

6.1.4　ERP 与 BPR

ERP 是以信息技术和管理技术为基础的企业资源规划系统，它规划和监控企业的销售预测、订单、采购、制造、财务和人力等资源，为企业进行业务流程重组提供了依据。作为企业资源规划系统，ERP 实施本身就对企业业务流程提出了改造的要求。在第 1 章中，简略介绍了 BPR 的基本概念，本节将要介绍 BPR 的基本规则和其与 ERP 的关系。

1. BPR 的基本规则

BPR 的基本规则是实施 BPR 时应该遵循的规范，是 BPR 理论的表现形式，也是 BPR 取得成功的保障。指导 BPR 过程的规则分成 5 类，即面向流程类规则、系统集成类规则、并行性规则、可靠性规则和组织再造类规则。

（1）面向流程类规则。面向流程在 BPR 中的体现就是面向客户、面向目标和面向具体的业务流程，其思想本质就是面向直接为客户提供服务的流程。面向流程类规则就是面向流程思想在 BPR 过程中的具体表现。该类规则包括的内容有：回归自然，像流水一样管理；单点接触客户；面向流程管理模式等。

（2）系统集成类规则。系统集成类规则是指在企业流程的许多活动中广泛应用信息技术、自动化技术，减少活动的数量，缩短流程的客户响应时间。其中主要包括：尽量使用信息技术使流程自动化和不用手处理；使用信息技术协调分散和集中的矛盾；把流程活动的串行结构变为并行结构，实现一个库原则；减少检查、校对和控制，减少耗费成本。

（3）并行性规则。并行性规则要求在 BPR 之后的企业流程中广泛使用并行技术，降低流程的周期，减少流程中串行操作的信息传递和反馈等时间。

（4）可靠性规则。可靠性规则是描述流程完成规定任务的能力和概率的一种规则，是 BPR 中简化流程的理论基础，是衡量流程再造成功与否的一项关键指标。其核心内容是减少中间环节或串行变并行，变事后管理为事前管理，删除冗余的处理和信息集等。

（5）组织再造类规则。流程再造必然引起人力资源的重新配置和管理方式的随之改变，因此不可避免地引起组织再造。该类规则主要包括：基层工作单位变成自我管理的工作团队；企业组织结构趋于扁平化，员工工作内容多元化；员工的工作目标由让上级满意到让客户满意；衡量员工绩效标准由工作量到创造价值；针对员工的工作由监督控制到指导协调。

2. ERP 与 BPR 的关系

究竟应当如何认识 BPR 这一理论方法在 ERP 项目中的应用呢？在 ERP 项目中实施 BPR 是否必要，究竟是利大于弊，还是弊大于利？

（1）ERP 实施中对 BPR 的要求。在 ERP 项目中实施 BPR 是有必要的，ERP 作为企业资源的信息化规划系统，它的实施本身就对企业业务流程提出了改造的要求。所以，BPR 的应用对于 ERP 项目在流程的改造上有十分重要的意义和价值。关于这一点可以从以下三方面去理解。

① ERP 系统的基础是数据和信息的统一与分享，这对于企业业务流程，尤其是数据处理流程提出了新的要求。

② ERP 系统本身就定义了相对标准的流程模型，这对实际业务流程提出了改造要求。

③ ERP 系统的强大功能在于整合企业资源，这一功能是通过整合部门职能来实现的。

可见，ERP 项目的实施对于企业业务流程提出了变革和调整的需求，而 BPR 正是满足这一需求的有力工具。

（2）BPR 应用离不开 ERP 的发展。BPR 有效的应用也离不开信息化系统技术工具的应用与发展。事实上，BPR 的驱动因素正是 IT 技术本身，这一点已经成为理论界的共识，而且已经为国内外的实践所证实。凡是熟知 BPR 的人，都会知道福特汽车公司应付账款部门流程再造的经典案例，这个案例中应付账款数据库系统对于流程再造的重要意义，可以令人信服地说明 IT 技术对于 BPR 的驱动作用。

到此，回答了 ERP 项目实施与 BPR 之间关系的问题。但是，仍旧必须面对一个基本的事实，那就是 BPR 实施的低成功率。对于 BPR 实施的失败原因，各界有很多总结，如该理论过于强调"彻底性"的变革导致失败风险加大。其中，有些原因是理论上先天的缺陷，有些是实施过程中操作的不当。

虽然如此，BPR 作为一个改造企业流程的理论方法和实践工具，在 ERP 项目的实施中仍然有不可或缺的作用。在实际操作中，应该充分认识 BPR 理论的优势与不足，结合企业当前的发展现状，提出切实可行的实施方案，真正发挥好 BPR 的作用。事实上，目前对于

BPR 的实施操作，企业和咨询方已经开始注意到结合企业的实际情况，灵活运用 BPR 方法，并取得了较好的效果。

最后，通过一组数据来结束本节内容。1994 年，CSC Index 公司做了 100 个 BPR 项目的调查，结果是 67% 的企业认为效果甚微或失败；1996 年，德勤咨询公司调查了 400 个 BPR 项目，调查发现与前面的结果非常相似；2002 年，ProSci 机构展开调研，调研样本为 327 个 BPR 项目，结果 73% 的企业达到或超过 BPR 预期目标。BPR 实施成功的关键环节，从调查结果看，依次为项目团队的合作与贡献、企业高层管理人员的支持与推进、清晰的 BPR 实施目标远景、明确的目标再造流程范围与角色设定，另外 BPR 平均实施周期为 13.8 个月。

事实上，BPR 既不是企业解决管理问题的灵丹妙药，也不是给企业带来巨大风险的无用工具。只有充分理解 ERP 与 BPR 的关系，认清 BPR 的深刻内涵，同时对企业现状有较客观、深入的分析和认识，才能促使 BPR 为整个 ERP 项目增光出彩。

6.1.5　ERP 系统的实施方法举例

ERP 系统的实施方法也称为 ERP 系统实施的操作方法，是实施过程中各个活动的详细描述和工作方式约定。当前，许多研究人员和厂商都提出了不同的 ERP 系统实施方法，例如 SAP、Oracle 等 ERP 系统厂商都有自己的实施方法。但是，到目前为止，并没有一个得到大家公认的具有普遍适用意义的实施方法。下面着重介绍 ASAP 法。

ASAP 是 SAP 公司为使 R/3 系统的实施更简单、更有效而开发的一套完整的快速实施方法，优化了在实施过程中对时间、质量和资源的有效使用等方面的控制。它是一个包括了使项目实施得以成功的所有基本要素的完整的实施方法，主要包括 ASAP 路线图、SAP 工具包、SAP 技术支持和服务、SAP 培训和 SAP 参考模型。下面简要介绍 ASAP 线路图、SAP 技术支持和服务、SAP 培训。

1. ASAP 路线图

ASAP 提供了面向过程的、清晰的、简明的项目计划，在实施 R/3 系统的整个过程中提供指导。其路线图共有 5 步（如图 6 - 1 所示），包括项目准备、业务蓝图、实现过程、最后准备、实际运行和支持。

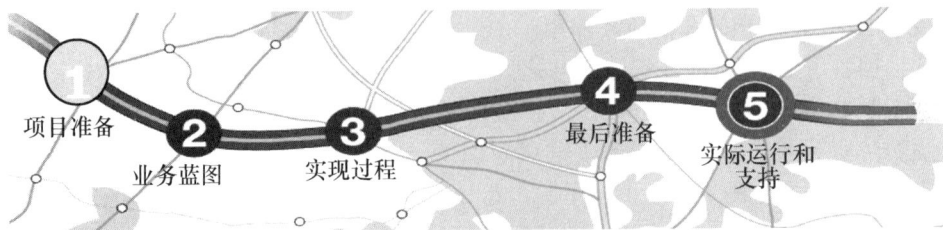

图 6 - 1　ASAP 路线图

ASAP 路线图中，具体每个阶段的主要工作内容如下：

（1）项目准备，主要是建立项目组织。这一阶段的工作内容包括：确定系统实施目的和目标、准备策略和项目草拟方案、确定项目的基本构造、执行正式安装的规模和指标、初始化 SAP 系统。

（2）业务蓝图，主要处理需求的归档和最终确定。小组成员和顾问在不同活动领域内进行讨论，以获得各业务流程的确切要求，最后输出结果为企业蓝图文档，详细说明设计后的流程，包括公司结构和业务流程的说明文件。

（3）实现过程，实现的目标是使用 IMG 并给企业蓝图文档配置基准线系统。为了实现这个目标，业务流程被划分为几个相关的业务流程。运行系统就是在基准线系统的基础上进一步发展起来的。最后交付使用的是一个配置完全、测试过的 SAP 系统，可以满足公司的需求。

（4）最终准备，目的是为实施系统和公司实施 SAP 做好准备。这个阶段强化了前面阶段的所有活动，发现并解决所有异常情况和配置错误；同时，SAP 小组成员管理的超级用户负责进行最终用户的培训。此外，还需要检查所有的程序切换和交互界面，进行容量测试、压力测试和用户的接受程度测试，然后向新系统中导入数据。

（5）实际运行和支持，处理 SAP 系统投入运行的一些事务。这涉及解决每日操作问题，包括最终用户提出的一些问题和与安全相关的事务。SAP 要求进行实时监控，以尽可能达到最优化。

同时，还要完成所有由于疏忽没有定义或没有完成的参数和流程。新系统业务方面的优势可以通过查看项目的投资回报率来进行测量。最后，项目的实施过程正常结束。

2. SAP 技术支持和服务

SAP 的技术支持和服务网络对用户在实施和使用过程中可能出现的问题进行解答。用户将得到从项目开始到成功实施及其后续方面的支持，服务包括咨询和培训。

3. SAP 培训

SAP 的培训策略包含了对项目组和最终用户的培训。

6.2　ERP 软件实施的主要阶段

ERP 系统不仅是一个软件系统，它还代表了一种先进的管理思想和方法。为什么同样一套 ERP 系统（软件）在不同的企业使用，其效果却大相径庭：有的企业应用后取得了成功，而有的企业的应用不成功，甚至还失败了。究其原因是多方面的，但最根本的原因是没有一套科学的、规范的实施和运行管理方法。图 6-2 对 ERP 项目实施进程进行了详细的描述。

领导层 培训	MRPⅡ/ERP 原理培训	软件产品培训 硬件及系统员培训	程序员培训	持续扩大培训

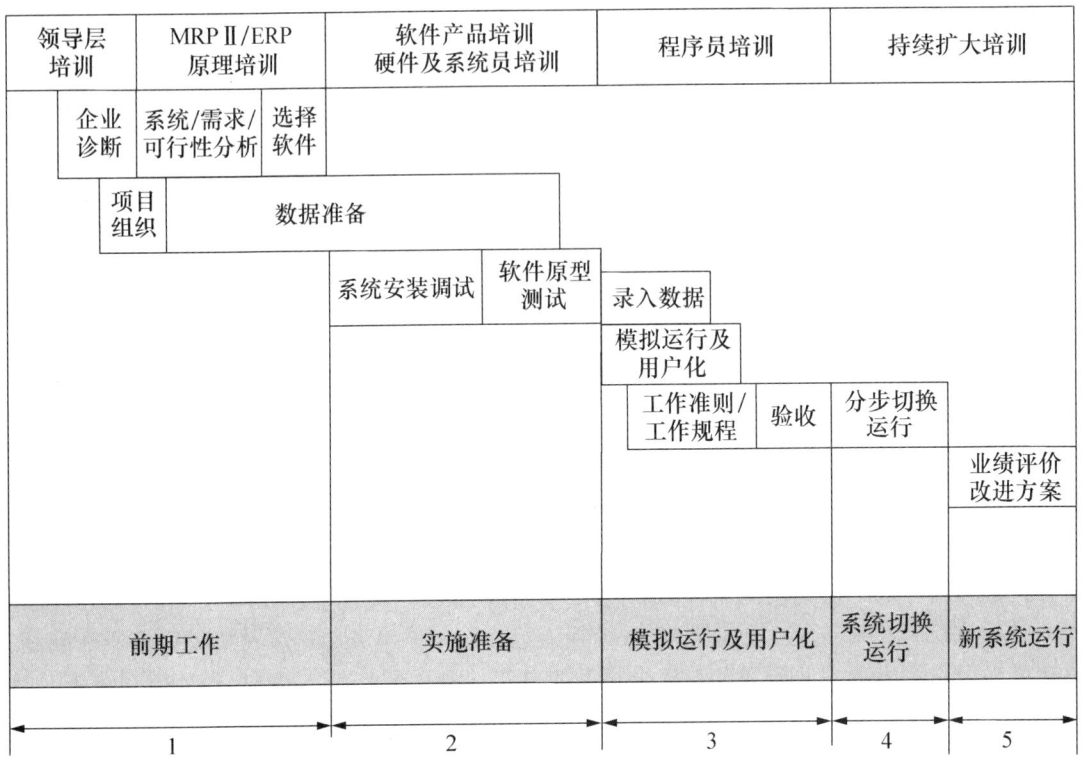

图 6－2　ERP 项目实施进程

从上图中可以看出，ERP 系统实施分为 5 个阶段，包括前期工作、实施准备、模拟运行及用户化、系统切换运行和新系统运行。同时，整个实施过程又分为两个层次：系统实施与系统培训。

6.2.1　前期工作

1. 企业诊断

ERP 软件实施前，企业的高层领导和项目组人员用 ERP 的思想对企业现行管理的业务流程和存在的问题进行评议和诊断，找出问题，寻求解决方案，以书面的形式明确预期目标，并规定评价实现目标的标准。

企业必须结合自身发展需要和内外环境。对企业的基础状况进行准确的评估，使企业确定实施 ERP 的时机和选择 ERP 的依据，如人员素质情况、领导认识问题、基础数据的规范收集要求等基础状况。

2. 需求分析

（1）需求分析的目的。企业在准备应用 ERP 系统之前，需要理智地进行需求分析，目的是定义项目目标，了解业务环境，并且在优化业务流程和结构的方法上达成共识。

（2）需求分析的具体问题。企业 ERP 系统需求分析的具体问题包括以下几个：

① 企业是不是到了该应用 ERP 系统的阶段？

② 企业当前最迫切需要解决的问题是什么？ERP 系统是否能够解决？

③ ERP 系统的投资回报率或投资效益如何？

④ 在财力上企业能不能支持 ERP 的实施？

⑤ 企业实施 ERP 的目的是什么？ERP 系统到底能够解决哪些问题和达到哪些目标？

⑥ 基础管理工作有没有理顺？是否准备在实施 ERP 之前让咨询公司帮助理顺？人员的素质够不够高？

将对上述问题分析的结果写成需求分析和投资效益分析正式书面报告，根据企业生产经营目标制定 ERP 项目的目标，并根据问题的轻重缓急确定项目实施方案。

3. 软件选型

"知己知彼，百战不殆"。企业实施 ERP 是一场艰辛的战役，成功的前提就是要选择一个适合自己的软件系统。企业在选型前要做详细的需求分析（知己），然后根据一定的规则、步骤，详细了解当前市场上各种 ERP 产品的功能状况（知彼），进行有效的选择。或许在引例中，三露厂在反思失败的原因时，体会到了选型的重要性。

（1）软件选型的原则。ERP 软件的选型原则主要体现在下述几方面：

① 符合 ERP 标准模式；

② 系统的集成度要高；

③ 满足企业需要的功能；

④ 国际化的产品；

⑤ 开放式的系统；

⑥ 用户化的工具；

⑦ 良好的服务支持；

⑧ 较高性能价格比；

⑨ 界面友好、操作简单。

（2）软件的功能要求。市场上出售的大多数 ERP 软件的功能都较类似。企业在选择的过程中如何对功能进行识别，应从以下几方面考虑：

① 看软件的功能是否适合本企业的需求与未来一段时期的发展；

② 了解软件的功能是否涵盖了企业的主要业务范围；

③ 了解 ERP 软件所能提供的报表；

④ 注意软件的数据处理量与处理速度。

总之，必须注意的是，在功能上要考虑本行业的需求特点，不要追求包罗万象的完美，更不要吹毛求疵，任何软件都不是完美无缺的。在功能的实现上，根据前期工作的 ERP 需求分析，做好测试与评估记录，并根据需求分析的要求与企业协商自定一些评分标准，以此对比软件的功能。

（3）软件选择的步骤。选型对一个单位的 ERP 项目来说是非常重要的一步。虽说"三分软件，七分实施"，但选型的过程，并不仅仅是选择软件的过程，更重要的是检查 ERP 供应商及其系统综合能力的过程。依据需求，选型有固定的步骤和程序，具体如下：

① 了解同行企业应用；

② 寻找合适的软件供应商，发出邀请通知，进行演示；

③ 对演示结果进行评选，结合自己的需求选出前 5 名；

④ 访问这些软件公司，参观他们的成功实施案例；

⑤ 再一次评选，确定企业满意的备选供应商 2～3 家；

⑥ 对备选软件分别进行数据测试，评估测试结果；

⑦ 考察备选供应商的应用顾问水平；

⑧ 与备选供应商进行商务谈判；

⑨ 从各方面因素综合评估备选软件，确定需要的软件。

选型对于 ERP 项目来说是至关重要的一步，也是企业 ERP 项目生命周期的一个重要组成部分。对于企业来说，应该将 ERP 选型作为项目来管理，可用项目管理方法论来指导 ERP 选型。

（4）选型误区。

① 品牌误区。许多企业选择 ERP 软件时，认为品牌越大越有保障。事实上，厂商的专业性比品牌更重要，搞清楚厂商的核心能力，比盲目选择一个品牌保险得多。

② 产品误区。用户容易陷入的产品误区就是没有考虑产品的适用性问题。任何公司的产品都不可能 100% 满足厂商的要求，有的产品在财务管理模块上有优势，有的产品在生产管理上有特点，有的产品适合离散型企业，等等，这些都是必须仔细考虑的问题。

③ 需求误区。用户在需求上容易陷入的误区就是需求的无限外延，导致项目无法按期完成验收。项目完成后，软件能解决企业最初想解决的某一个或几个问题，就基本达到了要求。但 ERP 厂商出于销售的需要，夸大系统的功能和功效，用户预期不断放大，导致项目实施无法验收结束。

④ 承诺误区。不成熟的用户容易被厂商的承诺所打动，容易陷入厂商承诺误区。任何一家厂商的产品研发部门都有自己的管理流程，客户越多的厂商，越不会为了一个用户去修改它的产品。因此，对于厂商的承诺，用户要保持清醒的头脑。

⑤ 演示误区。演示产品和实施成功有很大的距离，有的厂商为了在产品演示环节打动客户，往往派非常资深的顾问去演示讲解。在短短的一两个小时中，只讲优势、不讲弱点，是所有厂商的共识。但是，当项目落定、实施的时候，却是另外的顾问，导致结果跟当初的美好愿望相距甚远。

6.2.2 实施准备

做好前期准备工作后，在具体实施阶段采用项目管理的方法来完成实施工作。

1. 项目实施的主要任务

（1）数据准备。基础数据是 ERP 系统运行的前提，必须等软件选型确定及业务蓝图描述后再进行基础数据收集的规范，为 ERP 系统进入试运行阶段做好数据准备。若数据在运用系统之前没有或未明确规定，则需要做大量分析、研究的工作。

（2）系统安装调试。在人员、基础数据准备好的基础上，就可以将系统运用到企业中了，并进行一系列的调试活动。

（3）软件原型测试。软件功能原型测试，也称计算机模拟。由于 ERP 系统是信息集成系统，所以在测试时，应当是全系统的测试，各部门人员都应该同时参与，共同找出不足的方面，提出解决企业管理问题的方案，以便接下来进行用户化或二次开发。

2. 成立三级项目组织

实施 ERP 系统有大量的工作要做，管理改革也要配合进行。为保证项目按计划进度顺利实施，首先要组织落实。通常成立三级项目组织负责工作，即项目领导小组、项目实施小组和职能组。

（1）项目领导小组。由企业的一把手牵头，并与系统相关副总一起组成项目领导小组。其主要工作是：制定方针策略，指导项目实施小组；设定项目目标、范围及评价考核标准；批准项目计划，监控项目进程；调配人力和资金；推动培训工作；解决项目实施小组不能解决的问题；研究企业管理改革措施；研究企业工作流程的调整与机构重组；审批新系统的工作准则与工作规程，保证项目正常进行；对项目成败全面负责。

（2）项目实施小组。大量的 ERP 项目实施工作是由他们来完成的，一般是由项目经理领导组织工作，其他成员由企业主要业务部门的领导或业务骨干组成。实施 ERP 系统相当于把企业的数据从头到尾整理一遍。同时，项目实施小组成员要善于接受新思想、传播新思想，把 ERP 理论与企业的实际情况相结合，在手工管理和 ERP 系统中找到共同点，相互借鉴、补充，最后成功地完成 ERP 项目的实施任务。

（3）职能组。职能组工作的好坏是 ERP 实施能不能贯彻到基层的关键所在。每个职能组必须带着业务处理中的问题，通过对系统的掌握，寻求新的解决方案和运作方法，并用新的业务流程来验证，最后协同项目实施小组一起制定新的工作规程和准则。

总之，ERP 系统首先必须由熟悉管理业务的人来主持和应用。同时，要有计算机专业人员的通力合作才能取得成功。而应着重强调的是：必须有企业自己的管理人员投入。

6.2.3 模拟运行及用户化

模拟运行及用户化是指在基本掌握软件功能的基础上，选择代表产品，将各种必要的数据录入系统，带着企业日常工作中经常遇到的问题，组织项目实施小组进行实战性模拟，提出解决方案。模拟可集中在机房进行，也称为会议室模拟。

1. 模拟运行与用户化

（1）用户化。把不牵动程序的改动称为用户化，如修改报表格式。当然，还需经项目实施小组批准。

（2）二次开发。通常把改动程序的工作称为二次开发。要增加或修改软件的功能，需要 ERP 系统提供支持二次开发的工具，还可能需要软件的源程序，这些都要支付额外的费用。此类问题要在签订合同前考虑到。

（3）模拟运行。用户化或二次开发以后，必须再进行一次模拟运行，模拟运行之后，就要投入实际应用。

2. 制定工作准则与工作规程

进行了一段时间的测试和模拟运行之后，针对实施中出现的问题，项目实施小组提出一些相应的解决方案，将与之对应的工作准则与工作规程初步制定出来，在以后的实践中不断完善。

3. 验收

ERP 项目验收是企业实施 ERP 项目的终点，同时又是运行维护和持续优化的开始，也是 ERP 项目发挥功效的起始点。ERP 项目的验收是保证合同完成、提高质量水平的最后关口，从而及时发现和解决一些影响正常运行的问题，确保项目能够按设计要求的技术、经济指标正常地交付使用。

6.2.4 新系统运行

新系统运行阶段，应根据企业的条件决定应采取的步骤，可以各模块平行一次性实施，也可先实施一两个模块。在这个阶段，所有最终用户须在自己的工作岗位上使用终端或客户机操作，处于真正应用状态。如果手工管理与 ERP 系统还有短时并行，时间不宜过长。

一个新系统被应用到企业后，实施工作其实并没有完全结束，而是转入业绩评价和下一步的后期支持阶段，以判断是否达到了最初的目标，并在此基础上制定下一步的工作方向。通过自我业绩评价，制定下一目标，再进行改进，不断巩固和提高。

不论是 ERP 供应商，还是企业的项目团队，在 ERP 项目验收阶段都要做的一项重要工作就是项目的评价工作，评价的目的是评估项目绩效，总结项目得与失，确定预期应从项目中获得的收益，并确定为改善将来的项目绩效应做的工作内容。

6.2.5 培训

培训工作贯穿于整个 ERP 实施过程中，只是在各个阶段的侧重点、培训内容、培训人员各有不同。培训工作要分层次不断深化。下面就实施中不同人员的培训进行描述。

（1）面向领导层的培训。在 ERP 实施中，最先接受培训的是领导层。在项目启动后一周内，对企业高层领导及 ERP 项目组人员进行 ERP 应用理念培训。

（2）面向项目实施小组的培训。面向企业项目核心小组、职能组、IT 组成员进行的模块培训可以在项目启动 2～3 个月后进行，重在传播 ERP 思想在各个模块中的实现思路。

（3）面向部门业务人员的培训。在 ERP 详细解决方案确认之后，须面向企业各个应用节点的操作人员进行长期、系统的基本操作培训，包括项目管理的培训、实施方法的培训、ERP 软件功能的培训。

（4）面向系统员和程序员的培训。计算机专业技术人员对系统和硬件的配置和维护，是这一类培训的主要内容。

总之，ERP 实施过程中的各个阶段是密切相关的，一个阶段还没有做好，绝不可操之过急地进入下一个阶段，否则，只会事倍功半。值得注意的是，在整个实施过程中，培训工作是贯彻始终的。而那些贯穿于实施准备、模拟运行及用户化、系统切换运行、新系统运行过程中的有关培训，如软件产品培训、硬件及系统员培训、程序员培训和持续扩大培训也是至关重要的。因为只有员工才是系统的真正使用者，只有他们对相关的 ERP 软件产品及所要求的硬件环境有了一定的了解，才能够保证系统最终的顺利实施和应用。

6.3　企业 ERP 实施案例

6.3.1　企业背景介绍

中国北车集团西安车辆厂（以下简称"西安车辆厂"）隶属于国务院国有资产监督管理委员会管辖的中国北方机车车辆工业集团公司，是全国唯一拥有设计、制造主导权的铁路罐车定点企业，是中国铁路罐车的摇篮和设计制造基地，也是我国西南、西北最大的铁路客车、货车修理厂家。其产品覆盖全国，并出口欧亚非一些国家和地区，是亚洲最大的专业铁路罐车制造基地。企业位居全国 500 家最大工业企业之列，实现销售收入中国前 1 000 家，为中国行业 100 强，曾获得"最佳经济效益"明星企业及"科技实力十强"称号，被评为陕西省文明示范单位、质量效益型先进企业。

西安车辆厂位于陕西省西安市三桥镇，始建于 1938 年，占地面积约 120 万平方米，职工 8 000 余人，固定资产原值 4.68 亿元，各类专业人员 1 500 余人，设备 2 300 余台，年制造铁路罐车 3 500 辆以上，修理铁路客车 500 辆，修理铁路货车 5 000 辆，年销售收入近 8 亿元。1949 年至今，共制造修理各种车辆 20 万辆；从 1966 年制造出第一辆铁路罐车开始，已设计制造铁路罐车 7 万余辆。铁路线上的各型国产罐车有 85% 产自西安车辆厂。

6.3.2　市场竞争现状

西安车辆厂曾经创造过辉煌的业绩。但是，随着铁路系统的不断改革，企业越来越感受到竞争的压力。

1. 国际环境

中国加入 WTO 后，直接把中国企业推向了国际化的竞争市场，从另一个角度来说，中国市场已经成为国际化竞争市场的一部分。此时，国际知名的机车车辆制造企业或以政府贷款为优惠条件，或以租赁经营为手段，或以合资合作为跳板，联手把产品、资金、技术推入国内市场，这给我国整个机车车辆工业带来了严峻的挑战。要赢得国际化竞争就意味着中国企业必须具备比国外同行更有竞争力的管理信息平台。对国际国内市场信息进行实时搜集、实时反馈，迅速调整业务模式，在最短时间内向市场提供最需要的产品——这就是国际市场对企业的竞争要求。

2. 国内环境

进入 21 世纪，中国企业的市场环境渐趋完善，面向市场经济的经济结构、格局和秩序逐步形成并更加规范；另外，随着 IT 技术的飞速发展，Internet/Intranet 技术和电子商务的广泛应用，企业面临的竞争环境发生了根本性变化，顾客需求瞬息万变、技术创新不断加速、产品生命周期不断缩短等，使得竞争日趋激烈；管理思维以及客户需求的提高，使得生产主导型经营方式必须转向市场主导型经营方式、粗放式经营必须转向集约化经营、部门级管理必须向企业级协同商务转变。

3. 行业环境

过去，我国有 40 多家生产机车车辆及配套产品的企业，实行垄断式的封闭性经营，所有企业归原铁道部下属的中国铁路机车车辆工业总公司领导，整个行业很少有竞争。然而，企业重复生产同一种产品，能力富裕，资源浪费，产品开发慢，生产成本高，经济效益差，抵御风险能力弱。产业结构、产品结构不适应市场的矛盾日益突出。2000 年年末，西安车辆厂所属的中国铁路机车车辆工业总公司与原铁道部脱钩。脱钩重组后，每个机车车辆企业头上没有了保护伞，直接感受到了市场竞争的压力和挑战。脱钩重组打破了国外企业、其他企业进入铁路市场的壁垒，中国机车车辆市场份额被重新分割。

6.3.3 矛盾

竞争日趋恶劣，机遇稍纵即逝，企业领导深刻认识到只有对市场做出及时的反应，加强内部管理才有可能延续企业的生命，保持现有的辉煌；而企业内部落后的管理方式与手段，越来越显示出对现在市场形势的不适应。此时，管理信息化被提上议事日程。

1. 竞争的需求

企业经营的主要目的，无外乎长期生存并发展壮大，从经济学角度讲，就是追求利润。利润的多少受两方面影响，即销售收入和成本费用。企业要努力扩大销售，必须面对变化的市场迅速做出决策；同时也应该尽可能降低成本，以争取更大的利润空间和更低的经营风险。从现实情况看，近年来，我国机车车辆采购、维修等业务都是通过公开招标的方式选择供应商，价格势必成为各供应商能否中标的关键因素。因此，谁的运营成本最低，谁将在竞争中取胜。降低企业整体运营成本，只能通过有效的管理手段，加快信息的传递速度，减少部门间的摩擦来实现。

2. 管理的现状

在我国的大多数企业里，都有完整的计划价格体系来定额指标，这套体系的基础就是计划价法核算。计划价法核算不仅仅是一种存货发出时的成本确认方法，同时也是一种成本控制方法。

西安车辆厂的主要经营范围是制造铁路罐车、进行客车和货车的修理，这两种业务的成本构成主要是原材料耗用，因此对材料成本的控制是西安车辆厂成本管理的关键。在材料中，钢材的比重占到 60% 左右。近年来，钢材的价格变动频繁，且变动幅度也比较大，很难确定较为合理的计划价。当计划价和实际价之间的差异总是存在并且数额巨大时，采用计划价法进行材料的发出和结存的核算对于管理已经很不合适。西安车辆厂每年的采购资金有 5 亿元以上，其中钢材类的采购资金占 3 亿元左右，差异占到采购资金总数的 20%，也就是有一亿元左右的差异要采用综合差异率进行分摊，其成本的准确性和对管理的意义可想而知。西安车辆厂的领导很早就意识到这个问题，但在手工核算方式下，对上千种材料都采用实际价法核算很不现实，因此，迟迟未对存货的价格核算政策做出调整。

采用计划价法核算时，虽然可以进行计划价调整来适应市场价格的变动，但是在实践中存在导致调整的可行性不高的几种情况：

（1）企业在采用计划价法进行会计处理时，大多数对差异的分摊是通过计算分类综合差异率在存货发出与存货结存之间进行分配的，会抹杀每种存货的真实差异。按照综合差异率调整后的存货成本，已经掩盖了存货的真实成本，长期积累下去，进行计划价的调整就没有准确的依据。

（2）频繁调整计划价，采用计划价法进行核算也就失去了它本身的意义。计划价调整需要调整存货发出成本、存货结存总金额，那么，是采用追溯调整还是未来适用？不同的处理势必带来不同的结果。当调整面比较大时，统计调整影响额的工作量也相当大。

（3）从历史可比性来讲，调整计划价会使得成本、存货方面的数据比较，尤其是历史同期的比较都不存在可比性。西安车辆厂是一个传统的国有大型工业制造企业，计划价在管理中起着重要的作用，既是材料发出成本确认的依据，又是车间成本考核的计算基础。车辆厂有一套完整的计划价格体系，计划价在企业管理中深入人心。

当时，西安车辆厂的管理信息化仅限于部门应用。例如，财务部门于 2001 年 8 月使用了用友软件的财务部分，库房（备品库）使用了早期自己开发的系统，供销处、生产处、分解检查处、库房等业务部门的业务仍沿用手工处理。全厂的采购、销售、库房管理均使用手工处理，工作量大且经常出错。由于缺少企业基础信息管理平台，验收、入库、领料等业务较混乱。车间物资消耗失控，造成大量浪费，虽然可以通过考核进行控制，但都是事后的反映，给企业造成的损失已经发生。企业决策者只能看到各式各样的报表，根本无法及时掌握企业的销售、成本、费用状况并做出科学决策。

6.3.4 ERP 选型

为加速做准备，老企业慎重选择新伙伴。作为传统企业，西安车辆厂的合作伙伴多是其价值链的上下游厂商。现代市场竞争使西安车辆厂结识高科技企业——用友软件，携手创建西安车辆厂的管理信息系统。

1. 项目组织

2001 年，西安车辆厂决心建立企业信息化管理系统，引进 ERP 系统加强企业资源管理，提升整个企业的管理水平。厂里专门成立了项目组，由主管生产的厂长担任项目总监，规划处处长、财务处处长主要负责，整个项目组由财务处、规划处、供销处、生产处、分解检查处的领导和业务骨干组成。此时，项目组对将要进行的信息化建设并没有充分的认识，只是想通过建立一套 ERP 系统来改善管理现状，对 ERP 系统实施的范围、深度等的认识都不是很明确。

2. 合作伙伴

基于以上情况，项目组将目光锁定在那些老牌的 ERP 厂商，用友软件并不在考察之列。

当时，财务处已采用用友 ERP-U8 的财务部分，并且实现成功应用，项目处在运行支持阶段。用友陕西分公司得知西安车辆厂的 ERP 项目计划后，对此进行了周密的分析，得出西安车辆厂片面排斥用友的主要原因有以下几点：

（1）用友是国内的财务软件厂商，西安车辆厂不清楚其能否成功提交 ERP 项目建设方案和进行 ERP 项目建设。

（2）用友的产品是商业化的通用软件，当地分公司只是销售和售后服务机构，针对客户特殊需求没有开发能力。而西安车辆厂的业务很特殊，通用软件在设计时肯定不会考虑得非常周到。

（3）西安车辆厂对自己要实现的信息化的程度不明确，风险认识也不够。

用友陕西分公司针对上述分析结果进行了以下部署，逐步打消了西安车辆厂的疑虑。

（1）邀请西安车辆厂项目组成员参加分公司举办的市场活动，活动中用友软件向广大用户推出自己成熟的 ERP 产品和全国典型客户的应用案例。

（2）举办 ERP 高层培训，让决策者对自己要进行的工作有充分的认识，明确信息化的广度和深度，理解企业的信息化建设要"总体规划，分步实施"。

（3）对项目组成员进行 ERP 实施培训，统一大家的认识，即西安车辆厂目前实施 ERP 是为了解决什么问题，希望达到什么效果。这是实实在在的、和大家工作紧密相关的，并不是遥不可及、非常高深的事情。

（4）对业务主管进行软件培训，使项目组成员对用友能否解决他们的问题有了更感性的认识。

（5）做好财务部分的实施，尤其对西安车辆厂有特殊需求的部分，比如从过去自己开发的固定资产管理系统将数据全部顺利导入用友的固定资产管理系统中。

通过这些工作，用友分公司使西安车辆厂对其技术开发能力、项目交付能力非常认可。

西安车辆厂项目组在和用友接触的同时，也和其他 ERP 软件厂商进行交流和探讨，并参观了同行业中几家已实施 ERP 的单位。通过这些参观，与同行交流，西安车辆厂更加认识到 ERP 项目实施的难度和周期的漫长，同时也对 ERP 项目建设有了清楚、正确的认识，明确了方向，确定本阶段 ERP 项目建设的关键在于实现物资采购计划、备品计划、物资供应管理、物资发出管理、产品成本计算、销售统计等。

用友陕西分公司通过深入调研，针对西安车辆厂的管理现状，提出了"解决方案 = 用友 ERP-U8 +开发+咨询实施",并且进行了总体的规划。从问题、目标的提出到解决方案、使用效果的描述,无不体现出用友公司对企业信息化的深刻理解和对西安车辆厂的深入了解,展示了其应用顾问从管理方面到计算机技术方面的深厚知识底蕴。

最后,西安车辆厂决定与用友进行合作。

3. 选择原因

西安车辆厂项目组经过慎重的考虑,决定和用友继续深层次合作。这是考虑了用友公司具有以下几点优势:

(1) 用友作为我国最大的独立软件厂商,又是上市公司中的知名公司,资金实力雄厚;成立时即建立了先进的企业制度,因此可以和西安车辆厂进行长期的合作。

(2) 用友当地分公司的技术开发实力雄厚,在财务部分的实施中已得到充分体现。西安车辆厂由此认为用友的应用顾问非常专业,具备财务、管理、计算机、项目管理综合能力。

(3) 用友当地分公司的技术人员具有多年实施大项目的经验,项目实施容易成功。

(4) 用友所提出的方案投资风险小,切实可行,实施周期短,见效快。

6.3.5　实施过程

ERP 项目的实施是软件应用效果的关键,也是项目成败的决定因素。为此,合作双方成立了专门的项目组,共同进行实施工作。

1. 项目总体情况

西安车辆厂的 ERP 项目建设涉及厂办、规划处、财务处、供销处、生产处、分解检查处、质检处等多个部门,还有 26 个车间、87 个库房,操作人数近 250 人;业务涉及物资采购计划、采购管理、生产领用、委外加工、物资存储管理、存货成本核算、存货占用资金控制、销售管理、产品成本核算与分析等各方面。

2. 实施阶段的划分

用友软件陕西分公司的咨询工程师与西安车辆厂的领导经过多次协商,确定了"突破重点、逐步展开、分步实施"的原则,把系统建设划分为三个阶段。每个阶段都在用友实施方法论的指导下分成若干步骤来实现。

第一阶段:完善财务的应用。这一部分工作在 ERP 项目探讨前已开始规划使用,到 ERP 项目实施开始时已运行半年以上,应用效果良好。ERP 项目实施时又对财务管理进一步进行了规划,即如何和业务系统很好地衔接,业务系统为财务提供了哪些数据,财务怎样使用这些数据。这一阶段工作主要表现为对应用人员进行培训,对操作流程进行规划。

第二阶段:企业资源计划(ERP)。西安车辆厂的业务量很大,业务流程非常复杂。就生产业务来讲,西安车辆厂拥有新造、客车修理、货车修理三条业务主线。第二阶段围绕这三条主线而进行技术指标下达,诸如原材料采购、备品备件准备、质量检验、库房发货、车间领料、车间间产品运输等工作相继进行。在这一阶段的工作就是要完成这些工作的业务流程重组，以及各部门、车间、库房数据共享，实现工作流、审批流在计算机上进行，从而实现对业务的事前计划、事中控制、事后分析的目的。

第三阶段：全面的企业管理信息化建设。第三阶段是在以上两个阶段实现的基础上，逐步实现更深层次的管理要求，完善整个企业的信息化建设，如实现全厂办公自动化、全面预算管理、车间生产管理、人力资源管理等。

3. 实施规划

针对西安车辆厂本次项目规划，结合用友提出的应用方案，把 ERP 系统建设项目分解为以下步骤实施，如图 6-3 所示。

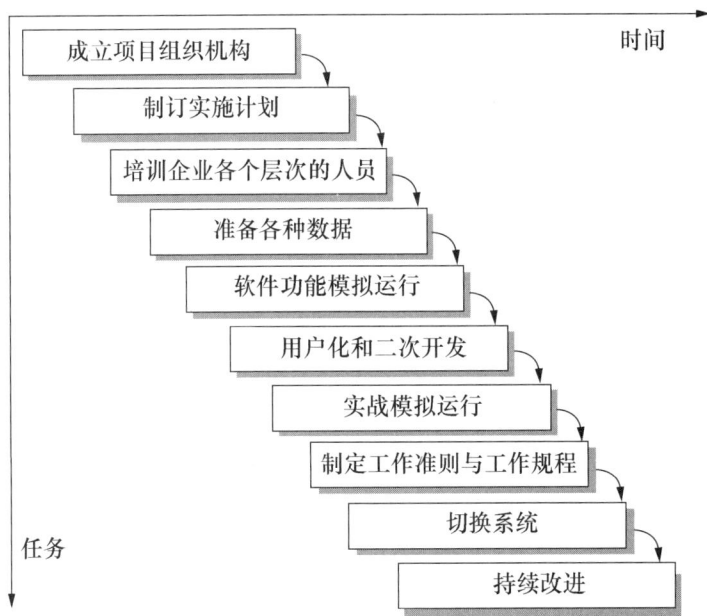

图 6-3　ERP 系统建设项目实施步骤

西安车辆厂和用友陕西分公司成立了 ERP 项目实施小组，确定 ERP 项目建设的范围是：厂办、规划处、财务处、供销处、生产处、分解检查处、质检处等部门，以及 26 个车间和 87 个库房，设计操作人员近 250 人，如表 6-1 所示。ERP 系统处理的业务项目有物资采购计划、采购管理、生产领用、委外加工、物资存储管理、存货成本核算、存货占用资金控制、销售管理以及产品成本核算与分析等。

表 6-1　ERP 应用软件部门分布图（数字为站点数）

部门	采购管理	库存管理	存货核算	销售管理	物资管理	采购计划	备品计划	委外加工	报表	总账	往来	固定资产
供销处	6	6	6	6	12	6		6	6			
备品库	8	8	8		8	8	8		8			

部门	采购管理	库存管理	存货核算	销售管理	物资管理	采购计划	备品计划	委外加工	报表	总账	往来	固定资产
生产处	10	10				10	10	10				
质检处	5	5				5						
分解检查处		8	8		8							
车间		30	30		30				30			
财务处	10	6	6	6	6				15	15	15	15
规划处					2							
厂领导					5	5						
合计	39	73	58	12	71	34	18	16	59	15	15	15

4. 建设目标

ERP 系统的建设目标为实时、规范、协同。针对建设目标的具体解释如下：

（1）建立一个事前计划、事中控制、事后分析的系统，为企业决策层提供准确、及时、可靠的决策信息。

（2）车间按费用计划限额领料，有效控制车间的直接材料消耗和其他费用。

（3）直接材料的消耗按部门和成本对象归集，及时、准确地核算产品成本。

（4）各部门及时取得本部门的直接材料消耗和其他费用的发生情况，以便控制材料消耗和费用。

（5）规范业务流程，杜绝漏洞；减轻财务人员的工作，提高财务核算的准确性和及时性。

（6）财务部门可根据及时、准确的数据，有效地进行成本核算和控制；加强财务部门的监督和管理职能。

（7）加强各部门之间的信息共享，使物流、资金流、信息流在各个相关部门有效协同。

5. 应用模式

在对西安车辆厂业务深入了解的基础上，为实现双方共同设定的第二阶段目标，用友公司确定了"用友 ERP-U8 产品 + 专项开发 + 咨询实施"的实施方针。西安车辆厂 ERP 项目采用用友 ERP-U8 管理软件中的模块有：采购管理、库存管理、存货核算、销售管理、应收管理、应付管理、总账、固定资产、UFO 报表。同时，为该厂专项开发"采购计划""备品计划""费用计划""物资管理"模块。西安车辆厂 ERP 应用软件结构图如图 6-4 所示。

6. 业务处理流程

经过现场需求调研和客户需求分析，用友应用顾问对西安车辆厂物资管理业务进行了调研、分析，对采购、销售、库存的业务流程进行了优化和重组。优化后的业务处理流程解释如下：

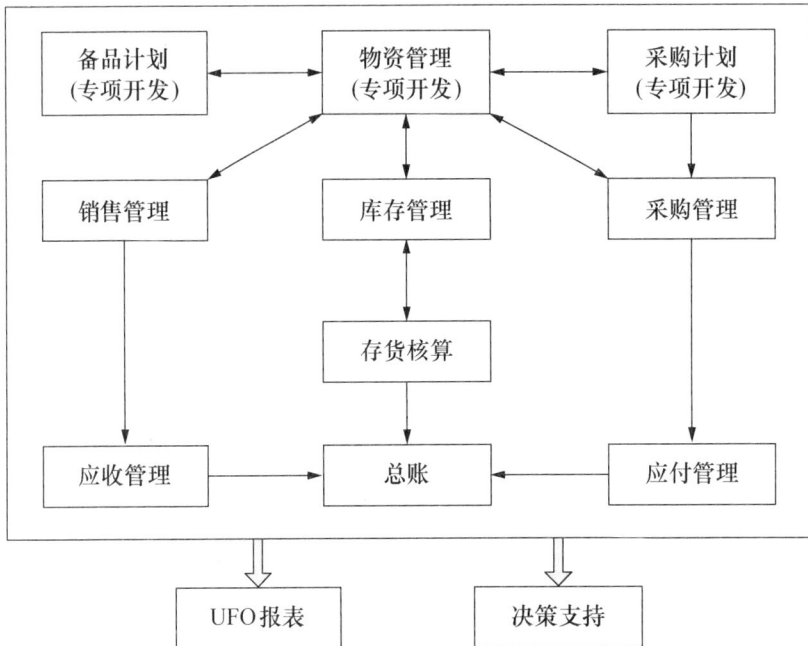

图 6 – 4　西安车辆厂 ERP 应用软件结构图

（1）采购管理。采购是西安车辆厂供销处按计算出的物资供应计划，通过市场采购、加工定制等各种渠道，取得企业生产经营活动所需要的各种物资的经济活动。采购业务的状况会影响企业的整体运营状况。生产处根据销售订单制订生产计划，采购计划系统根据分解检查处提供的有关材料定额资料以及生产处提供的生产计划，并考虑现有库存情况生成采购计划。供销处根据采购计划开展采购工作。

采购业务管理的实现流程如图 6 – 5 所示。通过 ERP 系统，用户可以进行采购订单执行情况的监控、采购暂估情况的查询、采购结算情况分析、供应商存货成本分析、供货货龄分析等，并进行采购物资成本的自动计算并记账。

（2）销售业务。西安车辆厂的销售业务主要由供销处进行处理。销售业务发生时，供销处在销售管理系统中录入销售发货单和销售发票，系统自动冲减库存系统的货物现存量；销售发货单审核后自动生成销售出库单传递给库存系统，库存系统为销售系统提供可用于销售的存货现存量；财务部根据销售发票进行销售审核，系统根据审核后销售发票确认销售收入；销售出库单在库房审核后，传给存货核算系统；存货核算系统将计算出来的存货的销售成本传递给销售系统；销售系统根据销售收入、销售成本，提供销售毛利分析等分析内容。

销售业务的处理流程如图 6 – 6 所示。

（3）存货库存管理。存货是企业在生产经营过程中为销售或耗用而储存的各种资产。为反映和监督存货的收发、领退和保管情况，西安车辆厂对其存货的采购以及收、发进行严格的控制，尤其对生产领料，基本全部采用限额领料单（限额情况由分解检查处确定）。每

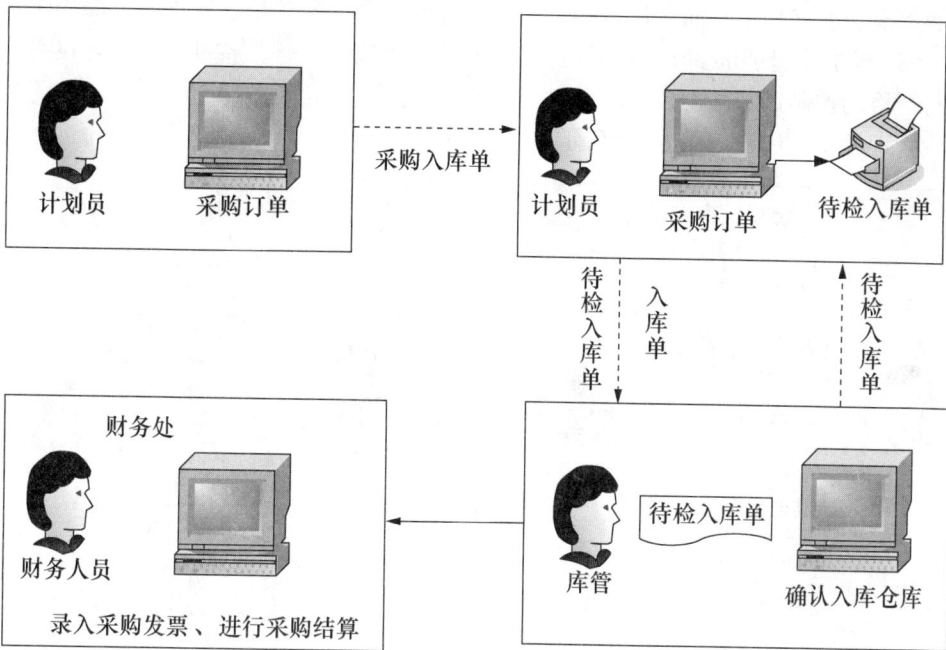

图6-5 采购业务管理的实现流程

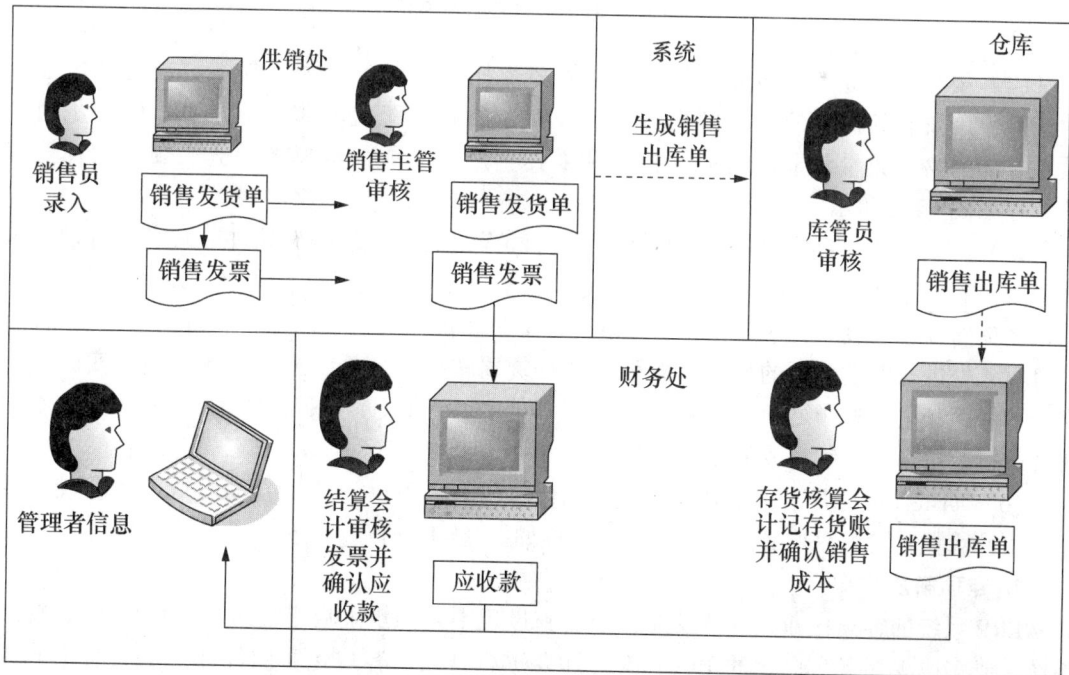

图6-6 销售业务的处理流程

一次领料都需要明确哪个车间领用，为哪个工作号的哪个车号领用。这样一方面用于部门业绩考核，另一方面便于产成品成本的计算。产成品、半成品、备品备件等的管理也需要通过表单进行严格的控制。

存货管理的总体流程如图 6-7 所示。

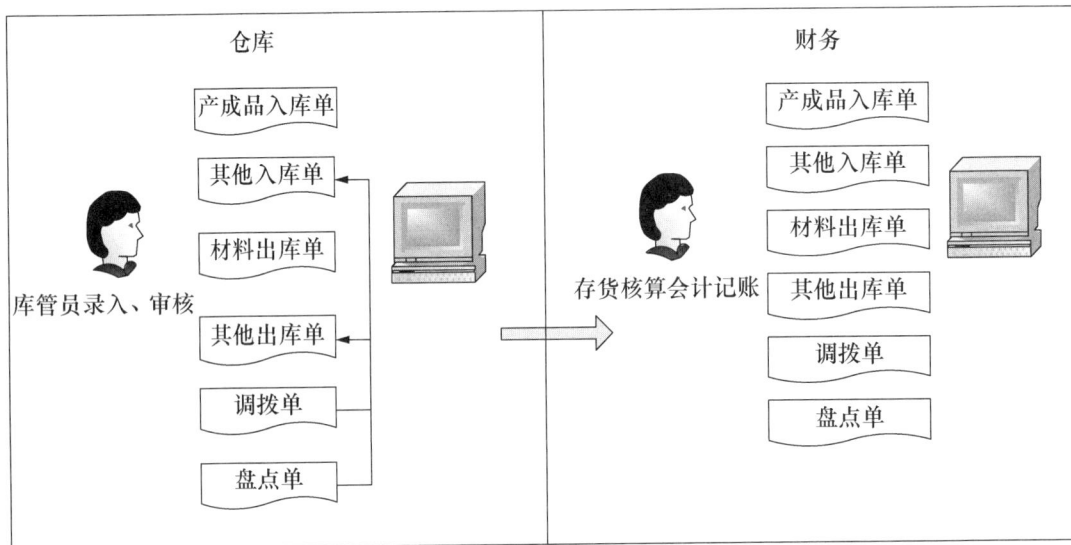

图 6-7　存货管理的总体流程

（4）委托加工业务。西安车辆厂存在较多委托加工业务。为了加强对委托加工业务的核算，用友在其提供的专项解决方案里设计了委托加工流程和相应单据，实现了对存放在外部的材料数量及金额的准确核算和委托生产的半成品成本的核算。委外加工业务的流程如图 6-8 所示。

（5）存货核算。存货是保证企业生产经营过程顺利进行的必要条件。对它的管理除了加强对物的核算外，还需加强对其占用资金的核算，从而努力降低存货成本，减少存货资金占用，提高存货资金周转率。存货核算系统就是为满足西安车辆厂这种管理需要而配备的。通过财务处进行以下简单的操作，即可得到存货周转率的分析、ABC 成本分析、实际库存资金的占用额与计划额之间的差额分析、不同期间或不同入库类别的存货的平均入库成本的统计分析等信息。存货核算的流程如图 6-9 所示。

（6）期末处理。月末，各处室、车间、仓库的对账可由计算机自动完成，产品成本数据也由计算机自动汇总形成。期末处理的流程如图 6-10 所示。

7. 专项解决方案

ERP 系统的客户化和软件开发在整个实施过程中处于承上启下的位置。任何 ERP 软件系统，或多或少都有客户化的工作，有时还要进行开发。客户化和软件开发是商品化 ERP 软件从由企业外部的软件厂商提供的产品转变为企业内部管理信息系统的桥梁和纽带。

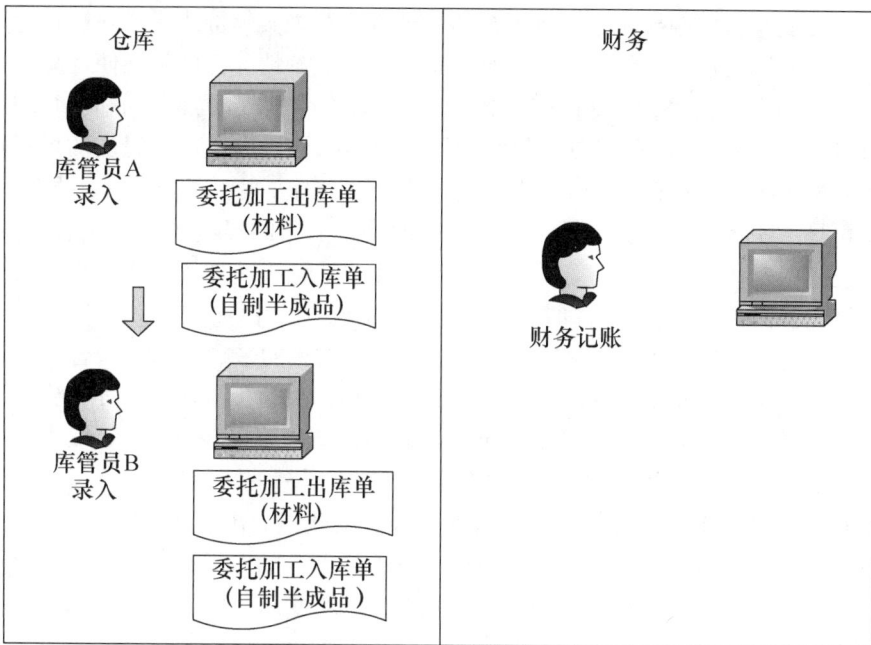

图 6-8 委外加工业务的流程

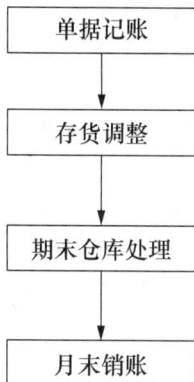

图 6-9 存货核算的流程

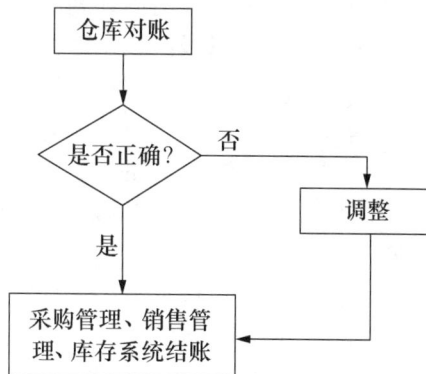

图 6-10 期末处理的流程

像西安车辆厂这样的大型 ERP 项目，同样也有很多独特的需求，通用化的软件难以完全满足。用友陕西分公司在这个项目中，应用软件开发补充用友 ERP-U8，建成的系统既满足了西安车辆厂独特的业务处理要求，又实现了对原来管理的规范和提高。

2002 年 5 月，西安车辆厂在开始规划使用用友 ERP-U8 时，和其他企业一样，坚持使用过去非常熟悉的计划价法进行材料的核算。但在使用过程中，大家发现在用友 ERP-U8 中可以很方便地计算出每一种材料的差异。依照手工习惯计算分类综合差异率时，每种材料的真实差异已反映不出来了，从而也就掩盖了材料的真实成本。既然系统能够及时、方便地处理每种材料的个别差异，那么采用实际价对存货进行核算工作量大、汇总统计困难等问题也就迎刃而解了。西安车辆厂领导认为，将现行的计划价法改为实际价法对材料进行管理的时机已经成熟。采用实际价法后，可以随时了解存货的结存成本情况，而且能使计算的平均单位成本以及发出和结存的存货成本都比较客观，提供的成本数据将更加准确和有管理意义。

2002 年年末，西安车辆厂财务处处长便和用友应用顾问讨论了这种想法的可行性，经过几次讨论和数据测试，确定了将计划价法改为移动平均法的方案；同时，保留原存货计划价。该计划价不再是一种会计核算方法，而是成本控制依据，日常的实际价为计划价的定期调整提供依据，保证成本控制标准不会脱离实际。为了使移动平均法计算的存货成本更及时、更真实，要求系统能够在每一次存货入库时就进行存货单位成本的计算。具体解决方案如下：

（1）"本土化"改造。当材料采购入库时，主要原材料的采购依据采购合同约定，原本的目的是通过对合同的评审实现对材料购进价格进行控制，这样就保证了存货到货入库时单价是合同约定单价，取得发票时价格不会有太大差异，差异可以控制在 1‰ 以内。所以，采购入库单在验收入库时，系统会自动进行单据记账和移动平均价的计算，材料领用在确认出库时，系统会自动计算出截至目前的实际结存单价，以此作为出库成本。没有合同的采购，要求尽量在入库时能确认价格。当月能结算的，其差异部分加原暂估价格按入库时结存情况重新计算结存单价，但已出库的出库成本不再更改，只影响以后的出库成本确认；以后月结算的，采用单到补差的暂估处理方式，将差异汇总为费用处理。

（2）考虑到成本计算的滞后，对半成品仍采用计划价法核算。对于计划中的价格确认方式，采用原计划价进行计算，此时的计划价是进行成本费用控制的价格因素，其调整完全属于内部管理控制的范围，不涉及报表调整等会计处理问题。根据前一段时间的平均单价进行调整，与实际价之间的差异更小，尽可能接近企业实际成本。

确定了应用方案，真正实现起来有很大的难度。首先，西安车辆厂的业务量特别大，整个 ERP 系统在工作日是不能停止运行的；其次，将计划价法改变为移动平均法核算时，需要对原有数据进行调整，如原有的材料成本差异就需要分摊到每一存货的结存成本中，等等。

8. 实现情况

西安车辆厂的项目组和用友陕西分公司的顾问在 2002 年年底做了充分的准备工作，在 2003 年元旦放假期间做好了所有调整工作，保障了系统的平稳过渡。2003 年 1 月 6 日，西安车辆厂 2003 年第一天上班，各业务环节的系统使用者在调整后的系统中操作，一切仍然紧张有序地运行，大家似乎没感觉到有什么变化。只有项目组的人知道，为了充分发挥软件的管理效果，整个项目组和用友应用顾问付出了怎样的努力。

经过一个月业务的完整应用，西安车辆厂上下都感觉到了变化。对操作人员来讲，对变化更有体会的是月末处理时间缩短，再也不需要等到存货差异计算出来再算半成品成本，半成品成本计算出来再算半成品差异，差异分摊后再算成品成本。原来在计划价法核算时，需要对所有交易数据（近 10 万条记录）集中进行记账，进行差异分摊、等待。现在采用移动平均法时，每一张出入库单据在确认时由系统自动记账，并且省掉了差异分摊的过程，期末处理由原来的 8 小时缩短为不到两小时。月末成本计算由过去的 4～5 天缩短到 2 天左右。

车间领导通过 ERP 系统，可以及时掌握本车间实际发生的材料成本，实现成本的事中控制，因为实际成本的计算不再需要差异分摊这一步骤，领料单的单价直接反映了该存货成本的实际水平。厂领导在查询某种产品材料发生成本时，随时都可以在系统中汇总出该产品截至目前材料消耗的水平，迅速对经营活动做出决策。

（1）完善了计划管理体系，如开发了采购计划、备品计划、费用计划，很好地规范了采购业务和安排备品生产，实现对各项费用的控制。

（2）理顺了委外加工业务，如录入委外加工出库单、委外加工入库单，以及相应的处理流程、账表等。

（3）整个业务发生过程中的单据处理，都在开发的程序中进行，之后传递到 ERP-U8 相应的系统中，进行账表查询、成本计算并生成凭证传递到财务系统。

（4）完成了西安车辆厂特殊的账表需求，比如暂估入库情况分析表、出库汇总表等。

（5）在开发的业务处理程序中，内置了工作流、审批流，并可实现角色权限自由定义，实现了对业务的控制。每一个角色进入系统，面临的是自己要处理的单据和有权看到的内容、有权进行的操作，使操作员更容易理解和操作。

6.3.6　案例分析

1. 应用效果分析

（1）决策有了依据，管理力度加强。

① 建立了以财务为中心的企业管理新机制，加强了对企业资金使用的监管力度，使资金效益达到最优化；企业实现了资金流、物流、信息流的一体化管理。

② 实现了决策科学化、规范化管理，决策靠数据，调研论证有依据，减少了决策的简单化、盲目化和失误。

③ 实现了全面计划管理，工厂各项活动、费用开支全部按计划定额支付，降低了企业的运营成本，提高了资金使用效率和效益。

④ 提高了整个企业计算机管理系统和软件应用系统的集成度，彻底解决了"信息孤岛"，企业内外信息资源得到充分共享，整体上提高了企业对市场迅速做出反应的能力。

⑤ 企业建立了科学的管理体系，推动了企业业务流程、管理流程的精细化、规范化和制度化，使各部门职责明确、科学合理。

（2）业务流程规范，业务核算明细。

① 规范并细化了仓库管理，有效控制了各类库存资源，提高了对客户的服务质量。

② 加强库存管理，降低存货成本；从生产计划着手，科学进行材料采购。计划员在采购计划中录入生产计划（由生产处制订），生产处处长审核后生效。各个车间均可以通过计算机系统查看生产计划；供应处可根据生产计划生成相关需求和物料需求，然后生成采购计划。财务处根据采购计划预算采购资金，供应处业务员根据采购计划进行采购。这样避免了资金周转困难和货物积压，也可根据库存管理，实时掌握库存数量，尽量避免资金滞留。

③ 科学选择供应商，降低采购成本。在采购管理系统中，对各个供应商的供货价格、供货质量、供货及时性进行对比分析，找出每种货物性价比最好的供应商，从而保证企业以最低的价格购进最合适的材料。

（3）解决了西安车辆厂最头疼的成本核算问题，大大减少了月末工作量。西安车辆厂的产品都是大型机车，生产中需耗用非常多的零部件、半成品，为每个令号统计耗费相当困难。实施了用友 ERP 后，完善的项目管理使每笔材料领用、费用的发生都直接归集到每一个令号中的每一个产品上，随时都可以查看和输出每个产品的成本情况。

2. 实施成功经验

西安车辆厂 ERP 项目得以顺利实施，得益于以下几方面：

（1）"一把手"的全面支持。ERP 系统不是单纯的 IT 项目，而是一项管理系统工程，离开了"一把手"的支持将寸步难行。项目在实施过程中，厂长多次召开会议听取进度汇报、布置、协调整个项目的进行，对出现的问题果断进行处理，有力地推动了整体工作的开展。

（2）严格的项目管理。项目管理是项目合理、顺利进行的可靠保证，是计划得以实现的基本保证，项目管理涉及计划安排、企业资源的调度等敏感的问题。

（3）有效的、不间断的职工培训。有些工作人员在项目启动前从未接触过计算机，更谈不上对 ERP 有多少了解，甚至许多人患上计算机和 ERP 恐惧症，这些都造成项目实施退缩不前。但通过大量的教育和不间断的培训，使他们消除了疑虑，增强了信心，并成为系统的最终使用者。

（4）转变管理思想和管理模式。实施 ERP 系统实际上就是改变现有的管理模式和管理思想。由传统的管理模式向以市场为导向、以效益为中心的科学规范化的企业管理模式转变，在企业"一把手"强有力的领导下，成功实现管理思想和管理模式的转变，对实施 ERP 系统的成功实施起了关键的作用。

（5）严格的时间管理与有效的计划控制。安排好有限的时间与制订合理的工作计划，是项目达到预期目标的关键因素。项目组制订了详细的整体实施计划、指导计划、滚动计划、上线切换时间计划等，同时采用了一系列有效的时间管理方法。

（6）认真的阶段性总结。一个阶段工作完成后，必须及时总结该阶段取得的成绩和存在的不足，考察阶段目标是否如期达到，为下一阶段目标及任务的完成提供可借鉴的经验。

（7）严格执行项目监控制度。由企业内部的审计部门和软件供应商的咨询部门组成的监督机构，对整个 ERP 项目的实施进行风险分析和跟踪，及时提出防范措施。监督贯穿于项目从规划、准备、实施到系统运行的全过程，跟踪实施进展和工作质量，保证项目实施得到有效的控制和达到预期目标。

6.3.7 展望

西安车辆厂 ERP 的实施应用，已取得了阶段性成果，但企业信息化建设的道路仍然很长。随着企业的不断发展，社会经济的不断进步，信息化的内容要不断深化和丰富。对于下一阶段的建设目标，规划如下：

（1）继续完善已建成的 ERP 系统，在系统应用的基础上进一步理解软件的管理思想，结合企业的实际需要进行功能的持续完善，使其在企业的决策中发挥更大的作用。

（2）革新内部办公系统，应用先进的办公自动化系统，推行无纸化办公、移动办公，提高办事效率，保证厂内的信息畅通与透明。该系统将与 ERP 系统相衔接，实现电子审批、网上请款、报账，支持移动办公。

（3）随着铁路机车市场垄断时代的逝去，西安车辆厂也将面临来自国内国外的、系统内系统外的市场竞争。搞好生产，降低成本，是企业管理不懈的追求，全面预算管理、车间生产管理等已提上日程。预计这些系统的应用将使西安车辆厂的管理水平迈向更高的台阶。

本章小结

ERP 系统在企业中应用的复杂性，使得 ERP 实施日益受到 ERP 业界的普遍关注。在实践中，ERP 软件供应商和咨询公司形成了不同的 ERP 实施方法论。

理论上，ERP 实施主要包括实施的项目管理和企业建模两个部分。在 ERP 实施中，软件供应商、应用顾问和企业员工，将共同组成一个项目组，通过对企业需求的分析，将企业的个性特征通过 ERP 软件的配置等工作来实现，并进一步通过培训、工作标准制定等工作，最终实现企业新的管理系统的建立。通过项目管理可以保证按质、按量、准时地完成项目的预期目标。

企业建模的核心思想是将丰富多彩的企业抽象、简化，并映射到数字化平台之上。各类研究机构和企业提供了不同的企业建模方法，通过多个视图反映企业管理的基本特征，并在 ERP 软件中通过功能、流程的设计，以及大量的配置和定制功能来全面地实现企业的数字化特征。企业的 ERP 实施和应用，就是一个在企业模型的基础上不断实例化和管理数字化企业的过程。

思考与练习

1. 简述 ERP 实施的基本思想。
2. ERP 系统实施原则、战略和方法之间的区别和联系是什么？
3. ERP 实施的常见问题有哪些？
4. ERP 实施的关键因素有哪些？
5. ERP 实施的方法有哪些？ASAP 实施方法适用于哪些类型的企业？
6. 简述 ERP 与 BPR 的关系。
7. ERP 选型主要考虑哪些因素？ERP 项目选型的步骤有哪些？
8. 实施 ERP 项目的前期工作有哪些？
9. 简述 ERP 项目的实施步骤。

第 7 章　综合实验

学习内容

　　ERP 是一个基于业务流程的集成的管理信息系统。借助 ERP，企业各部门可以将工作有机地组合在各类业务流程之中。根据客户订单完成生产和销售，以及定期进行企业经营核算，这是典型的生产企业主流程。本章所设计的 ERP 系统主流程实验，重点在于实现 ERP 基本原理与企业基本业务流程结合的效果。通过简单的业务处理，一方面突出企业基于业务流程进行经营管理的思想和方法，另一方面体验 ERP 系统的运作流程及操作方法。本章共设计了 5 个实验：订单与批次需求计划、采购与应付管理、生产管理、销售与应收管理、月底结账。

学习目标

　　了解：系统集成的思想；企业经营管理主流程。
　　理解：企业生产经营过程。
　　掌握：ERP 中基于订单生产的主业务流程；ERP 中基本流程的操作方法。

实验说明

　　1. 本章实验可根据学习者学习的不断深入进行两个层次的操作练习：

　　第一层次，学习者初次使用该系统，建议以系统管理员身份或超级用户身份登录完成全程操作。

　　第二层次，待熟悉并基本了解系统操作流程之后，学习者可分角色操作：操作员为操作者本人，或组成实验小组分角色完成操作任务。

　　2. 设置角色的步骤为：

　　（1）以系统管理员（DS）身份登录系统；

　　（2）在"系统设置"模块中查看或新增用户信息，根据小组情况进行人员权限分配，之后退出该系统；

　　（3）分角色重新登录该系统，进行分角色操作。

　　3. 本章还提供录屏演示实验操作过程，以及带截图的详细实验操作过程文件，请参见随书附带光盘。

实验案例

本章实验围绕一个虚拟家具企业——光华家具公司，进行系统主业务流程模拟实验。主业务流程实验仅以 5 个事业部为例进行。在模拟家具企业主业务流程的基础上，还配有不同的基础数据，以备实验中使用。

1. 虚拟企业概况

（1）企业基本信息。光华家具公司经营的是家具类产品，作为一般纳税人，需要缴纳 17% 的增值税，税号是：TAX011。

（2）企业组织结构。这个企业经营的 5 种家具产品为沙发、大班椅、组合柜、藤椅和办公椅。这 5 种家具的经营分别由 5 个事业部运作，其中办公椅为自主生产。

（3）企业人员分工。5 个事业部都有各自的信息技术、销售、采购、仓管、财务等人员，而财务人员又分应付、应收负责人。

（4）企业库存管理。经营的 5 种产品放在各自的库中，不能混放。

（5）企业客户管理。5 个事业部有不同的市场，客户完全不同。

（6）企业供应商管理。5 个事业部的采购渠道完全不同。

（7）生产车间。生产车间具有一条办公椅加工生产线，包括两道工序：打磨、组装。

2. 企业经营过程

目前，光华家具公司已使用 ERP 系统开展企业经营管理。

2014 年 12 月 5 日，销售员蔡春接到客户"中实集团"的一个订货电话，购买新款办公椅 100 张，要求 2014 年 12 月 26 日交货，当日签订销售合同。企业内部围绕这张客户订单开展企业经营活动（参照图 2－2 所示 ERP 系统主流程示意图）。

（1）查询库存，是否满足客户需求；如满足，直接销售出库。

（2）如库存不满足客户需求，则生产计划部门制作生产计划，同时为满足生产，制作相应的采购计划。然后，分别发放生产计划和采购计划给生产车间和采购部门，形成"采购单"和生产"工单"。

（3）采购部门收到"采购单"，核实原材料市场价格后，按照采购计划规划的采购日期开始采购。原材料如期到货入库后，填制"进货单"完成原材料采购。

（4）"进货单"填制完成，开具"采购发票"，确立应付账款发生。当实际付款给供应商时，填制"付款单"，冲销"采购发票"。

（5）原材料满足生产需要后，按照生产计划规划的日期开始生产。首先审核"工单"，确认生产计划后，依照事先设定好的工艺录入"投产单"开始生产，同时向库存部门发出"领料单"，领取原材料进行生产加工；第一道工序完成后，录入"转移单"将第一道工序中的在制品转移到第二道工序中，并开始第二道工序的生产；第二道工序完工后，录入"生产入库单"将产成品入库。

（6）库存满足客户订单需求后，录入"销货单"开始销售。

（7）销售业务发生的同时开具"销售发票"，确立应收账款发生。当客户实际付款时，填制"收款单"，冲销"销售发票"。

（8）月底，对企业内部业务进行结账。首先，在月底完成月底成本计价、库存调整及月底存货结转；然后，完成应收应付的期末月结；再者，完成自动分录的抛转，将各业务信息抛转到总账中；最后，进行总账月结。本实验中，不涉及日常账务处理相关内容。

在整个经营过程中，贯穿了一个重要概念：时间。企业按时间顺序展开经营业务。

7.1 订单与批次需求计划实验

本实验根据客户需求填制订单，并据此制订批次需求计划，批次需求计划自动生成生产计划及生产所需原料的采购计划。生产计划和采购计划审核完成后，发放成工单和采购单。

进行此实验，目的在于：

（1）了解 ERP 系统中订单与批次需求计划之间的业务流和信息流。

（2）理解批次需求计划的主要作用与目的。

（3）初步了解主要的基础数据含义及其设置方法。

（4）掌握订单录入、批次需求计划生成的基本方法。

1. 订单录入

【实验要求】

根据客户订货情况制作完整的客户订单。注意其中某些重要的信息：订货数量、价格、交货日期、付款条件等。

【实验资料】

2014 年 12 月 5 日，销售员蔡春接到客户"中实集团"的一个订货电话，购买新款办公椅 100 张，要求 2014 年 12 月 26 日交货，当日签订销售合同。合同内容约定每张办公椅含税单价为 600 元，交货时随货附发票，交货后一天内付款，并以银行转账支票结算。

【实验环境】

时　　点：2014 年 12 月 5 日

操作人员：系统管理员（DS）

实验准备：在企业完成基础信息设置后进行此项操作

【实验步骤】

第 1 步：登录系统。双击桌面上易飞 ERP 系统按钮的快捷方式，进入"系统登录"界面后，以"DS"账号登录到"光华家具 3"账套中。登录后，进入易飞 ERP 系统主界面，如图 7 - 1 所示。

☞ 本章实验公司账套为"光华家具 3"，在登录系统时一律选择该公司。

第 2 步：录入客户订单。从易飞 ERP 系统主界面（如图 7 - 1 所示）左边树状结构处选择"进销存管理"→"销售管理子系统"，在"销售管理子系统"界面单击"录入客户订单"模块，进入"录入客户订单"界面，按以下顺序进行操作：

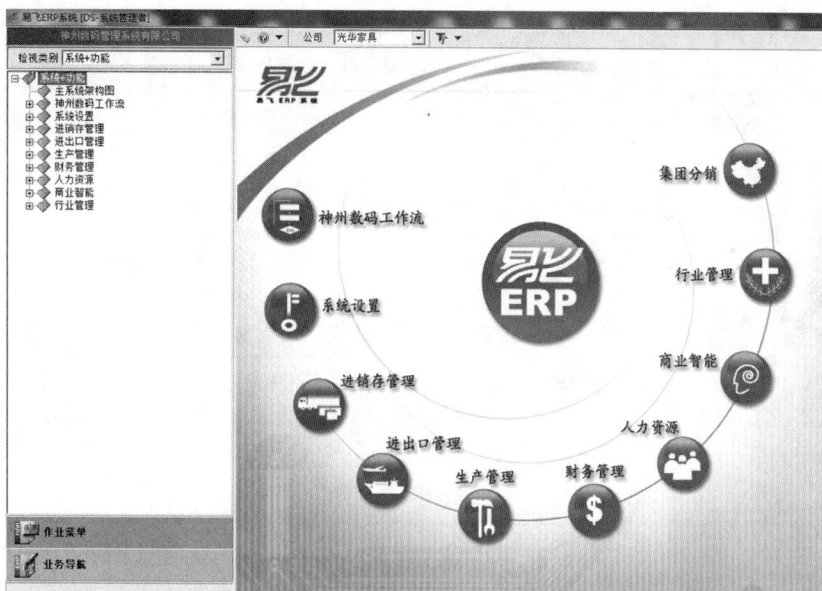

图 7 – 1 易飞 ERP 系统主界面

（1）单击"新增"按钮 ；

（2）单击"订货单别"右边的图标 ，在打开的窗口内选择：DD（客户订单）。

（3）单击"客户编号"右边的图标 ，在打开的窗口内选择：ZS（中实集团）。

（4）单击"业务人员"右边的图标 ，在打开的窗口内选择：001（蔡春）。

（5）单身信息中，单击"品号"，在打开的窗口内选择：BGY（办公椅）。输入"订单数量"：100。输入"单价"：600。双击"预交货日"空格，在打开的窗口内选择：2014 – 12 – 26。

（6）单击"保存"按钮 ，完成客户订单的录入，系统自动进入下一张客户订单的录入状态。单击"取消"按钮 ，关闭该界面。

第 3 步：进入"录入客户订单"界面，单击"查询"按钮 ，弹出查询条件对话框，直接单击"确定"按钮，列出客户订单信息列表，选择订单并双击，调出订单信息进行查看，如图 7 – 2 所示。

 单身信息中需要填制的选项，如在选项右边有图标的，表示该选项可以单击图标，在打开的窗口内选择信息填入，不需要手工输入，后边的操作均类似，不再一一说明。"审核者"项为"DS"，是系统自动回写的登录该系统的审核员。

【实验结果】

本实验生成一张中实集团购买办公椅 100 把的客户订单。预交货日：2014 年 12 月 26 日。

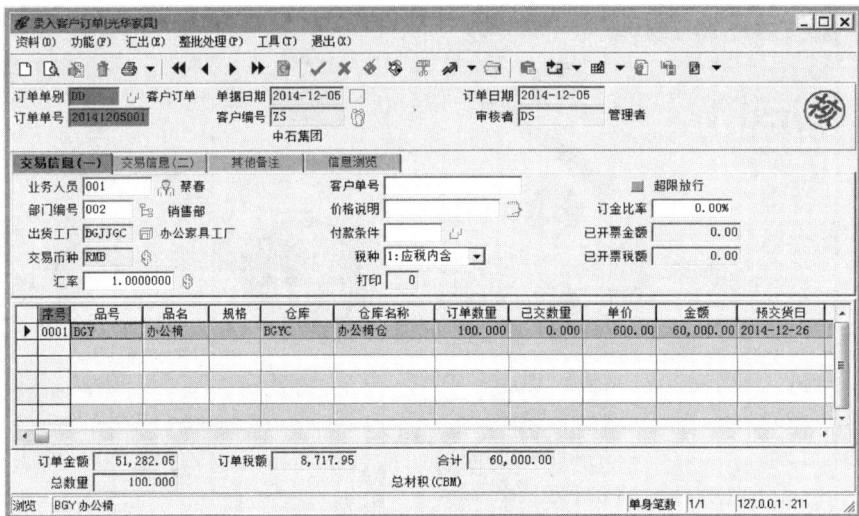

图 7 – 2 "录入客户订单"界面

2. 生成批次需求计划

【实验要求】

根据订单制订批次需求计划，生成 LRP 采购计划和 LRP 生产计划，维护后发放 LRP 工单和 LRP 采购单。

【实验资料】

生产管理人员焦永涛根据"中实集团"的这张客户订单去做批次需求计划，生成生产计划。由于生产办公椅的原材料（底座、坐垫、螺丝零件包）的现有库存不能满足生产要求，又生成这些材料的采购计划。生产管理人员审核生产计划和采购计划无误后，发放生产计划到"办公椅加工中心"，并发放采购计划到采购部门。

【实验环境】

时　　点：2014 年 12 月 5 日

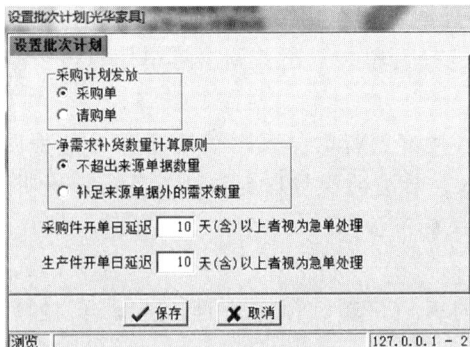

图 7 – 3 "设置批次计划"界面

操作人员：系统管理员（DS）

实验准备：在已有订单基础上进行此项操作

【实验步骤】

第 1 步：设置批次需求计划。登录系统，在易飞 ERP 系统主界面（如图 7 – 1 所示）左边树状结构中，选择"生产管理"→"批次需求计划系统"，在"批次需求计划系统"界面单击"设置批次计划"模块，进入"设置批次计划"界面，如图 7 – 3 所示。在该界面中，"采购计划发放"选择按"采购单"，设置完毕后，单击"保存"即可关闭该界面。

第 2 步：生成批次需求计划。在"批次需求计划系统"中单击"生成批次需求计划"模块，进入"生成批次需求计划"界面，有"基本选项"和"高级选项"页签，如图 7-4 所示。其操作如下：

(1) 在基本选项里，选择计划依据：按订单选择工厂：BGJJGC。单击"选择来源编号"右边的图标&，在打开的窗口内，选择订单单号：20141205001，然后单击图标◄，将刚刚选择的订单信息添加到左边的选框中。计划批号由系统自动生成。

(2) 在高级选项中，选择需生成的计划：全部。其他选项默认系统的处理。

(3) 单击"直接处理"按钮，系统开始进行处理，生成 LRP 生产计划和 LRP 采购计划。处理完毕，单击"取消"按钮，关闭该界面。

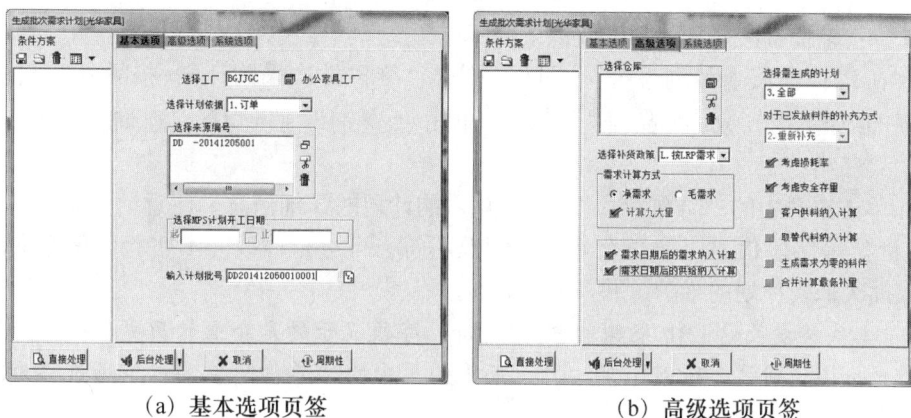

(a) 基本选项页签　　　　(b) 高级选项页签

图 7-4 "生成批次需求计划"界面

第 3 步：按品号维护批次生产计划。按以下顺序进行操作：

(1) 在"批次需求计划系统"中单击"维护生产计划-按品号"模块，进入"维护批次生产计划-按品号"界面（如图 7-5 所示），单击"查询"按钮🔍，查询已生成的生产计划。

(2) 单击单身中的"详细字段"，可查看生产计划的详细信息，重点检查"完工日""开工日""生产数量"等字段信息。本实验仅做查看，查看后关闭该界面。

图 7-5 "维护批次生产计划-按品号"界面

☞ 此处维护生产计划有两种方式："维护批次生产计划-按品号"和"维护批次生产计划-按开工日"，两者操作类似。

第 4 步：发放 LRP 工单。在"批次需求计划系统"界面，单击"发放 LRP 工单"模块，弹出对话框，有"基本选项"和"高级选项"页签，具体操作如下：

（1）"基本选项"操作有：选择品号：BGY；选择生产仓库：BGYC；选择工单单别：GD；选择计划批号：DD201412050010001；选择工单性质：自制。

（2）"高级选项"操作有：选择"发放排序依据"：BOM、开工日、预计领料日、完工日小于发放日期更改与发放日期相同；输入发放日期：2014 – 12 – 05。

（3）单击"直接处理"按钮，完成 LRP 工单的发放；单击"取消"按钮，关闭该界面。

第 5 步：维护批次采购计划。按以下顺序进行操作：

（1）在"批次需求计划系统"界面，单击"维护批次采购计划-按品号"模块，进入"维护批次采购计划-按品号"界面，单击"查询"按钮 🔍，查询已生成的采购计划。

（2）单击单身中的"详细字段"，查看该采购计划的详细信息。注意"交货日""采购日""单价"等字段信息，如与企业实际情况不符，可进行修改。本实验仅做查询，确认后，完成批次采购计划的维护，并关闭该界面。

☞ 本实验发放的 LRP 采购单中，"单价"字段显示的是企业的历史价格，如果系统中没有历史价格，则该字段显示为"0"。而采购单中的"单价"需要以市场价格为准。在实际采购发生时，进行调整。

第 6 步：发放 LRP 采购单。在"批次需求计划系统"界面，单击"发放 LRP 采购单"模块，弹出对话框。有"基本选项"和"高级选项"页签，操作如下：

（1）"基本选项"操作有：选择供应商：起选择"JH"，止选择"YJ"；选择计划批号：DD201412050010001。

（2）"高级选项"操作有：输入单别：CG；指定采购人员：002。其他默认系统设置。

（3）单击"直接处理"按钮，完成 LRP 采购单的发放，此时在采购部门自动生成一张"采购单"。单击"取消"按钮，关闭该界面。

【实验结果】

本实验生成一张 LRP 工单和两张 LRP 采购单。

（1）LRP 工单（如图 7 – 6 所示）：生产办公椅数量：100；开工日：2014 – 12 – 16；完工日：2014 – 12 – 25。

（2）LRP 采购单（一）：嘉禾加工厂的底座 100 个，坐垫 100 个；采购日期为 2014 – 12 – 10，交货日期为 2014 – 12 – 15，如图 7 – 7 所示。LRP 采购单（二）：元技加工厂的螺丝零件包 200 个；采购日期为 2014 – 12 – 10，交货日期为 2014 – 12 – 15。

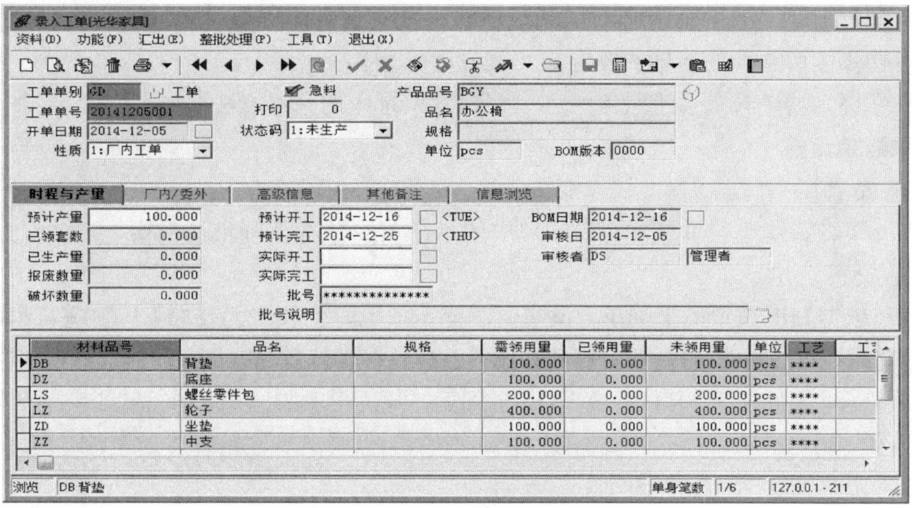

图 7-6 "录入工单"界面

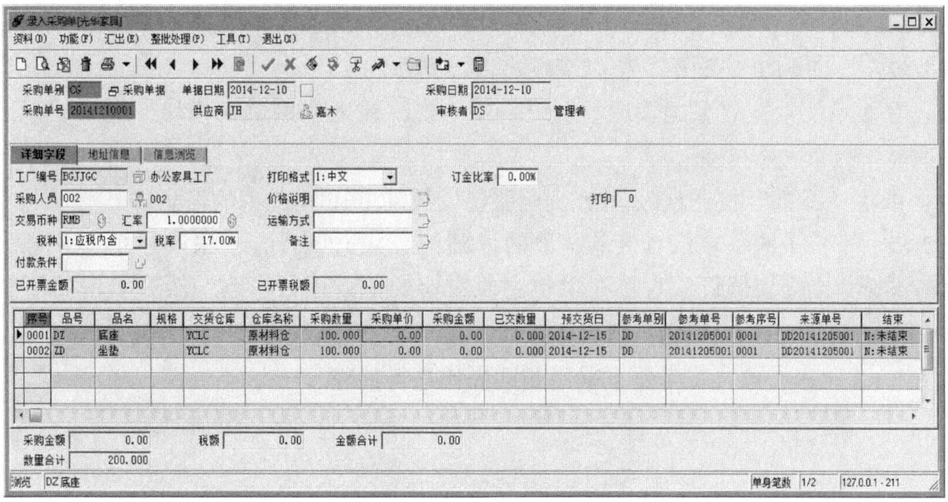

图 7-7 "录入采购单"界面

7.2 采购与应付管理实验

本次实验中采购人员根据通过审核的 LRP 采购单进行采购，货到后验收入库，根据验收单财务人员进行应付账款的处理。本实验有效地体现了采购与应付管理之间的信息共享和关联，信息关联通过引用"前置单据"体现。

进行此实验，目的在于：

（1）了解企业采购与应付的基本流程。

（2）理解 ERP 系统中采购管理与应付管理之间的信息流程与单据特征。

（3）初步了解主要的基础数据含义及其设置方法。

（4）掌握采购单录入、进货单录入、采购发票录入的基本方法。

1. 采购单审核

【实验要求】

查询并审核采购单，重点注意采购单中的"单价"应为实际市场价格。

【实验资料】

采购员依据 LRP 发放的采购单与供应商"嘉禾加工厂"和"元技加工厂"签订采购合同，合同内容与采购计划中相同，嘉禾底座单价：100 元；坐垫单价：80 元。元技螺丝零件包单价：20 元。这些零件均于 2014 年 12 月 15 日到货，随货附发票，并以银行转账支票结算。

【实验环境】

时　　点：2014 年 12 月 10 日

操作人员：系统管理员（DS）

实验准备：已生成批次需求计划并发放 LRP 采购单

【实验步骤】

第 1 步：查询 LRP 采购单。按以下顺序进行操作：

（1）登录系统，在"采购管理子系统"中单击"录入采购单"模块，进入"录入采购单"界面。

（2）单击"查询"按钮 🔍，可查到两张已发放的 LRP 采购单的信息。

第 2 步：审核采购单。核对该采购单的详细信息，重点查看"采购单价"字段，如和市场价格不符，则需要修订，直接在单价字段对应的地方进行修改，然后单击"审核"按钮 🔖。当采购单上显示标志 🔖，就完成采购单的审核，审核完成后关闭该界面。第一张采购单如图 7-8 所示，第二张采购单采用相同操作进行处理。

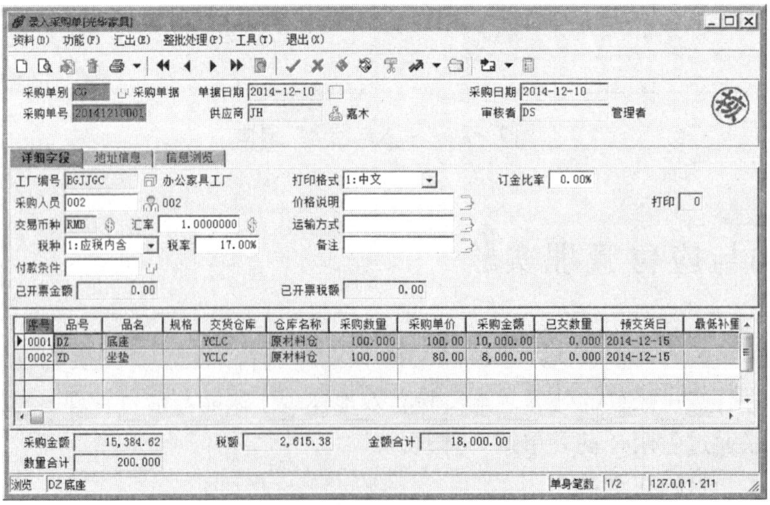

图 7-8　"录入采购单"界面

☞ 此处按照供应商分设两张采购单，一张是"嘉禾加工厂"提供的底座和坐垫；另一张是"元技加工厂"提供的螺丝零件包。

【实验结果】

两张采购单经过审核。审核日期：2014 年 12 月 10 日。

2. 录入进货单

【实验要求】

根据到货后验收情况制作"进货单"。

【实验资料】

2014 年 12 月 15 日仓管员刘争收到"嘉禾加工厂"运来的底座 100 个和坐垫 100 个，收到"元技加工厂"运来的螺丝零件包 200 个。刘争核对采购合同，将 100 个底座、100 个坐垫和 200 个螺丝零件包验收入库到原材料仓，完成验收单的录入。刘争将验收单转交给财务人员李丽。

【实验环境】

时　　点：2014 年 12 月 15 日

操作人员：系统管理员（DS）

实验准备：发放出来的 LRP 采购单审核无误

【实验步骤】

第 1 步：录入第一张进货单。按以下顺序进行操作：

（1）在"采购管理子系统"中，单击"录入进货单"模块，进入"录入进货单"界面。

（2）单击"新增"按钮，选择"进货单别"：JH；选择"供应商"：JH。

（3）单击"复制"按钮，弹出对话框，在该对话框中单击前置单别右边的图标，在打开的窗口内，选择单号为 20141205001 的采购单，单击"确定"，进货单的单身信息将由采购单信息自动写入。

（4）单击"保存"按钮，完成供应商"嘉禾加工厂"的进货单操作。

第 2 步：录入第二张进货单。类似于第 1 步的操作顺序，完成供应商"元技加工厂"到货情况的进货单。完成后关闭"录入进货单"界面。

第 3 步：在"录入进货单"界面单击"查询"按钮，查看已完成的进货单，如图 7 - 9 所示。

☞ 此处要完成两张进货单的录入。进货单中信息是通过前置单据——采购单将信息传递过来的。进货单的"单据日"要与采购单的"预交货日"一致。

【实验结果】

本实验依照两张采购单分别生成两张进货单，其中第一张如图 7 - 9 所示。

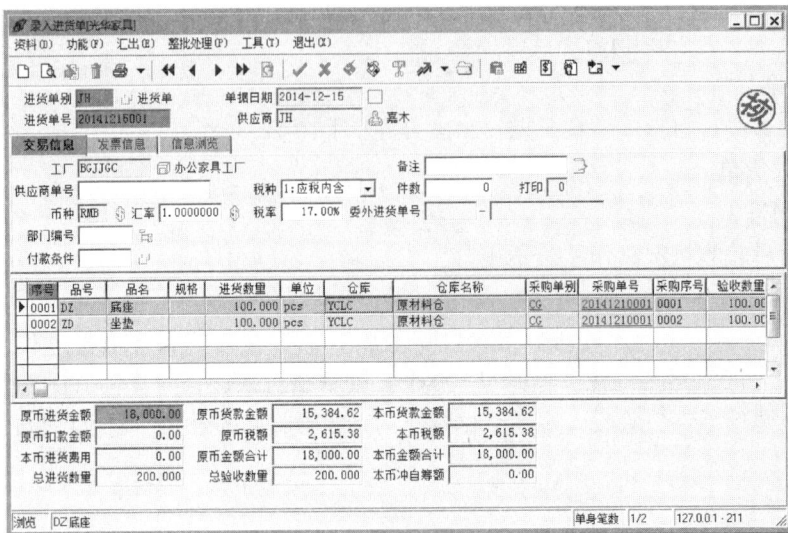

图 7 - 9 "录入进货单"界面

3. 制作采购发票与付款单

【实验要求】

根据采购业务，制作采购发票，然后根据供应商的请款要求完成付款单制作。

【实验资料】

财务应付人员李丽收到两个供应商交到的 18 000 元和 4 000 元的采购发票，核对进货单，登记应付账款，然后根据供应商"嘉禾加工厂"和"元技加工厂"的请款要求，以转账支票形式付货款 18 000 元和 4 000 元。

【实验环境】

时　　点：2014 年 12 月 15 日

操作人员：系统管理员（DS）

实验准备：进货单完成并原材料入库

【实验步骤】

第 1 步：制作采购发票。按以下顺序进行操作：

（1）从易飞 ERP 系统的主界面（如图 7 - 1 所示）左边树状结构处选择"财务管理"→"应付管理子系统"，在"应付管理子系统"界面单击"应付账款管理"模块，进入"录入采购发票"界面，如图 7 - 10 所示。

（2）单击"新增"按钮□，选择"凭单单别"：CGYF；选择"供应商"：JH。

（3）单身信息中，"来源"选择：1. 进货单；"来源单号"：20141215001；这样单身其余信息由进货单信息自动写入。单击"保存"按钮✔，完成第一张采购发票的录入。

（4）重复上述操作完成新增的第二张采购发票录入。录入完毕，单击"取消"按钮✖关闭"录入采购发票"界面。

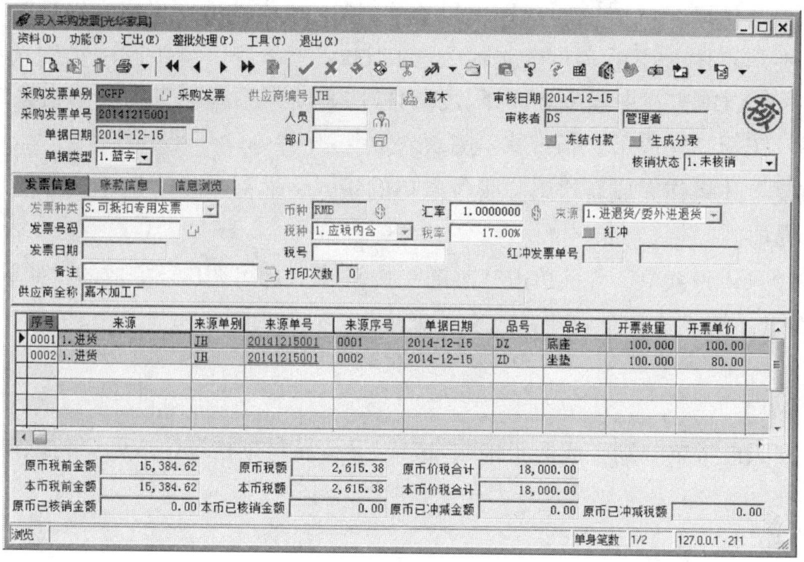

图 7-10 "录入采购发票"界面

（5）查询。在"录入采购发票"界面单击"查询"按钮 ，即可调出已完成的采购发票进行查看。

☞ 采购发票单身来源是"进货单"，单身信息则通过采集进货单相关信息系统自动填写。

第 2 步：录入付款单。按以下顺序进行操作：

（1）在"应付管理子系统"中单击"录入付款单"模块，进入"录入付款单"界面，如图 7-11 所示。

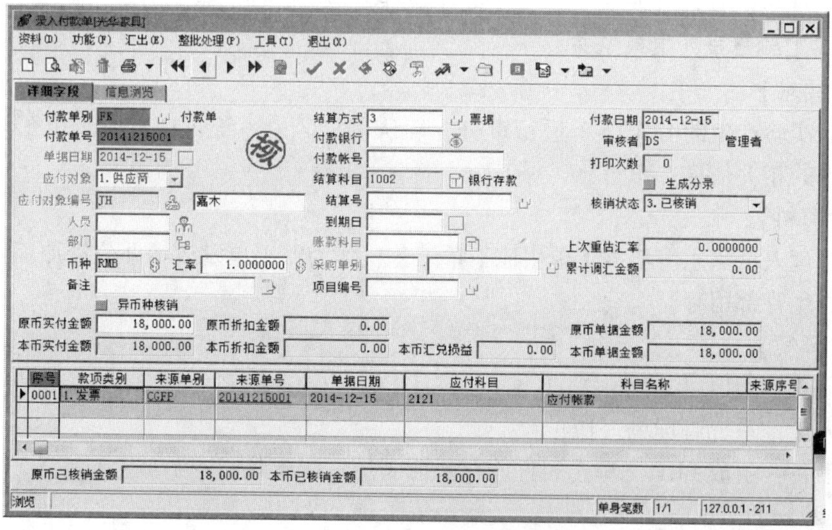

图 7-11 "录入付款单"界面

（2）单击"新增"按钮 📄，选择"付款单别"：FK；选择"供应商编号"：JH。

（3）单头信息中，原币实付金额输入"18 000"，单身信息中款项类别选择"发票"，来源单别选择"CGFP"，来源单号选择"20141215001"，系统会自动带出相关信息。然后，单击"保存"按钮，完成第一张付款单的录入。

（4）重复上述操作完成新增第二张付款单的录入，然后单击"取消"按钮 ✖ 关闭"录入付款单"界面。

（5）在"录入付款单"界面单击"查询"按钮 🔍，即可调出已完成的付款单进行查看。

☞ 付款单形式为：借：冲账　应付账款

贷：一般　现金或银行存款

【实验结果】

本实验按照进货单分别生成两张采购发票，又按照付款情况生成两张付款单。

7.3　生产管理实验

本次实验根据 LRP 工单的要求安排生产，经由工艺管理子系统，适时监控和调整原材料投入生产、在制品转移、成品入库等各项作业信息，保证生产顺利进行，并在此过程中提高生产效率。

进行此实验，目的在于：

（1）了解企业生产的基本流程；

（2）理解 ERP 系统中生产管理（车间管理）信息流程及单据特征；

（3）初步了解主要的基础数据含义及其设置方法；

（4）掌握生产管理（车间管理）中操作流程及单据处理的基本方法。

1. 审核工单及录入工单工艺

【实验要求】

对前面实验产生的 LRP 工单进行审查，确认审核。由系统自动生成工单工艺后，审核工单工艺中的相关信息。

【实验资料】

生产管理人员焦永涛依据工单生成工单工艺，作为派工单发放给办公椅加工中心，并将其中一联送生管部留存。

【实验环境】

时　　点：2014 年 12 月 16 日

操作人员：系统管理员（DS）

实验准备：生成 LRP 工单，料件库存量能满足生产需要

【实验步骤】

第 1 步：查询并审核 LRP 工单。按以下顺序进行操作：

（1）查询 LRP 工单。登录系统，从易飞 ERP 系统主界面（如图 7 – 1 所示）左边树状结构处，选择"生产管理"→"工单/委外子系统"，在"工单/委外子系统"界面单击"录入工单"模块，进入"录入工单"界面，如图 7 – 12 所示。单击"查询"按钮 ，显示出先前发放的 LRP 工单。

（2）审核 LRP 工单。确认该工单的信息后，单击"审核"按钮 ，显示标志 （已审核标志），完成审核工作，最后关闭该界面。

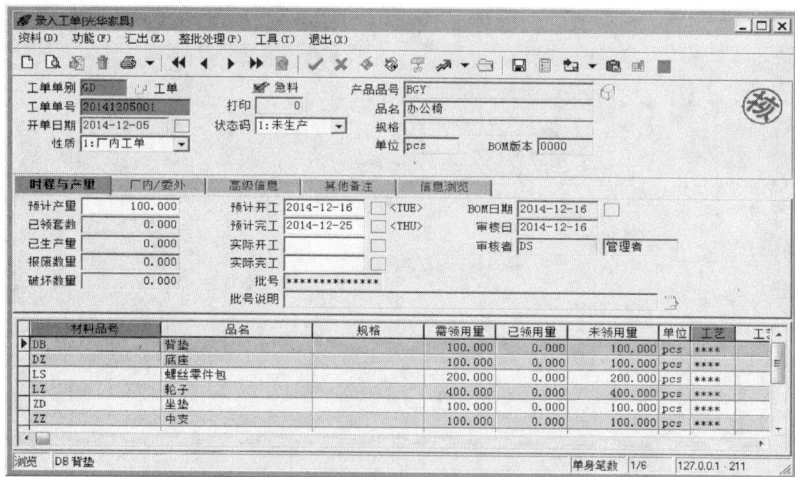

图 7 – 12 "录入工单"界面

本实验中工单的"单据性质"未设置"自动审核"。如果设置了"自动审核"，需要对工单信息进行调整，先"撤销审核"然后进行操作，调整完成后再次"审核"。

第 2 步：生成并查询工单工艺。按以下顺序进行操作：

（1）从易飞 ERP 系统主界面左边树状结构处，选择"生产管理"→"工艺管理子系统"，在"工艺管理子系统"界面单击"从产品工艺自动生成工单工艺"模块，进入"从产品工艺自动生成工单工艺"界面，如图 7 – 13 所示。

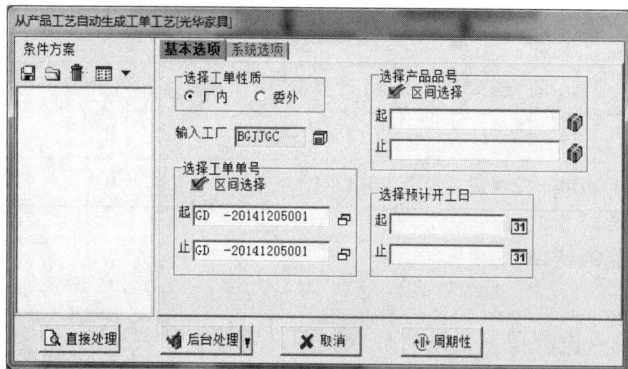

图 7 – 13 "从产品工艺自动生成工单工艺"界面

（2）"基本选项"操作有：单击"输入工厂"右边的图标▥，在打开的窗口内选择：BGJJGC；"选择工单单号"：起和止均是 20141205001。

（3）单击"直接处理"按钮，完成"生成工单工艺"。最后单击"取消"按钮关闭该界面。

（4）在"工艺管理子系统"中，单击"录入工单工艺"模块，进入"录入工单工艺"界面，单击"查询"按钮▣，可查询和更改各工艺路线的日期与数量等相关信息，如图 7 – 14 所示。

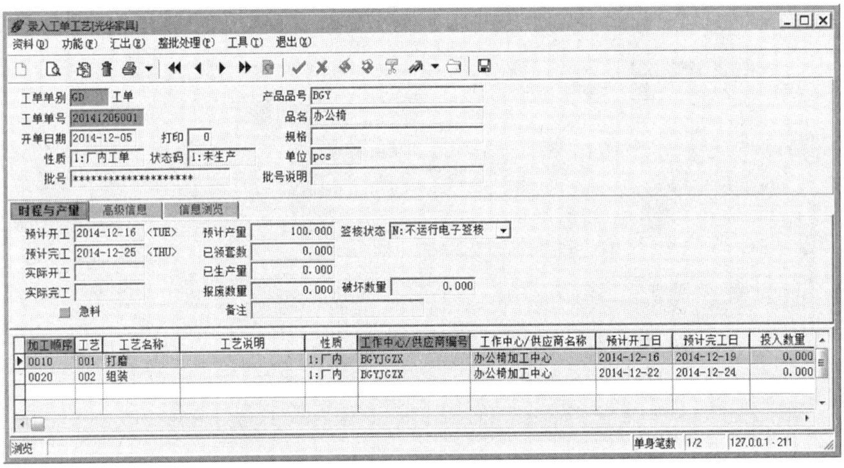

图 7 – 14　"录入工单工艺"界面

☞ 注意工艺路线为两道工序，以及预计开工日和预计完工日期，系统将按照此日期进行生产。

【实验结果】

（1）工单。预计开工日：2014 – 12 – 16；预计完工日：2014 – 12 – 25；审核日期：2014 – 12 – 16；原材料的预计领料日期：2014 – 12 – 16；已领料量：0。

（2）工单工艺。工艺有两道工序，如表 7 – 1 所示。

表 7 – 1　工单工艺中工序信息

工　序	预计开工日	预计完工日	投入数量	完工数量
001 打磨	2014 – 12 – 16	2014 – 12 – 19	0	0
002 组装	2014 – 12 – 22	2014 – 12 – 24	0	0

2. 录入投产单及领料单

【实验要求】

根据工单信息录入投产单，自动生成领料单并审核。

【实验资料】

2014 年 12 月 16 日正式开工，生产管理人员焦永涛进行投料，并将投产单移转给仓管员刘争进行备料。

【实验环境】

时　　点：2014 年 12 月 16 日

操作人员：系统管理员（DS)

实验准备：根据工单完成工单工艺的设置

【实验步骤】

第 1 步：录入投产单。按以下顺序进行操作：

（1）在"工艺管理子系统"中单击"录入投产单"模块，进入"录入投产单"界面，如图 7 – 15 所示。

（2）单击"新增"按钮 ，选择"投产单别"：TC；选择"工厂编号"：BGJJGC；选择"移出类别"：3：仓库；选择"仓库"：YCLC；选择"移入类别"：1：工作中心；选择"移入地"：BGYJGZX。

（3）选择单身信息，单击"序号"0001，选择"工单单别"：GD；选择"工单单号"：20141205001，单身信息由工单信息自动写入，然后单击"保存"按钮 ，并关闭"录入投产单"界面。

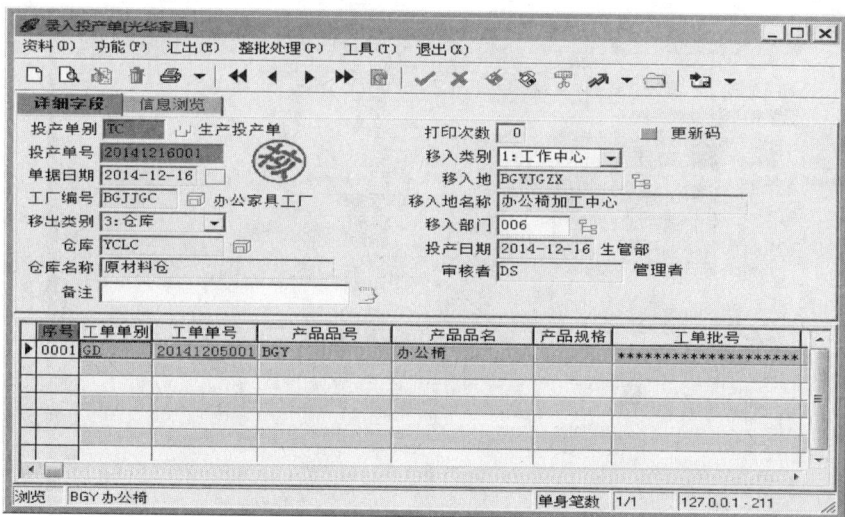

图 7 – 15　"录入投产单"界面

第 2 步：从投产单自动生成领料单，并查询领料单。按以下顺序进行操作：

（1）在"工艺管理子系统"中单击"从投产单自动生成领料单"模块，进入"从投产单自动生成领料单"界面，如图 7 – 16 所示。

（2）"选择移入类别"：工作中心；单击"选择投产单号"右边的图标，选择单号为 20141216001 的投产单；"选择工艺"：001 打磨；"选择领料单单别"：LL；"选择工厂"：

BGJJGC。

（3）单击"直接处理"，处理完成后关闭该界面。

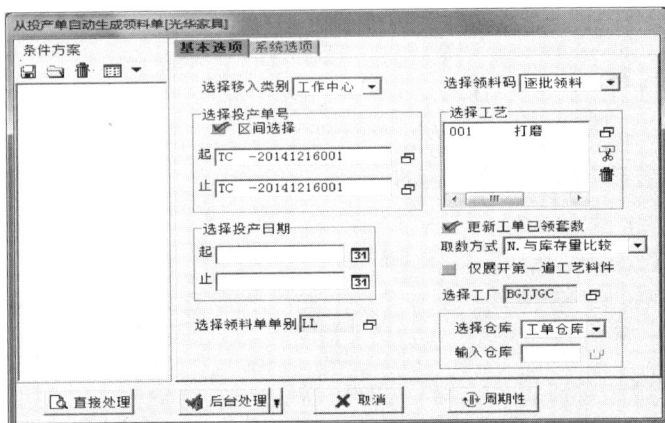

图 7 - 16 "从投产单自动生成领料单"界面

（4）在"工单/委外子系统"中单击"录入领料单"模块，进入"录入领料单"界面，如图 7 - 17 所示。单击"查询"按钮，查看已生成的领料单，单击"审核"按钮进行审核，最后关闭该界面。

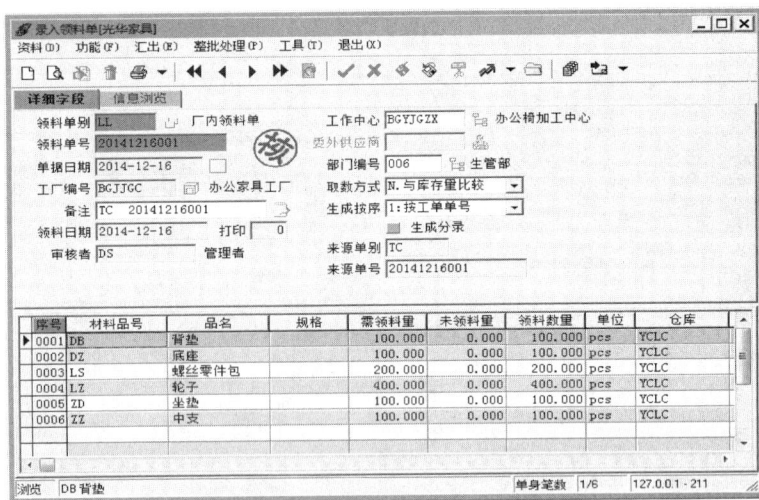

图 7 - 17 "录入领料单"界面

☞ 本实验操作结束后，在"工艺管理子系统"中单击"录入工单工艺"模块，进入后，可看到其中"投入数量""在产品数量""实际开工日""状态码"等字段内容的变化。

【实验结果】

本实验生成一张投产单和一张领料单。

（1）投产单。来源单别：工单 20141205001；移入工序：001 打磨；移入数量：100。

（2）领料单。来源单别：投产单 20141216001。

3. 录入转移单

【实验要求】

根据加工中心的转移记录信息，录入转移单并审核。

【实验资料】

办公椅加工中心收料后，开始第一道工艺——打磨，2014 年 12 月 19 日第一道工艺完工，生产管理人员焦永涛录入转移单，记录第一道工艺的完工信息，审查无误后将打印出的单据与加工实物转移到下一道工艺；组装工艺收到转移过来的原料，审查转移单信息是否与实物符合，审查无误后，2014 年 12 月 19 日开始第二道工艺——组装。

【实验环境】

时　　点：2014 年 12 月 19 日

操作人员：系统管理员（DS）

实验准备：完成有关投产单和领料单

【实验步骤】

（1）在"工艺管理子系统"中单击"录入转移单"模块，进入"录入转移单"界面，如图 7 - 18 所示。

（2）单击"新增"按钮□，选择"转移单别"：ZY；选择"工厂编号"：BGJJGC；选择"移出类别"：1：工作中心；选择"移出地"：BGYJGZX；选择"移入类别"：1：工作中心；选择"移入地"：BGYJGZX。

（3）选择单身信息，单击"序号"0001，选择"工单单别"：GD；选择"工单单号"：20141205001，单身信息由工单信息自动写入，输入"验收数量"：100，然后单击"保存"按钮，完成转移单的录入后关闭该界面。

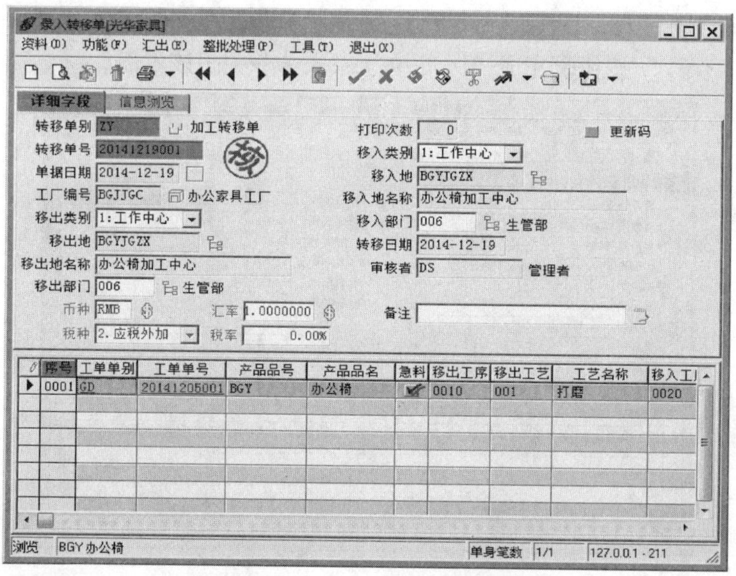

图 7 - 18　"录入转移单"界面

【实验结果】

本实验生成一张转移单。移出工艺：001 打磨；移入工艺：002 组装；数量：100；验收数量：100。

4. 录入入库单

【实验要求】

根据加工中心的完工记录信息，录入入库单并审核。

【实验资料】

2014 年 12 月 25 日 100 张办公椅组装完毕，进行产成品入库，生产管理人员焦永涛填写生产入库单，仓管员刘争审查入库单信息是否与入库的实物符合，并将 100 张办公椅验收入库。

【实验环境】

时　　　点：2014 年 12 月 25 日

操作人员：系统管理员（DS）

实验准备：投产单、领料单和转移单制作完成

【实验步骤】

第 1 步：录入入库单。按以下顺序进行操作：

（1）在"工艺管理子系统"中单击"录入入库单"模块，进入"录入入库单"界面，如图 7 – 19 所示。

（2）单击"新增"按钮，选择"入库单别"：RK；选择"工厂编号"：BGJJGC；选择"移出类别"：1：工作中心；选择"移出地"：BGYJGZX；选择"移入类别"：3：仓库；选择"移入地"：BGYC。

（3）选择单身信息，单击"序号"0001，选择"工单单别"：GD；选择"工单单号"：20141205001，"移出工艺"：002 组装；输入"数量"：100；输入"验收数量"：100。其余单身信息由系统自动写入。

（4）单击"保存"按钮完成"入库单"录入，并关闭该界面。

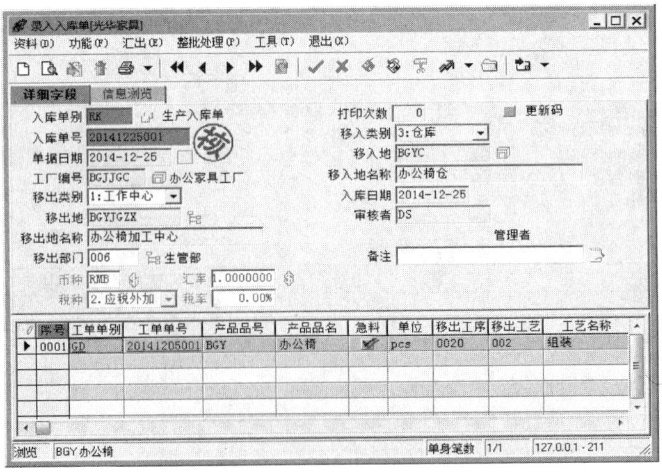

图 7 – 19　"录入入库单"界面

第 2 步：在"工单/委外管理子系统"中单击"录入生产入库单"模块，进入"录入生产入库单"界面，如图 7－20 所示。单击"查询"按钮 ![查询] 进行查看，然后关闭该界面。

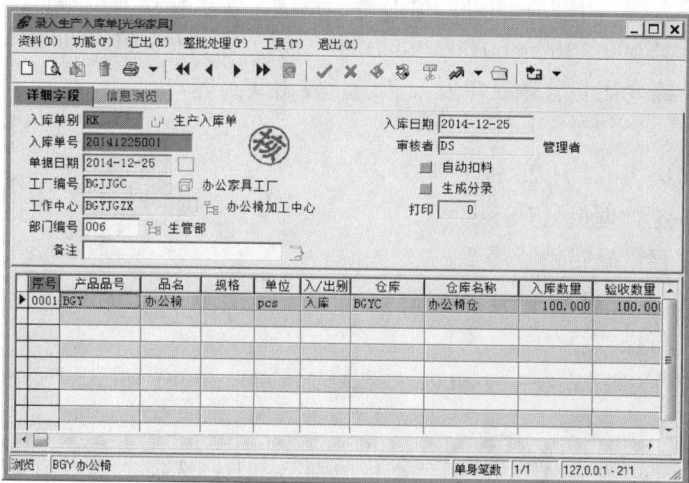

图 7－20 "录入生产入库单"界面

☞ 生产入库单无须录入，其信息自动由"录入入库单"模块相关信息填列；生产入库单表示产成品的实际入库，库存增加。

【实验结果】

本实验生成一张入库单和一张生产入库单。

（1）入库单。移出工艺：002 组装；数量：100；验收数量：100。验收日期：2014－12－25。

（2）生产入库单。入库日期：2014－12－25；入库数量：100；验收数量：100。

7.4 销售与应收管理实验

本次实验根据客户订单发货销售，并完成销货单录入。销售完成后财务人员完成应收款的处理，并完成销售发票和收款单的录入。

进行此实验，目的在于：

（1）了解企业销售与应收的基本流程；

（2）理解 ERP 系统中销售管理与应收管理之间的信息流程及单据特征；

（3）初步了解主要的基础数据含义及其设置方法；

（4）掌握销货单录入、销售发票录入、收款单录入的基本方法。

1. 录入销货单

【实验要求】

根据销货信息，完成销货单的录入，并审核销货单。

【实验资料】

2014 年 12 月 26 日，蔡春准备给"中实集团"发货。查询仓库"办公椅仓"，办公椅的库存数量为 100 个，满足中实集团办公椅的需求数量，要求仓管人员备货，同时通知财务人员依据销货合同开具 600×100＝60 000 元的销售发票。仓管员刘争根据 2014 年 12 月 5 日的销货合同，从办公椅仓出货，销货单及发票随货发出交给客户。

【实验环境】

时　　点：2014 年 12 月 26 日

操作人员：系统管理员（DS）

实验准备：库存量满足销货需要

【实验步骤】

按以下顺序进行操作：

（1）在"销售管理子系统"中单击"录入销货单"模块，进入"录入销货单"界面，如图 7–21 所示。

（2）单击"新增"按钮 🗋，选择"销货单别"：XH；选择"客户编号"：ZS。

（3）单击"复制"按钮 🖺，在弹出对话框中单击来源单别右边的图标 🗗，然后选择单号为 20141205001 的订单，单击"确定"，销货单的单身信息将由订单信息自动写入。

（4）单击"保存"按钮 ✔，完成销货单录入，关闭"录入销货单"界面。

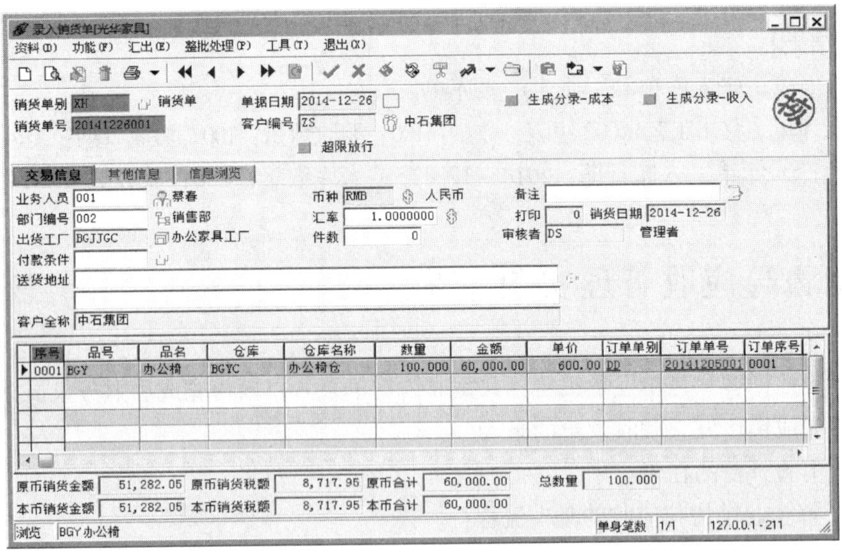

图 7–21　"录入销货单"界面

☞　"销货单"的单身信息由"前置单据"——订单中的信息自动填写。

【实验结果】

本实验生成一张销货单。销货日期：2014–12–26；品号：BGY；销货金额：60 000 元。

2. 录入销售发票与收款单

【实验要求】

根据销货单信息，完成销售发票和收款单的录入和审核。

【实验资料】

2014 年 12 月 26 日，蔡春准备给中实集团发货。同时通知财务依据销货合同开具 600 × 100 = 60 000 元的销售发票。2014 年 12 月 27 日财务人员秦国庆（负责财务应收账目的处理）收到客户"中实集团"送来的货款，支票 600 × 100 = 60 000 元，做收款单，冲销应收账款。

【实验环境】

时　　点：2014 年 12 月 26 日

操作人员：系统管理员（DS）

实验准备：已经录入销货单

【实验步骤】

第 1 步：录入销售发票并查询。按以下顺序进行操作：

（1）从系统主界面选择"财务管理"→"应收管理子系统"→"应收账款管理"，进入"自动生成销售发票"界面，如图 7 - 22 所示。

（2）"基本选项"页签："选择客户编号"：区间选择；"选择销/退货"：1. 销货；"选择来源单别"：销货单；"选择来源单号"：20141226001；"输入销售发票单别"：XSFP；"输入单据日期"：2014 - 12 - 26。

（3）单击"直接处理"按钮得到"销售发票"；单击"取消"按钮关闭该界面。

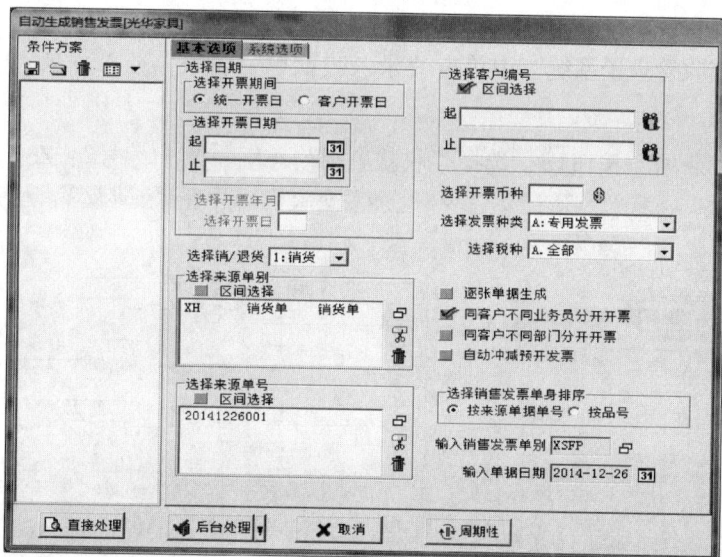

图 7 - 22　"自动生成销售发票"界面

（4）在"应收管理子系统"中单击"录入销售发票"模块，进入"录入销售发票"界面，单击"查询"按钮 ，对所有信息进行查询，如图 7 - 23 所示。

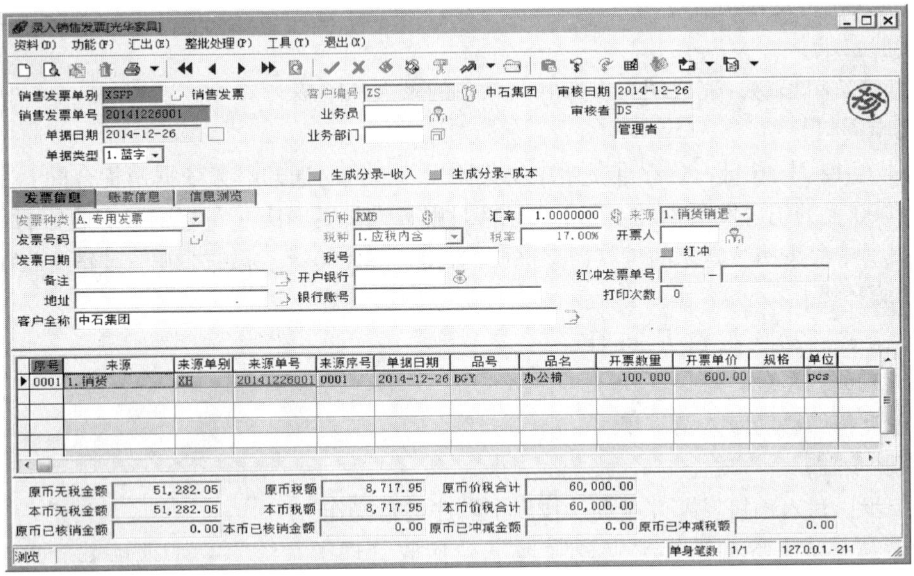

图 7 - 23 "录入销售发票"界面

☞ "自动生成销售发票"模块将根据销货单信息自动生成销售发票。此项操作也可以通过"录入销售发票"模块实现。

第 2 步：录入收款单，并查询收款单。按以下顺序进行操作：

（1）首先改变系统登录时点为：2014 年 12 月 27 日。

（2）在"应收管理子系统"中单击"录入收款单"模块，进入"录入收款单"界面，如图 7 - 24 所示。

（3）单击"新增"按钮 ，选择"收款单别"：SK；"客户编号"：ZS。

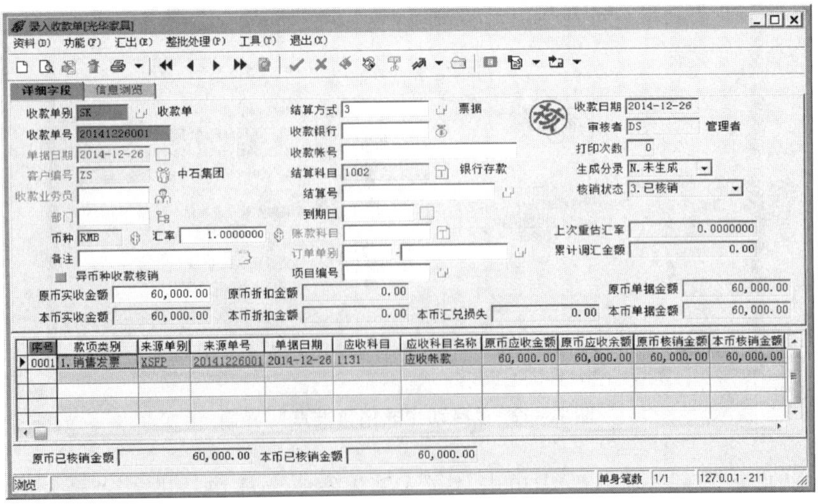

图 7 - 24 "录入收款单"界面

（4）单头信息中，原币实收金额输入 60 000，单身信息中，款项类别选择"1. 销售发票"，来源单别选择"XSFP"，来源单号选择"20141226001"，系统会自动带出相关信息，然后单击"保存"按钮✔，完成第一张付款单的录入，关闭"录入收款单"界面。

（5）在"录入收款单"界面，单击"查询"按钮🔍，对所有信息进行查询。

☞ 收款单形式为：借：一般　　现金或银行存款

　　　　　　　　　　贷：冲账　　应收账款

【实验结果】

本实验按照销货单生成一张销售发票。按照收款生成一张收款单。

7.5　月底结账实验

本次实验练习期末企业各系统结账的一些工作，包括存货月结、应收、应付月结、自动分录抛转及总账结账，实现月底财务信息汇总，生成财务报表。

进行此实验，目的在于：

（1）了解企业月底存货及账务结转的基本流程；

（2）理解 ERP 系统中存货管理与自动分录、会计总账之间的信息流程及单据特征；

（3）初步了解主要的基础数据含义及其设置方法；

（4）掌握月底结账中的各项操作。

1. 存货月结

【实验要求】

结算本月份存货的价值和品号的销货成本，包括月底成本计价、进行库存调整及月底存货结转。

【实验环境】

时　　点：2014 年 12 月 31 日

操作人员：系统管理员（DS）

实验准备：本月库存进出和与存货相关的应收应付账款情况确定

【实验步骤】

第 1 步：月底成本计价并查询。

（1）月底成本计价。登录系统，在"存货管理子系统"界面单击"月底成本计价"模块，进入"月底成本计价"界面，默认已有选项，单击"直接处理"按钮，处理完毕后关闭该界面。

☞ "月底成本计价"是计算"品号"当月份的月加权平均单价，并更新"库存交易明细表""库存交易单"，以及"录入品号信息"的单头和单身"库存金额"等信息。

（2）查询品号每月各仓库中各种交易统计信息。从易飞 ERP 系统主界面（如图 7 - 1 所示）左边树状结构处，选择"进销存管理"→"存货管理子系统"→"期末处理"，双击"维护品号每月统计信息"模块，进入"维护品号每月统计信息"界面，单击单身中的"信息浏览"页签，可看到各种品号的相关信息。

（3）查询品号信息。在"存货管理子系统"中单击"录入品号信息"模块，进入"录入品号信息"界面，单击"查询"按钮🔍，系统将显示所有的品号信息，逐一查看。

☞ 核对"品号信息"，发现某品号的现行年月月底库存量为零而金额不为零。本实验中有三个品号需要调整：底座、螺丝零件包、坐垫。

第 2 步：自动调整库存并查询。

（1）自动调整库存。在"存货管理子系统"中单击"自动调整库存"模块，进入"自动调整库存"界面，单击"输入调整尾差单别"右边的图标⊟，选择单别：WCD；然后单击"直接处理"按钮，处理完毕后关闭该界面。

☞ 此处库存调整自动生成一张交易单据，此交易单据可通过在"存货管理子系统"中单击"录入库存交易单"模块进行查询，当单据审核时将该品号的金额调整为零。

（2）查询"尾差/分库调整单"。从易飞 ERP 系统主界面（如图 7-1 所示）左边树状结构处，选择"进销存管理"→"存货管理子系统"→"库存交易"，双击"录入成本开账/调整单"模块，进入"录入成本开账/调整单"界面，单击"查询"按钮🔍，系统将显示已有的单据信息，选择"WCD"，进行查看，查看完毕后关闭该界面，如图 7-25 所示。

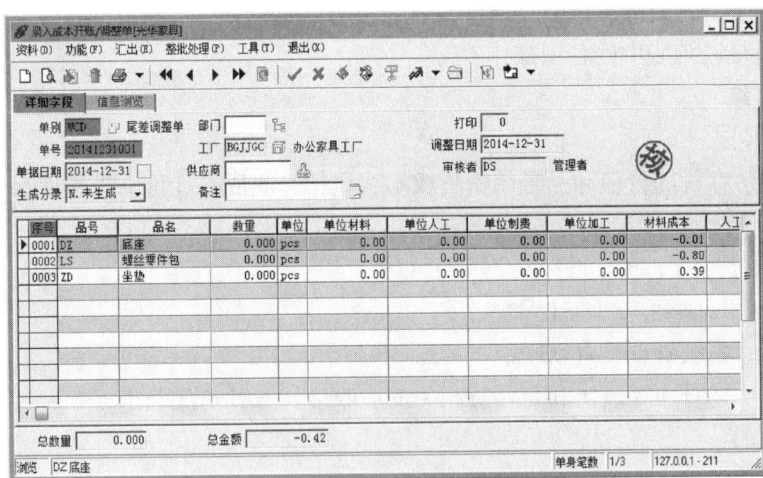

图 7-25　"录入成本开账/调整单"界面

☞ 经过自动调整库存，再次进入"录入品号信息"界面，查询发现原尾差金额被调整为零。

第 3 步：月底存货结转。在"存货管理子系统"中单击"月底存货结转"模块，进入"月底存货结转"界面，单击"直接处理"按钮，处理完毕后关闭该界面。

☞ 月结可以更新库存信息，并将"设置共用参数"中的"库存现行年月"自动加1；月底存货结转相当于库存结账（或关账）动作。运行过后，该月及该月以前的各种库存交易单据信息即不可再行输入、更改或取消。

【实验结果】

本实验生成一张尾差调整单。调整日期：2014 - 12 - 31；品号：DZ；成本金额：- 0.01；品号：LS；成本金额：- 0.8；品号：ZD；成本金额：0.39；总金额：- 0.42。

2. 应收、应付月结

【实验要求】

完成应收管理子系统、应付管理子系统的月结。

【实验环境】

时　　点：2014 年 12 月 31 日

操作人员：系统管理员（DS）

实验准备：本月所有应收、应付账款的收、付款等业务处理完成

【实验步骤】

第 1 步：应付账款月结。从易飞 ERP 系统主界面（如图 7 - 1 所示）左边树状结构处，选择"财务管理"→"应付管理子系统"→"期末处理"，双击"应付账款月结"模块，进入"应付账款月结"界面，单击"直接处理"按钮，处理完毕后关闭该界面。

第 2 步：应收账款月结。从易飞 ERP 系统主界面（如图 7 - 1 所示）左边树状结构处，选择"财务管理"→"应收管理子系统"→"期末处理"，双击"应收账款月结"模块，进入"应收账款月结"界面，单击"直接处理"按钮；处理完毕后有对话框提示操作完成，然后关闭该界面。

☞ 应收管理子系统、应付管理子系统月结操作目的是将应收管理子系统、应付管理子系统中各项业务数据汇总成记录当月各客户/供应商应收、应付账款的统计信息；运行过后，该月及该月以前的各种应收、应付单据信息即不可再行输入、更改或取消。

【实验结果】

本实验生成本月应收和应付账款的统计信息，如图 7 - 26、图 7 - 27 所示。

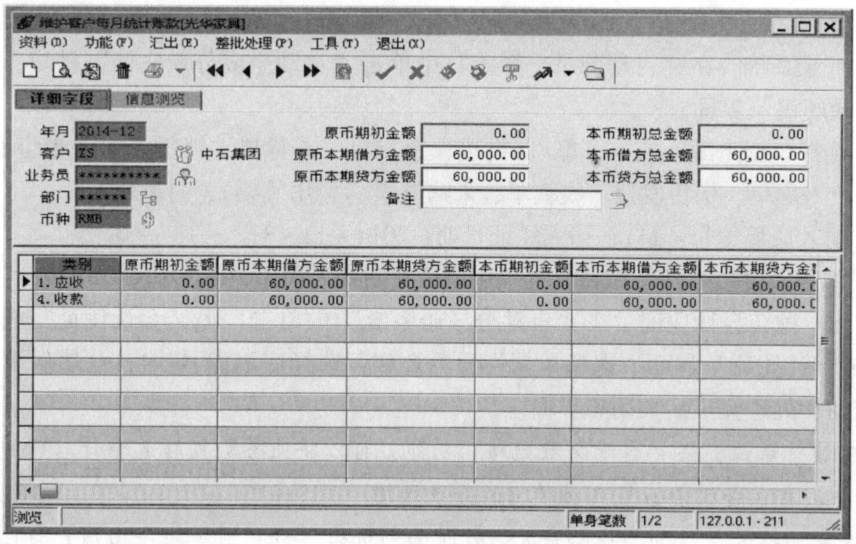

图 7 - 26　"维护客户每月统计账款"界面

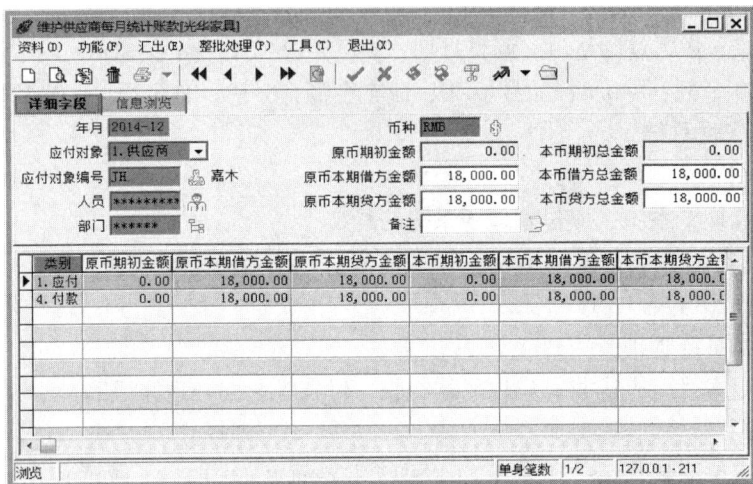

图 7 - 27 "维护供应商每月统计账款"界面

3. 自动分录抛转

【实验要求】

将各子系统的原始凭证信息自动生成分录底稿，并抛转到总账系统中。

【实验环境】

时　　点：2014 年 12 月 31 日

操作人员：系统管理员（DS）

实验准备：当月各子系统产生各种原始凭证信息

【实验步骤】

第 1 步：设置"自动生成分录底稿"。按以下顺序进行操作：

（1）登录系统，在"自动分录子系统"中单击"自动生成分录底稿"模块，进入"自动生成分录底稿"界面。

（2）选择单据来源：成本开账/调整单、销货单、进货单、销货成本（销售发票）、领料单、生产入库单、销售发票、收款单、采购发票（费用发票）、付款单。

（3）输入底稿编号：111；输入凭证日期：2014 - 12 - 31。

（4）单击"直接处理"按钮，处理完成后关闭该界面。

第 2 步：抛转会计凭证。在"自动分录子系统"中单击"抛转会计凭证"模块，进入"自动生成会计凭证"界面。选择单据性质：全部；选择底稿编号：111；然后单击"直接处理"按钮，处理完成后关闭该界面。

☞ 该子系统提供"自动分录抛转"功能，可以将业务数据转成会计转账凭证。使用该功能的先决条件是需要设置各种单据的分录性质。

"输入底稿批号"是因为底稿每天运行时必须进行区分，所填数字由用户自己设定，一般具有一定顺序。

【实验结果】

本实验生成 7 张会计凭证：4 张来自应付系统、1 张来自工单系统、2 张来自应收系统。

4. 总账月结

【实验要求】

根据已有的会计凭证信息进行会计月结，计算本月损益金额，输出财务报表。会计月结包括：审核并过账所有会计凭证，自动结转损益并生成会计凭证、审核及过账，会计月结处理。

【实验环境】

时　　点：2014 年 12 月 31 日

操作人员：系统管理员（DS）

实验准备：已经完成所有日常事务操作，得到本期所有关于资金流情况的会计凭证

【实验步骤】

第 1 步：录入并审核会计凭证。按以下顺序进行操作：

（1）登录系统，在"会计总账子系统"中单击"录入会计凭证"模块，进入"录入会计凭证"界面。

（2）单击"查询"按钮 ，查出所有本期产生的会计凭证，并单击"详细字段"页签，可看到每张凭证的详细信息。将其中未审核的凭证分别单击"审核"按钮 逐一审核。处理完毕后退出该界面。

☞ 本实验中审核的会计凭证为自动分录抛转过来的凭证。如果有未审核的凭证，则要单击"审核"按钮 进行审核。

建议加一步：出纳签字。

第 2 步：整批过账。在"会计总账子系统"中单击"整批过账"模块，进入"整批过账"界面，选择凭证日期：起：2014 – 12 – 04，止：2014 – 12 – 31；单击按钮：　　　　 ；单击"全选"按钮： 全选 ；然后单击"直接处理"按钮，处理完成后退出该界面。

☞ 本操作是将审核过的凭证进行批量过账的动作。

如果过账结果出现未过账凭证，一般因为这些凭证没有"出纳"或"审核"，需要手工在"录入会计凭证"界面中逐一进行"审核" 并进行"凭证单笔过账" 处理。

第 3 步：自动结转损益、生成会计凭证、审核及过账。按以下顺序进行操作：

（1）在"会计总账子系统"中，单击"自动转账"模块，进入"自动转账"界面。

（2）选择"转账类型"：期间损益结转；选择"凭证单别"：YJ；选择"凭证日期"：2014 – 12 – 31。

（3）单击"下一步"按钮 ，弹出凭证列表，然后单击"生成凭证"得到结转凭证。可以在"录入会计凭证"中查询。

（4）在"会计总账子系统"中单击"录入会计凭证"模块，进入"录入会计凭证"界面，单击"查询"按钮，查出"自动结转"生成的会计凭证。

（5）单击"审核"按钮进行审核 ，然后单击"凭证单笔过账"按钮 进行凭证的单独过账。

此项操作用于在会计月底结账前生成期间损益结转凭证，以及用来生成汇兑损益结转凭证；此项操作要求将现行会计年月的所有凭证过账。

第 4 步：会计月结。在“会计总账子系统”中单击“会计月结”模块，进入“会计月结”界面，单击“直接处理”按钮，处理完成后关闭该界面。

会计月结计算当月的损益金额。若为会计年度最后一期则系统自动运行年结作业。

会计月结完成以后，本业务完结。建议练习时此步骤慎做。

第 5 步：生成财务报表。在“会计总账子系统”中单击“财务报表”模块，进入“财务报表”界面，单击“资产负债表”模块，进入“二栏式资产负债表”生成界面，选择报表编号：01；选择信息日期：2014－12－31；然后单击“设计报表”按钮，可进入“资产负债表”浏览界面进行查看。

如果本机没有设置打印机，则要添加默认打印机，然后重启计算机，再显示各种报表。

【实验结果】

本实验生成的财务报表包括资产负债表、损益表，如图 7－28 所示。

金额单位：元
制表日期：2014-12-31

资产负债表
2014-12-31

第1页

项　目	行次	年初数	期末数	项　目	行次	年初数	期末数
流动资产:	1			流动负债:	47		
货币资金	2		154,000.00	短期借款	48		
短期投资	3			应付票据	49		
应收票据	4			应付账款	50		22,000.00
应收股利	5			预收账款	51		
应收利息	6			代销商品款	52		
应收账款	7		60,000.00	应付工资	53		
其他应收款	8			应付福利费	54		
预付账款	9			应付股利	55		
应收补贴款	10			应交税金	56		11,042.74
存货	11		91,106.84	其他应交款	57		
待摊费用	12			其他应付款	58		
委托贷款	13			预提费用	59		
一年内到期的长期债券投资	14			待转资产价值	60		
其他流动资产	15			预计负债	61		
流动资产合计	16		305,106.84	一年内到期的长期负债	62		
长期投资:	17			其他流动负债	63		
长期股权投资	18						
长期债权投资	19			流动负债合计	65		33,042.74
减:长期投资减值准备	20			长期负债:	66		
长期投资合计	21			长期借款	67		
固定资产:	22			应付债券	68		
固定资产原价	23			长期应付款	69		
减:累计折旧	24			专项应付款	70		
固定资产净值	25			其他长期负债	71		
减:固定资产减值准备	26			长期负债合计	72		
固定资产净额	27			递延税项:	73		
工程物资	28			递延税款贷项	74		
在建工程	29			负债 请输入选项条件	75		33,042.74
减:在建工程减值准备	30						
固定资产清理	31			所有者权益(或股东权益):	77		
固定资产合计	32			实收资本(或股本)	78		172,600.00
无形资产及其他资产:	33			减:已归还投资	79		
无形资产	34			实收资本(或股本)净额	80		172,600.00
减:无形资产减值准备	35			资本公积	81		
未确认融资费用	36			盈余公积	82		
长期待摊费用	37			其中:法定公益金	83		
其他长期资产	38			未分配利润	85		99,464.10
待处理财产损益	39			所有者权益(或股东权益)合计	86		272,064.10
无形资产及其他资产合计	40						
递延税项:	42						
递延税款借项	43						
资产总计	45		305,106.84	负债和所有者权益或股东权益总计	88		305,106.84

(a)

损益表
损益表
2014-12

金额单位：元
制表日期：2014-12-31

第1页

项目	行次	本月数	本年累计数
一.产品销售收入	1	102,564.100	102,564.100
减:主营业务成本	2		
主营业务税金及附加	3		
二.主营业务利润	4	102,564.100	102,564.100
加:其他业务利润	5		
减:营业费用	6		1,100.000
管理费用	7		
财务费用	8		2,000.000
三.营业利润	9	102,564.100	99,464.100
加:投资收益	10		
补贴收入	11		
营业外收入	12		
减:营业外支出	13		
四.利润总额	14	102,564.100	99,464.100
减:所得税	15		
五.净利润	16	102,564.100	99,464.100

(b)

图 7－28　系统主界面

本章小结

本章的实验模拟了一个企业主业务流程的运作过程，主要涉及易飞 ERP 系统中的进销存管理子系统、生产管理子系统和财务管理系统，包括以下内容：

(1) 依照客户需求录入订单；

(2) 依据订单生成批次需求计划；

(3) 依照批次需求计划生成的采购单安排采购；

(4) 到货后进行验收入库和应付款的处理；

(5) 依照批次需求计划生成的生产计划准备原料并安排生产，通过工艺管理控制和调整整个生产过程；

(6) 产成品入库后发货和销货后应收款项的处理；

(7) 月底结账处理，主要包括存货月结、应收应付月结、自动分录抛转及总账结账。

本章实验属于基础性的企业流程实验，因此对于每个实验都应熟练掌握。

﹝思考与练习﹞

1. 订单与批次需求计划：

(1) 录入订单时必须填制"预交货日期"信息，那么"预交货日期"的作用是什么？

(2) 采购计划中"单价"字段显示的价格是什么价格？发放完成后对此单价需要做哪些操作？为什么？

(3) 生产计划中，"开工日"是如何计算出来的？如果订单中办公椅的交货日是 2014 年 12 月 8 日，根据实验中提供的信息，手工计算它的开工日。

2. 采购与应付管理：

(1) 在本实验中为什么要审核"采购单"的"单价"信息？

(2) "进货单"依据什么进行制作？从哪个模块中传递过来什么信息？传递信息的载体是什么？

(3) "应付凭单"依据什么进行制作？从哪个模块中传递过来什么信息？传递信息的载体是什么？

3. 生产管理：

(1) "录入工单工艺"模块的作用是什么？

(2) 生产过程开始于哪一项操作？

(3) 简述生产过程，并画出流程图。

4. 销售与应收管理：

(1) 本实验中"销货单"的前置单据来源是什么？

（2）"销售发票"依据什么进行制作？从哪个模块中传递过来什么信息？传递信息的载体是什么？"销售发票"可以手工录入吗？

（3）在收款单的单身"类别"字段里"类别 1"和"类别 4"的含义是什么？

5. 月底结账：

（1）易飞 ERP 系统进行月结时，各子系统的月结顺序为何？之间的关联是什么？

（2）整批过账时为什么会有未过账凭证？如何处理未过账凭证？

（3）根据 7.5 节"月底结账实验"，绘制月底结账的操作流程图。

参考文献

[1] 陈启申. ERP——从内部集成起步. 2 版. 北京：电子工业出版社，2005.

[2] 苟娟琼，常丹. ERP 原理与实践. 北京：清华大学出版社，北京交通大学出版社，2005.

[3] 杨周南. 会计信息系统：面向财务业务一体化. 北京：电子工业出版社，2006.

[4] 杨路明. 客户关系管理理论与实务. 北京：电子工业出版社，2004.

[5] 朱岩，苟娟琼. 企业资源规划教程. 北京：清华大学出版社，2008.

[6] 闪四清. ERP 系统原理和实施. 北京：清华大学出版社，2006.

[7] 陈庄. ERP 原理与应用教程. 2 版. 北京：电子工业出版社，2006.

[8] 常丹，孟婕，苟娟琼. ERP 系统模拟实验教程. 北京：电子工业出版社，2007.

[9] 周玉清，刘伯莹，周强. ERP 与企业管理：理论、方法、系统. 北京：清华大学出版社，2012.

[10] 刘丽莉. ERP 模式下的企业内部控制研究. 财经界：学术版，2011（12）：115.

[11] 甄国红，张天蔚. 基于价值链的企业环境成本控制. 税务与经济，2014（2）：57－62.